dtv junior Lexikon
Ein Lexikon für die Jugend
in zehn Bänden

Nachschlagen, lesen, Zusammenhänge erkennen – das ist der Sinn dieses Lexikons.

Ein paar Hinweise zu seinem Gebrauch:

Die Herausgeber dieses Lexikons haben bewußt auf viele Verweise verzichtet. Der Lesefluß des Textes sollte möglichst nicht unterbrochen werden. Fremdwörter oder schwierige Begriffe, die zur Erklärung eines Stichwortes unvermeidlich waren, sind meist in Klammern gleich eingedeutscht oder verdeutlicht worden. Der Leser wird manch ein Wort, das er nicht richtig versteht oder von dem er noch mehr wissen möchte, nachschlagen wollen. Er sollte das auch dann tun, wenn kein ausdrücklicher Verweis darauf aufmerksam macht. Viele dieser Begriffe und Wörter findet er nämlich unter einem selbständigen Stichwort. Verweise gibt es nur in drei Fällen:
1. wenn die weiterführende Erklärung eines Begriffes unter einem anderen Stichwort zu finden ist,
2. wenn auf die großen zusammenfassenden Sachartikel aufmerksam gemacht wird und
3. wenn auf Abbildungen in den Farbtafeln hingewiesen wird.

Ein Ratschlag für den Anfänger:

Es gibt Begriffsblöcke (z. B. Mono-, Monokultur, Monopol), die in mehreren miteinander verwandten Stichwörtern abgehandelt werden. Diese Stichwörter stehen meist untereinander, da sie mit den gleichen Silben beginnen. Man sollte sie alle lesen, um den gesamten Begriffsbereich zu erfassen.

Zum Schluß noch etwas über die Lautschrift:

Man findet sie in eckigen Klammern hinter dem Stichwort. Sie ist bewußt nur mit den Buchstaben unseres Alphabets ausgestattet. Die phonetischen Zeichen der internationalen Lautschrift sind mit Rücksicht auf die jüngeren Leser weggelassen worden. Dadurch ergibt sich eine vereinfachte Darstellung des Lautbildes.

dtv junior Lexikon
Ein Lexikon für die Jugend

Band 3: Eifel–Fraunhofer

Deutscher
Taschenbuch
Verlag

dtv

Von der Lexikonredaktion des Deutschen Taschenbuch Verlages durchgesehene Fassung des Lexikons ›Domino Wissen von A–Z‹

Januar 1975
Deutscher Taschenbuch Verlag GmbH & Co. KG, München
© 1970–74 Domino Verlag Günther Brinek GmbH & Co. Kg, München
Umschlaggestaltung: Celestino Piatti
Satz: IBV Lichtsatz KG, Berlin
Druck und Bindung: Graph. Werkstätten Kösel, Kempten
Printed in Germany · ISBN 3-423-07173-7

Eifel ist der Name einer rauhen Hochfläche mit tiefen Tälern im Rheinischen Schiefergebirge. Die Eifel liegt nördlich der Mosel zwischen dem Rhein und den Ardennen, ihr höchster Berg ist die Hohe Acht mit 760 Metern. Die südliche Eifel ist reich an erloschenen Vulkanen, alten Lavaströmen sowie kleinen Seen, den Maaren, die sich in erloschenen Vulkanen angesammelt haben.

Eifersucht nennt man das leidenschaftliche Streben eines Menschen nach dem Alleinbesitz der von ihm geliebten Person. Ein Eifersüchtiger hat Angst vor jedem nur möglichen Nebenbuhler. Oft ist er mit Haß erfüllt, er wird im Eifersuchtswahn unberechenbar, gemeingefährlich und im medizinischen Sinne krank.

Eigenkapital heißt der Teil des Betriebskapitals eines Unternehmens, der dem Inhaber selbst gehört. Das Gegenteil von Eigenkapital ist das Fremdkapital. Damit bezeichnet man Verbindlichkeiten (Schulden) und Kredite.

Eigenschaftswort (Beiwort, Adjektiv) nennt man eine Wortart, die ein Hauptwort (Substantiv) durch die Angabe eines Merkmals genauer beschreibt. Das Eigenschaftswort kann
1. eine Beifügung (Attribut) sein; mit dem Hauptwort verbunden wird es gebeugt (dekliniert): das *schnelle* Auto. Steigerung: das *schnellere*, das *schnellste* Auto;
2. selbständig in einer Satzaussage stehen; dann wird es nicht gebeugt. Das Auto ist schnell. Hier heißt die Grundform der Steigerung »schnell«, die erste Steigerung »schneller«, die zweite Steigerung »am schnellsten«. Natürlich können nur solche Eigenschaftswörter gesteigert werden, deren Sinn es erlaubt.

Eigentum ist die juristische Bezeichnung für das Recht, über eine Sache zu verfügen. Diese Verfügungsmacht kann ein einzelner (Privateigentum), aber auch eine Mehrzahl von Berechtigten (Kollektiv- und Gemeineigentum) ausüben.
Das Eigentum ist in der Bundesrepublik Deutschland durch das Grundgesetz geschützt. Es sind jedoch Einschränkungen da vorgesehen, wo das Wohl der Allgemeinheit eine Enteignung rechtfertigt, z. B. beim Bau einer wichtigen Straße, wenn der Grundeigentümer sein Grundstück nicht verkaufen will. Selbstverständlich bekommt bei einer Enteignung der Eigentümer eine Entschädigung, die dem Wert seines Grundstücks entspricht.
Eine zweite Auflage macht das Grundgesetz: Der Eigentümer darf von seinem Eigentum nicht schrankenlos, rücksichtslos und egoistisch Gebrauch machen. Er muß immer auch das Wohl der Allgemeinheit mit berücksichtigen. Dasselbe meint auch die Verfassung des Freistaats Bayern, wenn sie vorschreibt, daß die Ufer der bayerischen Seen nicht durch Privatbesitz versperrt sein dürfen, sondern jedem zur Verfügung stehen müssen.
Im Unterschied zum Eigentum ist der Besitz die tatsächliche Gewalt

Eige

über eine Sache. Wenn beispielsweise jemand auf der Straße eine Uhr findet, so besitzt er sie zwar, er ist jedoch nicht ihr Eigentümer.
Man kann auch an Erzeugnissen geistiger Arbeit ein Eigentumsrecht besitzen, z. B. der Autor an seinem Roman, der Komponist an seiner Komposition, der Erfinder an seiner Erfindung.

Eigentumsbildung war früher nur der Initiative des einzelnen Bürgers überlassen. In der Bundesrepublik Deutschland versucht heute auch der Staat, jedem die Möglichkeit der Bildung von Eigentum, also von Privatvermögen, zu bieten. Dabei wird eine möglichst breite Streuung des Eigentums angestrebt. Das Gesetz zur Vermögensbildung der Arbeitnehmer sieht vor, daß jeder Arbeitnehmer (bis zu einer Einkommenshöchstgrenze) jährlich bis zu 624 DM vermögenswirksam anlegen kann. Dazu zahlt dann der Staat Prämien. Er fördert mit Prämien auch das Bausparen. Auch die Ausgabe von kursverbilligten Aktien privatisierter Unternehmen, wie z. B. des Volkswagenwerks, soll zur Eigentumsbildung dienen.
In der Privatwirtschaft haben sich auch Arbeitgeber dazu entschlossen, die Arbeitnehmer am Kapital bzw. am Gewinn des Unternehmens zu beteiligen. In diesem Fall wird ein bestimmter Teil des Lohns für bestimmte Zeit im Unternehmen des Arbeitgebers investiert. So kommt der Arbeitnehmer in den Genuß einer Beteiligung am Ergebnis des Unternehmens, und der Betrieb erhält Investitionskapital. Verschiedene Beteiligungsmodelle versuchen, eine praktikable Form der Eigentumsbildung bei den Arbeitnehmern zu erarbeiten.

Eigentumsvorbehalt nennt man eine beim Verkauf einer Ware getroffene Vereinbarung, die festlegt, daß die Ware bis zur vollständigen Bezahlung Eigentum des Verkäufers bleibt.

Eiger heißt ein 3975 Meter hoher vergletscherter Felsgipfel der Finsteraarhorngruppe in den Berner Alpen. In seiner berüchtigten steilen Nordwand gehen Eis- und Steinlawinen nieder. Sie wurde 1938 zum erstenmal von Bergsteigern bezwungen.

Eignungsuntersuchungen (Eignungstests) helfen bei der Berufsberatung, die Eignung eines Menschen für eine bestimmte Beschäftigung zu erforschen. Dabei werden sowohl die geistigen und körperlichen Fähigkeiten als auch die charakterlichen Eigenschaften des Prüflings untersucht. Durch die Eignungsuntersuchung soll verhindert werden, daß jemand einen Beruf ergreift, für den er nicht geeignet ist.

Eileiter heißen die beiden röhrenförmigen Kanäle, die bei den Tieren die reifen Eier der Eierstöcke nach außen leiten. Beim Menschen und bei den Säugetieren ist der Eileiter ein 8–16 Zentimeter langer Schlauch, der das gereifte Ei vom Eierstock in die Gebärmutter leitet.

Eilgut wird von der Bundesbahn beschleunigt, aber auch zu erhöhtem Preis befördert. Das Eilgut ist ein

Frachtgut mit dem »Eilfrachtbrief« als Begleitpapier.

Eilsendungen werden von der Post gegen eine erhöhte Gebühr am Bestimmungsort durch Eilboten zugestellt.

Eimer wird ein Gefäß mit einem Henkel genannt. In einem Eimer trägt man Flüssigkeiten. Der Eimer wurde früher auch als Maßeinheit für Flüssigkeiten benützt.

Einäscherung nennt man die Feuerbestattung von Verstorbenen. Die Leiche wird im Gegensatz zum Begräbnis (Erdbestattung) verbrannt, die Asche in einer Urne beigesetzt.

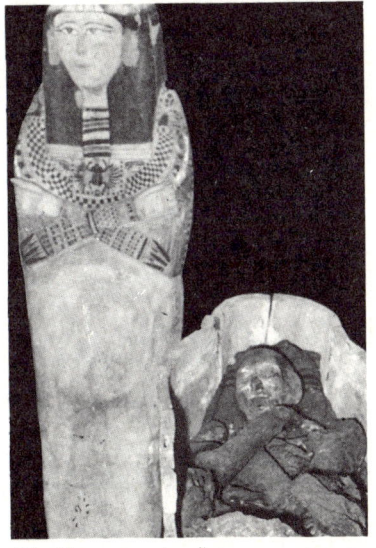

Die Pharaonen der Ägypter wurden einbalsamiert, da sie an ein Weiterleben nach dem Tode glaubten. Man gab ihnen daher in die Grabstätte auch Lebensmittel mit. Das Einbalsamieren war sehr kostspielig, weshalb sich gewöhnliche Sterbliche eine Einbalsamierung nicht leisten konnten.

Einbäume sind Boote, die heute noch bei vielen Naturvölkern verwendet werden. Der Einbaum besteht aus einem meist durch Ausbrennen ausgehöhlten Baumstamm.

Einbahnstraßen dürfen nur in einer Richtung benützt werden. Die Einbahnstraße ist in der vorgeschriebenen Richtung durch einen weißen Pfeil auf blauem Grund gekennzeichnet. Die verbotene Einfahrt ist durch ein rundes rotes Schild mit weißem Querbalken darin gesperrt.

Einbalsamierung heißt das Verfahren, mit dem Leichen vor der Verwesung geschützt werden sollen. Die alten Ägypter waren Meister in der Kunst der Einbalsamierung. Dem Leichnam wurden zuerst die Innereien entnommen, dann wurde der Körper mit fäulnishindernden Stoffen durchtränkt. In den ägyptischen Pyramiden fanden sich die Mumien (die einbalsamierten Körper) der Pharaonen.

Einbaumöbel nennt man Möbel verschiedener Art, die in einen Raum fest eingebaut, also nicht beweglich sind. Es gibt beispielsweise komplette Einbauküchen, die sämtliche modernen Haushaltsgeräte enthalten.

Einbruch ist die juristische Bezeichnung für das Eindringen in einen verschlossenen Raum durch gewaltsames Öffnen. Einbruchdiebstahl wird schwerer bestraft als einfacher Diebstahl.

Einbürgerung wird die Verleihung der Staatsangehörigkeit an einen Ausländer genannt. Voraussetzung

Einf

für die Einbürgerung sind u. a. ständiger Wohnsitz im Gastland, unbeschränkte Geschäftsfähigkeit, gesicherter Lebensunterhalt.

Einfahren bedeutet in der Kraftfahrtechnik das Einlaufenlassen neuer Maschinen. Die meisten neuen Autos müssen (z. B. auf den ersten 500 Kilometern) eingefahren, also mit besonderer Sorgfalt gefahren werden.

Im Bergbau bezeichnet man mit Einfahren das In-die-Grube-Gehen. Der Jäger benützt dieses Wort für das In-den-Bau-Kriechen von Kaninchen, Hund und Kleinraubwild.

Einflußgebiet heißt im Völkerrecht ein Gebiet, auf das ein Staat seinen wirtschaftlichen oder politischen Einfluß erstreckt. Die vertragliche Abgrenzung solcher Einflußgebiete ist heute nur noch bei strittigen Gebieten wie der Antarktis oder dem Meeresboden üblich.

Einfuhr (Import) nennt man das zum Verbrauch im Inland bestimmte Hereinbringen ausländischer Waren. Wenn gewisse Waren nicht erwünscht sind, weil z. B. im eigenen Land genug davon hergestellt werden, wird durch ein entsprechendes Einfuhrverbot der Import gestoppt.

Eingeweide ist der Sammelbegriff für alle inneren Organe des Menschen und der Tiere. Die menschlichen Eingeweide werden in drei große Gruppen eingeteilt. Die Brusteingeweide umfassen die Lungen und das Herz. Zu den Baucheingeweiden gehören Magen, Därme, Leber, Nieren und Milz. Die Beckeneingeweide bestehen aus Harnblase und Mastdarm. Bei Frauen kommen noch Eierstock, Eileiter und Gebärmutter dazu.

Eingeweidebruch nennt man den Durchbruch eines Teils der Eingeweide durch schwache Stellen der Bauchwand nach außen unter die Haut. Meistens lassen sich die Eingeweide in die Körperteile zurückdrängen, im späteren Stadium muß eine Operation erfolgen.

Einhäusig nennt man diejenigen Blütenpflanzen, bei denen sich männliche und weibliche Blüten auf ein und derselben Pflanze bilden. Sind auf einer Pflanze nur Blüten eines einzigen Geschlechts vorhanden, so spricht man von einer zweihäusigen Pflanze.

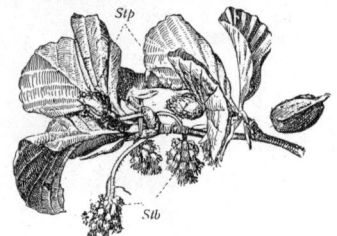

Stp = männliche Staubpollen
Stb = weibliche Staubblüten
Einhäusige Blütenpflanze

Einheit ist in der Physik die Maßeinheit (Zentimeter, Gramm, Sekunde usw.). Eine Einheit ist der immer gleichbleibende Teil einer Mehrheit.

Einheitsschule wird der einheitliche Aufbau aller Schulen genannt. Die Einheitsschule soll allen Kindern ohne Rücksicht auf Konfession und Vermögensstand der Eltern die bestmögliche Schulausbildung gewähren. In vielen Ländern werden Einheitsschulsysteme angestrebt.

Einheitsstaat ist ein Staat mit einheitlicher Gesetzgebung, Rechtspflege und Verwaltung. Das Gegenteil des Einheitsstaats ist der Bundesstaat, in dem jedes einzelne Bundesland, das zum Staatsgebiet gehört, seine eigene Gesetzgebung hat.

Einhorn heißt ein Fabeltier, das einem Pferd ähnlich sieht. Es trägt auf seiner Stirn ein langes, spitzes Horn.

Einkommensteuer erhebt der Staat auf das Einkommen aller natürlichen Personen, die ihren Wohnsitz im Staatsgebiet haben. Wenn die Einkommensteuer nach dem Lohn oder Gehalt eines Arbeitnehmers berechnet wird, heißt sie Lohnsteuer. Die Einkommensteuer ändert sich mit der Höhe des Einkommens und dem Familienstand. Bei Einkünften aus Gewinnanteilen an Kapitalgesellschaften spricht man von Kapitalertragssteuer.

Einlauf nennt man das Einführen von Flüssigkeit durch den After in den Mastdarm. Der Einlauf wird zur Darmreinigung oder zur Einführung von Blutersatz und Nährlösungen vorgenommen.

Beim Pferderennen heißt Einlauf die Reihenfolge, in der die Pferde ins Ziel einlaufen.

Einöde wird eine einsame Gegend genannt. Ein Bauernhof wird als Einödhof bezeichnet, wenn er allein steht und alle zugehörigen Wiesen und Felder um den Hof herum liegen.

Einparteienstaat ist die Bezeichnung für einen Staat, in dem für die Wahl von Parlament und Regierung nur von einer Partei Kandidaten aufgestellt werden. Der Staat wird also nur von einer einzigen Partei, ohne Vorhandensein einer Opposition, regiert.

Einsäuerung heißt das Verfahren, bei dem frisches, wasserreiches Pflanzenfutter unter Fernhaltung der Luft konserviert wird. Dieses Sauerfutter wird in Gärfutterbehältern (Silos) bereitet und ist im Winter ein wertvoller Ersatz für das fehlende Grünfutter.

Einsalzen oder einpökeln kann man Fleisch und Fisch, wodurch man diese Nahrungsmittel für längere Zeit haltbar macht. Das Fleisch wird mit Kochsalz eingerieben, dem man etwas Salpeter zusetzt. Bei der Schnellpökelung spritzt man die Salzlösung direkt in die einzelnen Fleischstücke.

Einschienenbahn nennt man eine Bahn mit nur einer Fahrschiene. Sie hängt entweder an einem Laufwerk unter der Schiene (Hängebahn), oder sie reitet auf der Schiene (Alwegbahn).

Einschreiben ist die Bezeichnung für eine eingeschriebene Postsendung. Für solche Sendungen, die eine Einschreibgebühr kosten, gewährleistet die Post die sichere Übermittlung, und sie leistet bei Verlust Schadenersatz. Der Absender erhält vom Postamt einen Einlieferungsschein, der Adressat muß eine Empfangsbescheinigung unterschreiben.

Einsiedlerkrebse sind Meerestiere, die in leeren Schneckengehäusen

Eins

Unterschlupf suchen. Klammerfüßchen an seinem weichhäutigen Hinterleib halten den Einsiedlerkrebs darin fest. Bei Gefahr kann er sich ganz ins Schneckenhaus zurückziehen. Seine beiden großen Scheren versperren den Eingang.
Viele Einsiedlerkrebse leben in Gemeinschaft mit Seeanemonen, die sich auf den Schneckenschalen festgesetzt haben. Mit ihren nesselnden Tentakeln schützt die Seeanemone den Krebs vor Angriffen. Dafür erhält sie die Reste der Krebsbeute. Von Zeit zu Zeit wird dem Einsiedlerkrebs sein Schneckenhaus zu klein. Dann zieht er in ein größeres um und nimmt seine Seeanemone mit.

Einspritzpumpen braucht man bei Verbrennungsmotoren. Die Einspritzpumpe fördert den Kraftstoff zur Einspritzdüse, und von dort aus gelangt er in den Verbrennungsraum. Die nötige Kraftstoffmenge wird in modernen Motoren elektronisch gemessen.

Einspritzung (lateinisch Injektion) heißt in der Medizin die direkte Verabfolgung von Medikamenten durch eine Injektionsspritze mit aufgesetzter Hohlnadel (Kanüle). Injektionen werden vorgenommen, wenn ein Arzneimittel rasch wirken soll oder wenn es im Magen-Darm-Kanal vernichtet werden würde. Es gibt verschiedene Arten von Einspritzungen, z. B. unter die Haut (subkutan), in die Muskulatur (intramuskulär), in die Blutadern (intravenös) oder in die Schlagadern (intraarteriell). Zum Zweck der örtlichen Betäubung spritzt man bestimmte Mittel direkt in die Nervenstränge.

Einspruch nennt man ein Rechtsmittel gegen eine gerichtliche Entscheidung. Man kann auch Einspruch gegen Entscheidungen von Verwaltungsbehörden einlegen, so etwa gegen einen Steuerbescheid, den man als ungerechtfertigt empfindet. Die Einsprüche werden von der jeweils nächsthöheren Instanz daraufhin überprüft, ob sie berechtigt sind.

Einstein, Albert, wurde 1879 in Ulm geboren, wuchs in München auf und wurde 1909 Professor der theoretischen Physik in Zürich. Von 1914 ab war er Direktor des Kaiser-Wilhelm-Instituts für Physik in Berlin. 1921 wurde Einstein für seine Arbeiten als theoretischer Physiker mit dem Nobelpreis ausgezeichnet. 1933 enthoben die Nationalsozialisten Albert Einstein wegen seiner jüdischen Herkunft seines Amtes und bürgerten ihn aus. Einstein emigrierte nach Amerika, wo er bis zu seinem Tode im Jahre 1955 in Princeton lebte. Er stellte die Relativitätstheorie auf und erweiterte nach den Planckschen Überlegungen die Quantentheorie. Mit seinen Arbeiten hat er das moderne Weltbild entscheidend beeinflußt und verändert. Er schuf die wesentlichsten Grundlagen der modernen Atomphysik. Sein großes wissenschaftliches Ansehen bewirkte, daß das von ihm als Gutachter empfohlene Atomprojekt vom amerikanischen Präsidenten Roosevelt aufgegriffen und während

des zweiten Weltkriegs verwirklicht wurde.
Das Motiv, warum Einstein für die militärische Atomforschung eintrat, war die Angst, die er mit vielen emigrierten Wissenschaftlern teilte: Wenn das Hitler-Deutschland an einer Atombombe baue, dann würde es sie mit Sicherheit auch einsetzen. Als das Dritte Reich zerfiel und feststand, daß hier keine Atombombe vorhanden war, trat Einstein sofort dafür ein, daß die vorhandene amerikanische Atombombe nicht zum Einsatz kommen solle. Sein Schreiben erreichte den amerikanischen Präsidenten aber nicht mehr, denn Roosevelt verstarb vor dem Erhalt. Die erste Atombombe fiel 1945 auf Hiroshima. Einstein bereute danach immer und immer wieder die Förderung des Atombombenprojekts.

Albert Einstein

Kurz vor seinem Tode sagte der wohl bedeutendste Gelehrte dieses Jahrhunderts zu seinem Neffen: »Ich habe *noch* etwas entdeckt, aber es wieder kaputtgemacht. Der gleiche Fehler soll mir nicht noch einmal passieren.«

Einstweilige Verfügung ist eine gerichtlich angeordnete Maßnahme, derzufolge ein Zustand bis zur endgültigen Klärung durch einen Prozeß geregelt wird. Einstweilige Verfügungen werden von Richtern ausgesprochen, wenn etwa eine Zeitung über Personen Dinge berichtet, die von diesen bestritten werden. Durch die einstweilige Verfügung wird der Zeitung mit sofortiger Wirkung verboten, ihre Behauptungen zu wiederholen.

Eintagsfliegen sind zarte, kurzlebige Insekten, die im ausgebildeten Zustand nicht freßfähig sind. Sie begatten sich und sterben innerhalb weniger Tage, manche Arten bereits nach wenigen Stunden. Die Larven der Eintagsfliegen leben im Süßwasser und sind besonders räuberisch.

Einwanderer nennt man Menschen, die in einen fremden Staat einreisen, um sich dort für ständig niederzulassen. Das Haupteinwandererland sind die USA. In vielen Ländern ist die Zahl der jährlich gestatteten Einwanderungen begrenzt.

Einwecken ist ein nach dem Erfinder Weck benanntes Verfahren, Lebensmittel in Gläsern durch längere Einwirkung einer Temperatur von 75 bis 98 Grad Celsius haltbar zu

Einz

machen. Durch den bei der Abkühlung entstehenden Unterdruck wird der Glasdeckel fest angesaugt.

Einzeller sind mikroskopisch kleine Lebewesen, die nur aus einer Zelle bestehen. Zu den Einzellern gehören die Urtierchen, die Bakterien und die einzelligen Algen. Die einzige Körperzelle der Einzeller enthält verschiedene Zellorgane.

Einzugsgebiet nennt man eine Landschaft, die von einem Fluß mit seinen Nebenflüssen entwässert wird. Vom benachbarten Einzugsgebiet wird sie meist durch Wasserscheiden (Gebirge) getrennt. Das Einzugsgebiet heißt daher auch Abflußgebiet.

Auch in der Wirtschaft spricht man von Einzugsgebieten. Eine Fabrik, die in einem ländlichen Ort steht, hat zum Beispiel für ihre Arbeitskräfte ein bestimmtes Einzugsgebiet.

Eipper, Paul, war ein deutscher Schriftsteller, der von 1891 bis 1964 lebte. Er wurde bekannt durch seine auf sorgfältiger Beobachtung beruhenden, lebendig geschriebenen Tierbücher.

Eis
Schwimmendes Wasser

Als Eis bezeichnet man gefrorenes Wasser. Die kristalline Erstarrung des Wassers tritt bei einer Temperatur von null Grad Celsius ein. Das Wasser dehnt sich beim Gefrieren aus, es nimmt etwa um ein Elftel seines Volumens zu. Infolge dieser Ausdehnung ist Eis leichter als Wasser, deshalb schwimmt es auch darauf. Eis ist der feste Aggregatzustand des Wassers, es hat eine Dichte von 0,916. Eiskristalle kann man auch sehen, zum Beispiel als Schneeflocken oder als Eisblumen an den Fensterscheiben.

Auf Seen und Teichen bildet sich bei einer Temperatur unter dem Gefrierpunkt auf der Wasseroberfläche eine Eisschicht. Diese Eisdecke schützt die Wasserlebewesen vor dem Erfrieren, denn das Wasser hat unter der Eisdecke eine Temperatur bis zu vier Grad Celsius.

Wie das Wasser, so hat auch das Eis die Erde seit Jahrmillionen geformt und ihr Gesicht immerzu verändert. Eis sprengt Boden- und Felsspalten, in den Hochgebirgen bildet es die

Schneeflockenformen

Eis

riesigen Gletscher. Das Eis der Polarmeere wird durch Strömungen zu Treibeis, das in großen Eisschollen die Meere bedeckt. Die sich ins Meer schiebenden Gletscher brechen in riesigen Eisbergen ab. Deshalb bestehen sie auch, obwohl sie im Meer treiben, aus Süßwasser. Die schwimmenden Eisberge ragen nur zu einem kleinen Teil aus dem Wasser. Ihr gewaltiger Tiefgang bringt für die Schiffahrt große Gefahren. Wenn ein Eisberg zu schmelzen beginnt, verliert er meist unter Wasser an Masse. Die unterhöhlten Stücke brechen ab, dadurch verliert der Eis-

Eisbrecher sind besonders kräftige Schiffe, die sich aufs Eis schieben und durch ihr Gewicht und stampfende Bewegungen in das Eis eine Fahrrinne brechen.

Die schwimmenden Eisberge der Polarmeere bestehen aus Süßwasser. Die gewaltigen Gletscher der Polargebiete haben diese Eismassen ins Meer geschoben. Die schematische Darstellung zeigt, daß sich der weitaus größte Teil eines Eisbergs unter Wasser befindet.

Eisa

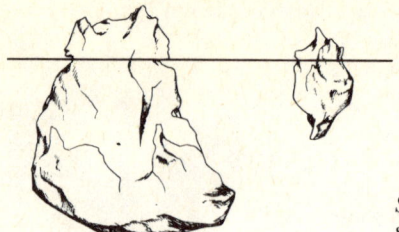

Schematische Darstellung schwimmender Eisberge

berg sein Gleichgewicht und schlägt im Wasser mit ungeheurer Wucht hin und her. Er wirft dabei haushohe Wellen auf. Eisberge gibt es sowohl im Nordpolargebiet, der Arktis, als auch im Südpolargebiet, der Antarktis.

Um auch in diesen Gewässern Schiffahrt betreiben zu können, wurden Eisbrecher konstruiert. Diese besonderen Schiffe brechen Fahrrinnen in die Eisschollen.

Die um den Nord- und Südpol herum lagernden gewaltigen Eismassen würden, wie man berechnet hat, durch Schmelzen bei einer Klimaveränderung den Wasserspiegel des Atlantiks um rund 20 Meter heben. Damit wären viele Küstenstädte, wie zum Beispiel Hamburg, überschwemmt. Weite Teile Europas und Amerikas ständen ebenfalls unter Wasser.

In neuerer Zeit sind Überlegungen aufgetaucht, das ewige Eis des Nord- und Südpols als gigantische Kältekammern auszunutzen. Man könnte dort die Überproduktion an Lebensmitteln einlagern. Die Verbreitung des Eises auf der Erde ist klimabedingt.

Während in den Tropen ewiges Eis nur in Höhenlagen über 5000 Meter vorkommt, sinkt diese Grenze, je weiter man nach Norden oder Süden in die Polarregionen vordringt, bis auf die Höhe des Meeresspiegels herab.

• • •

Eisack heißt ein Fluß in Südtirol. Er ist 96 Kilometer lang, entspringt in der Nähe des Brenners und mündet unterhalb von Bozen in die Etsch. Das Eisacktal ist ein alter Verkehrsweg zwischen Deutschland und Italien. Die italienische Bezeichnung für den Eisack ist Isarco.

Eisbär nennt man ein Raubtier der Arktis. Der Eisbär gehört zur Familie der Bären, hat ein gelb-weißes zottiges Fell und ist ein guter Schwimmer. Er lebt am Strand und auf dem Treibeis; er ist vorwiegend Fleischfresser.

Seit einiger Zeit führen die Sowjetunion, Norwegen, Kanada und die USA Forschungsexpeditionen in der Arktis durch. Ihr Ziel ist, die Frage zu beantworten: Gibt es noch ausreichende Eisbärbestände, oder muß das Jagen und Töten dieser Tiere sofort verboten werden? (Siehe auch unter dem Stichwort »Bären«)

Eisen (chemisches Zeichen Fe = [lateinisch] Ferrum) ist das häufigste und wichtigste Schwermetall, das sich in der Natur als Eisenerz findet. Es kommt in Form von Magnet-, Rot-, Braun- und Spateisenstein vor. An feuchter Luft überzieht sich das Eisen mit einer rotbraunen Zersetzungsschicht, dem Rost.

Das Eisen wird aus den Erzen in Hochöfen herausgeschmolzen. Hochöfen sind 30 Meter hohe, nach oben sich verengende Schächte, die schichtweise mit Erz und Koks gefüllt werden. Das geschmolzene Eisen sinkt infolge seiner Schwere zu Boden, während die sich ergebende Schlacke darauf schwimmt. Das flüssige Eisen wird von Zeit zu Zeit an der tiefsten Stelle des Hochofens »abgestochen«. Die dabei entstehenden brennbaren Gase werden abgesaugt und als Brennstoff verwendet. Das im Hochofen gewonnene Roheisen ist brüchig, nicht schmiedbar und eignet sich nur als Gußeisen.

Durch die Verringerung des Kohlenstoffgehalts des Roheisens auf weniger als 11,5 Prozent wird aus Eisen Stahl. Dieser läßt sich durch Walzen, Ziehen oder Schmieden in jede beliebige Form bringen.

In der Industrie werden viele Eisenlegierungen, also Mischungen von Eisen und einem anderen Material, verwendet. Eisen wird hauptsächlich mit Aluminium, Mangan, Molybdän, Nickel, Titan, Vanadium und Wolfram gemischt.

In früherer Zeit war die Eisenindustrie, bedingt durch den hohen Kohleverbrauch bei der Eisengewinnung, gezwungen, sich um die Kohlevorkommen zu gruppieren. Durch technische Verbesserungen ist der Kohlebedarf bei der Schmelzung zurückgegangen, so daß die Eisenindustrie immer häufiger auch bei den Erzlagerstätten oder in der Nähe der Einfuhrhäfen entsteht.

Der größte Roheisenerzeuger der Erde ist die Sowjetunion, gefolgt von den USA, von Japan und der Bundesrepublik Deutschland. Die Eisenindustrie bildet große sogenannte Montankomplexe, in denen Bergbaubetriebe, Hochöfenanlagen sowie weiterverarbeitende Fabriken zusammengefaßt sind.

Schon im 4. Jahrtausend v. Chr. fanden die Ägypter Eisen. In der Eisenzeit, einem Zeitalter der Vorgeschichte, war für die Menschen das Eisen der wichtigste Werkstoff. Die gewaltige Entwicklung der Eisenindustrie setzte nach der Erfindung der Hochöfen sowie der Verwendung von Koks als Brennstoff im 18. Jahrhundert ein und führte im 19. Jahrhundert zur industriellen Revolution.

Eisenach heißt eine Stadt in der DDR, die mit 50 000 Einwohnern am nördlichen Fuß des Thüringer Waldes im Bezirk Erfurt liegt. In Eisenach wurde Johann Sebastian Bach geboren. In der Nähe der Stadt steht die berühmte Wartburg, wo Luther die Bibel übersetzte.

Eisenbahn
Vom Dampfroß zum »TEE«

»Die Eisenbahn ist ein schienengebundenes Transportmittel mit zusammengekuppelten Wagen, gezogen von einer Lokomotive«, schrieb Jack London in seinem Buch über die ›Abenteurer des Schienenstrangs‹.

Hinter diesen nüchternen Worten steckt mehr als die Beschreibung eines Beförderungsmittels. Die Eisenbahn hat die Welt verändert. Überall trieben sich die Schienenstränge durch unwirtliche Gebiete. Der Bau der »Transsibirischen Eisenbahn« zum Beispiel, die 7000 Kilometer weit vom Ural bis an den Pazifischen Ozean führt, kostete einigen tausend Arbeitern das Leben. Sie starben an den Bissen von Giftschlangen, sie wurden von den Pranken des Sibirischen Tigers zerrissen oder endeten im Fieberdelirium der Malaria. Die Bahn aber wurde vorangetrieben und erschloß nach ihrer Fertigstellung einen halben Kontinent für die Zivilisation. Die berühmte amerikanische »Acheson, Topeka & Santa Fé Line« verkörpert geradezu eine Epoche amerikanischer Geschichte. Ihre Entstehung hängt mit Goldgräbern, mit Abenteurern, mit riesigen Büffelherden und kämpfenden Indianerstämmen zusammen.

Die große Zeit der Eisenbahnen war das 19. Jahrhundert. 1814 baute man in England die erste Dampflokomotive, 1825 wurde dort die erste, von einer Dampflokomotive gezogene Eisenbahn in Betrieb genommen. Zehn Jahre später fuhr der erste Zug auch in Deutschland auf der Strecke zwischen Nürnberg und Fürth.

Bis ins frühe 20. Jahrhundert hinein blieb die Dampflokomotive das einzige Zugmittel der Eisenbahn. 1903 wurde erstmalig der elektrische Zugbetrieb erprobt, und heute ist der größte Teil der deutschen Hauptstrecken elektrifiziert.

Die Eisenbahn fährt auf einer »eisernen Bahn«: Auf die planierte und vorbereitete Strecke wird Schotter aufgefüllt, in diesen Schotter bettet man Schwellen aus Holz oder Eisenbeton. Auf den Schwellen werden die Schienen mit Klammern oder

Eisenbahnkutsche von 1830, die auf Schienen von Pferden gezogen wurde.

Erster deutscher Eisenbahnzug im Jahre 1835, der auf der Strecke Nürnberg–Fürth fuhr.

Schrauben befestigt und zu einem endlosen Stahlband zusammengeschweißt.

Heutzutage sind die Personenwagen im Vergleich zu früher viel komfortabler und luxuriöser. Mehr und mehr verdrängen laufruhige, vierachsige Drehgestellwaggons die alten zwei- und dreiachsigen Typen. Gebremst werden alle Waggons auf die gleiche Art, nämlich mit Hilfe von Druckluft. Neben diesen Klotzbremsen baut man heute auch Scheibenbremsen ein, ganz schnelle Züge verfügen über Schienenbremsen. Das sind eiserne Schleifschuhe, die sich mit großen Elektromagneten auf den Schienen »festsaugen«.

Notbremsungen sind heute sehr selten geworden, denn die modernen Signalanlagen geben jeden notwendig werdenden Halt mehrmalig und vor allem frühzeitig bekannt. Wird dennoch ein geschlossenes Signal überfahren, löst eine Automatik sofort die selbsttätige Bremsung aus. So kommt der Zug zum Stehen, selbst wenn der Lokomotivführer aus irgendeinem Grunde die Bremsung nicht vornehmen kann.

Wahre Wunder für die Sicherheit der Reisenden und eine reibungslose Abwicklung des Zugverkehrs leisten die neuen, elektrisch arbeitenden Stellwerke: Von ihnen aus wird der gesamte Weg eines Zuges, die sogenannte Fahrstraße, durch Knopfdruck eingestellt. Die Strecke wird von anderen Zügen freigehalten und gesichert. Die einmal gestellten Weichen können nur umgestellt werden, wenn die Fahrstraße unbelegt ist. Jede Belegung, jeder Zug, die Stellung jeder einzelnen Weiche und jedes Signals auf dem ganzen Bahnhofsgebiet sind auf einem Schaltbild in der Fahrdienstleitung des Bahnhofs klar ersichtlich.

Diese fortschrittliche Technik ist die Voraussetzung für den Einsatz der modernen, bis zu 200 Kilometer in der Stunde fahrenden Fernschnellzüge. Die bekanntesten sind wohl die »Trans-Europ-Express«-Züge (TEE). Sie tragen alle klingende Namen: »Blauer Enzian«, »Rheingold« usw. Auch andere Schnellzüge haben Namen. So gibt es einen »Mozart«, einen »Gondoliere« und sogar einen »Rosenkavalier«. Aber nicht nur um den Personenverkehr bemüht sich die Bahn, auch die Güterbeförderung wird laufend beschleunigt und vereinfacht.

Die Eisenbahn gehört also nicht etwa zum »alten Eisen«, denn sie wurde nicht vom schienenlosen Auto oder vom Flugzeug überholt. Im Gegenteil, angesichts ständig wachsender Autoschlangen, steigender Unfallzahlen und zunehmender Luftverschmutzung bietet sie hervorragende Alternativen, besonders bei schlechtem Wetter.

• • •

Eisenbart, Johannes Andreas, lebte von 1661 bis 1727 und war zu seiner Zeit ein geschickter Chirurg. In einem Studentenlied wird er auf Grund seines marktschreierischen Auftretens als Quacksalber bezeichnet. Damals galten jedoch Chirurgen allgemein, im Gegensatz zu den Ärzten, als Pfuscher und verachtenswerte Gaukler. Doktor Eisenbart hatte jedoch, gemessen am Stand seiner Zeit, ein gediegenes praktisches Können, das sogar den König von Preußen veranlaßte, ihn zu konsultieren.

Eisenerz ist der Rohstoff für die Eisengewinnung. Es wird bis zu einem Eisengehalt von mindestens 30 Prozent abgebaut. Die hochwertigsten Erze in Europa liegen in Nordschweden bei der Stadt Kiruna.

Eisenholz heißen verschiedenartige, sehr schwere und harte Hölzer von Bäumen, die in Afrika, Südamerika und Australien wachsen. Eisenholz kann erst nach vorheriger Dampfbehandlung mit den besten Werkzeugen bearbeitet werden. Es findet vor allem im Schiffbau Verwendung.

Eisenhower, Dwight D(avid), genannt Ike [aik], lebte von 1890 bis 1969. Er war von 1953 bis 1961 der 34. Präsident der USA. Als Oberbefehlshaber der amerikanischen Truppen in Europa leitete er 1942 die Landungen in Nordafrika und Sizilien, und als Oberkommandierender der alliierten Expeditionstruppen befehligte er 1944 die Invasion in der Normandie. 1945 nahm er die deutsche Kapitulation in Reims entgegen.

Eisenstadt ist mit 10 000 Einwohnern die Hauptstadt des österreichischen Bundeslandes Burgenland. In Eisenstadt wirkte der Komponist Joseph Haydn.

Eisenstein, Sergej, war ein bedeutender sowjetischer Filmregisseur, der von 1898 bis 1948 lebte. 1925 drehte er den wegen seiner dramatischen und aussagekräftigen Bilder berühmten Revolutionsfilm ›Panzerkreuzer Potemkin‹.

Eisenzeit heißt das Zeitalter der Vorgeschichte, in dem das Eisen der wichtigste Werkstoff wurde. Die Eisenzeit folgte auf die Bronzezeit und begann in Vorderasien und Mitteleuropa mit dem 9. Jahrhundert v. Chr., in Nordeuropa schon im 7. Jahrhundert v. Chr. In Mitteleuropa nennt man die ältere Eisenzeit nach den Funden im oberösterreichischen Hallstatt die Hallstattzeit. Die jüngere Eisenzeit heißt La-Tène-Zeit, benannt nach den Pfahlbaufunden von La Tène in der Schweiz. Um 1500 v. Chr. wurde bereits Eisen im Vorderen Orient verarbeitet, ab etwa 1300 v. Chr. auch auf dem Gebiet der heutigen Türkei. Im Laufe einiger Jahrhunderte verbreitete sich die Technik der Verarbeitung nach Persien, Palästina und Griechenland, gelangte dann auf die Inseln Zypern und Kreta, wurde von den Phöniziern nach Nordafrika gebracht und erreichte von dort schließlich Mittel- und Nordeuropa.

Eiserne Lunge nennt man ein Gerät, das zur Durchführung künstlicher Atmung dient. Der Kranke, dessen Atmungswege gelähmt sind, wird in einen abgedichteten röhrenähnlichen Raum gelegt, Ein- und Ausatmung wird dann durch Sog und Druck in diesem Raum automatisch geregelt. Die eiserne Lunge hat schon das Leben vieler Menschen, die an spinaler Kinderlähmung erkrankt sind, retten helfen.

Eiserner Vorhang heißt der gesetzlich vorgeschriebene feuersichere Vorhang in Theatern. Er trennt die Bühne vom Zuschauerraum und bleibt bei Nichtbenutzung der Bühne geschlossen. Unter »Eisernem Vorhang« versteht man nach dem von Winston Churchill geprägten Begriff auch die Abschließung des sowjetischen Machtbereichs von der übrigen Welt.

Eisernes Kreuz ist ein Orden, der als Kriegsauszeichnung 1813 von König Friedrich Wilhelm III. von Preußen gestiftet wurde. Das Eiserne Kreuz war im Deutsch-Französischen Krieg sowie im ersten und zweiten Weltkrieg deutscher Kriegsorden.

Eisernes Tor wird der Donaudurchbruch durch das Banater Gebirge genannt. Es ist ein 130 Kilometer langes Gebirgstal. Stromschnellen wechseln mit ruhigem Lauf ab, und an manchen Stellen erreicht die Donau eine Tiefe von 75 Metern. Seit einigen Jahren erbauen Jugoslawien und Rumänien gemeinsam am Eisernen Tor das größte Flußkraftwerk Europas.

Eisheilige heißen die katholischen Heiligen Pankratius, Servatius und Bonifatius, die am 12., 13 und 14. Mai ihre Namenstage haben. Da diese Tage oft durch spätwinterliche Fröste gekennzeichnet sind, spricht man vom Treiben der drei Eisheiligen oder Eismänner.

Eishockey [-keh] wird als Mannschaftsspiel zwischen zwei Parteien von je sechs Spielern gespielt (drei Stürmer, zwei Verteidiger und ein Torwart). Die Spieler müssen während des Spiels oftmals ausgewechselt werden, da Eishockey ein kräfteraubender Sport ist. Das Spiel dauert dreimal 20 Minuten. Statt eines Balls wird eine Hartgummischeibe, der sogenannte Puck, verwendet. Während das Eishockeyspiel in Kanada und in den USA auf Kampfkraft, körperlichem Einsatz und Härte beruht, haben in den letzten Jahren europäische Spitzenmannschaften, wie die der Sowjetunion und die der Tschechoslowakei, mit einem eleganten, vorwiegend auf Technik beruhenden Spielsystem große Erfolge erzielt.

Eislauf ist eine Wintersportart, bei der man sich mit Hilfe von Schlittschuhen auf einer Eisfläche fortbewegt. Während die Eisläufer in früherer Zeit nur auf das Natureis der Flüsse, Kanäle, Teiche und Seen angewiesen waren, gibt es heute auch Kunsteisbahnen in Hallen und im Freien. Eine solche Eislauffläche

Der Tanz auf dem Eis erfordert sportliches Geschick und graziöse Haltung. Die besten Eiskunstläufer werden in Welteislaufmeisterschaften gekürt.

Eisl

wird durch in Rohrleitungen umlaufende, tiefgekühlte Lösungen gefroren gehalten.

Eisschnellauf ist ein sportlicher Wettkampf, der sich über 500, 1000, 1500, 3000, 5000 und 10 000 Meter erstrecken kann. Führende Nationen auf diesem Gebiet sind Norwegen, die Niederlande, die Sowjetunion und seit einigen Jahren auch die Bundesrepublik Deutschland. In Inzell im Chiemgau hat der deutsche Spitzensport ein neues Eislaufzentrum erhalten, das besonders gute Trainingsmöglichkeiten bietet. Die Bahn in Inzell ist neben Alma-Ata in der Sowjetunion derzeit die berühmteste und für Rekorde günstigste Bahn der ganzen Welt.

Der Eiskunstlauf gliedert sich in das Pflicht- und Kürlaufen. Bei Meisterschaften wird die Kür nach dem Schwierigkeitsgrad und der Ausführung mit Noten von 0–6 bewertet. In der Pflicht müssen vorgeschriebene Übungen in einwandfreier Haltung und möglichst genau auf vorgezeichneten Spuren gelaufen werden.

Eisleben, eine Stadt im Bezirk Halle im östlichen Harzvorland, hat 30 000 Einwohner, eine Bergingenieurschule sowie Kupfer- und Silberbergbaubetriebe. Eisleben ist der Geburts- und Sterbeort Martin Luthers.

Eismeere nennt man die beiden Meere, die den nördlichen und südlichen Pol der Erde umgeben. Das Nördliche Eismeer wird auch Nordpolarmeer oder Arktisches Meer genannt. Es erstreckt sich entlang den Nordküsten Europas, Asiens und Nordamerikas. Das Südliche Eismeer, bestehend aus den antarktischen Teilen des Atlantischen, Indischen und Stillen Ozeans, umgibt das Festland der Antarktis.

Eismeerstraße heißt die 531 Kilometer lange Hauptverkehrsstraße in Nordfinnland von Rovaniemi zum Inarisee.

Eispickel ist die Bezeichnung für eine Spitzhacke, die Bergsteiger brauchen, um Stufen in Eis oder harten Schnee zu schlagen.

Eisriesenwelt wird ein vereistes Höhlenlabyrinth genannt, das sich im Tennengebirge bei Salzburg befindet. Der Haupteingang in die Eisriesenwelt liegt in 1640 Meter Höhe oberhalb von Werfen im Salzachtal.

Eisschießen nennt man einen in den Alpenländern beliebten Sport, bei dem von zwei Mannschaften Eisstöcke (eisenbeschlagene, runde Holzscheiben) auf einer 42 Meter langen Eisbahn möglichst direkt an die Daube, einen kleinen, hölzernen Zielklotz, geschoben werden müssen.

Eissegeln kann man auf zugefrorenen Seen mit einer Eisjacht (Eisschlitten), ähnlich wie in einem Segelboot auf dem Wasser. Bei starkem Wind kann man bis zu 130 Kilometer in der Stunde erreichen.

Eisvögel ist die Bezeichnung für eine Gruppe von Rackenvögeln. Der europäische Eisvogel ist 17 Zentimeter lang, er hat einen gedrungenen Rumpf und Hals, einen starken Schnabel und kleine, schwache Füße. Sein Gefieder schillert oben metallisch grünblau, an der Kehle ist es weiß und auf der Bauchseite rostfarben. Der Eisvogel lebt an Bächen und Seen, er holt sich als Stoßtaucher mit großer Geschicklichkeit kleine Fische aus dem Wasser, außerdem nährt er sich von Insekten.

Eiszeiten
Kommen sie wieder?

Eiszeiten nennt man die Zeiträume der Erdgeschichte, in denen infolge großer Klimaveränderungen weite Teile der Erde mit gewaltigen Gletschern bedeckt waren. An den von den Gletscherzungen aufgeschütteten Geröllhügeln (Moränen) und den riesigen Felsbrocken (Findlingen), die weit bis ins Flachland geschoben wurden, kann man noch heute den Weg der Eiszeitgletscher erkennen.

Der Beginn der Eiszeit wird etwa auf 600 000, ihr Ende auf rund 12 000

Gletscherspalten am Montblanc

Jahre der Zeitrechnung vor Christus festgesetzt. Zwischen den eigentlichen Eiszeiten liegen Zwischeneiszeiten, in denen es sogar bedeutend wärmer war, als es heute ist. Aus diesem Grunde gab es damals in Mitteleuropa auch Tiere, die jetzt nur noch in Afrika zu finden sind. Die mittlere Jahrestemperatur in Europa lag während der Eiszeiten etwa um acht bis zwölf Grad tiefer als heute, die Schneegrenze sank um rund 1000 Meter. Neben Grönland, Spitzbergen und der Antarktis trugen auch Nordeuropa, die Alpen, Teile Sibiriens, Nordamerika und Patagonien gewaltige Eiskappen, die manchmal die Stärke von über 1000 Meter erreichten. Im ganzen waren rund 15 Millionen Quadratkilometer von Eis bedeckt. Das entspricht einem Gebiet von der halben Größe Afrikas. Zur Zeit der größten Ausdehnung lagen auch die Britischen Inseln unter einer Eisdecke.

Anschließend an die Eisgrenze erstreckte sich die Tundralandschaft, die der Lebensraum für das Rentier, den Eisfuchs, für Lemming und Mammut, Nashorn und Höhlenbär war. Die Tundra war von gewaltigen Flüssen durchzogen, die jedes Jahr ihr Bett änderten und riesige Urstromtäler bildeten. Das Norddeutsche Tiefland sowie das Alpenvorland erhielten ihre heutige Gestalt in dieser Zeit. Viele Eiszeittiere starben mit dem Ende der Eiszeit aus. Auch der Altmensch, der Neandertaler, der in der Eiszeit lebte, verschwand vor rund 100 000 Jahren. Warum, wissen wir nicht.

Eisz

Der Neandertaler lebte in der Eiszeit. Aus Knochenfunden wurde sein Bild rekonstruiert. Im Jahre 1908 wurde in einer Höhle in Frankreich ein Skelett dieses Altmenschen gefunden. Heute weiß man, daß der Neandertaler kein Zwischenglied in der Entwicklung zum heutigen Menschen war, sondern nur eine nicht weiterentwickelte Nebenlinie.

Eine stichhaltige wissenschaftliche Erklärung für die Entstehung der Eiszeiten und ihre wärmeren Zwischenperioden gibt es bis heute nicht. Einige Wissenschaftler sind der Meinung, daß auch unsere heutige Zeit nichts anderes sei als eine neuerliche Zwischeneiszeit.

Das gewaltigste Tier der Eiszeit war das Mammut. Die ersten Menschen, die primitive Jäger waren, haben es oft gesehen, es war aber für sie sehr schwer, Jagd auf diese Riesentiere zu machen. Verlief die Jagd dennoch erfolgreich, hatte die Menschensippe auf längere Zeit keine Nahrungssorgen.

Ehrfurchtsvoll standen die Eiszeitmenschen dem urweltlichen Elefanten gegenüber. Sie beschworen ihn in ihren Höhlenzeichnungen immer wieder und belegten ihn mit ihrem Jagdzauber.

Auf rätselhafte Weise ist das Mammut – wie die meisten Eiszeittiere – ausgestorben. Lange Zeit hindurch

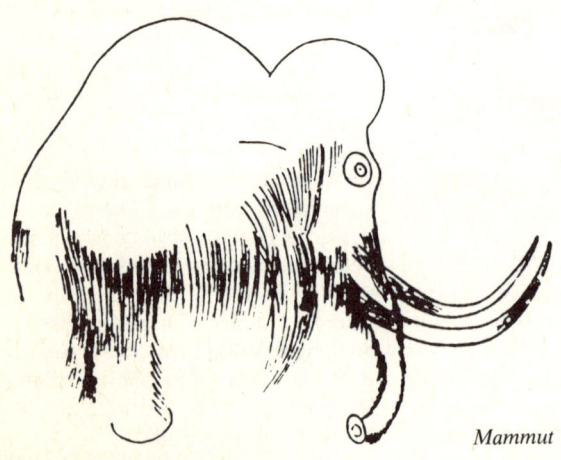

Mammut

konnten die Wissenschaftler sein einstiges Aussehen und seine Größe nur aus Knochenfunden rekonstruieren.

Anfang unseres Jahrhunderts jedoch ließ ein seltsamer Fund die Welt aufhorchen: In der nordsibirischen Tundra hatten jakutische Pelzjäger in einer abgetauten Mulde 20 bis 30 Exemplare völlig eingefrorener Mammutleiber entdeckt. Zunächst hatten die unwissenden Jakuten die riesigen Stoßzähne abmontiert und mit Elfenbeinschnitzern einen schwunghaften Handel betrieben. Nur durch Zufall waren Forscher und Wissenschaftler dahintergekommen, zum Glück gerade noch rechtzeitig, bevor die Jakuten den gesamten Fund ausgeschlachtet hatten.

Die wissenschaftliche Untersuchung ergab, daß die Mammute einst von einem riesigen Schneesturm zusammengedrängt und unter einer meterhohen Schneelast begraben worden waren. Die größte Überraschung aber war für die Forscher die Antwort der Jakuten auf die Frage, was sie denn mit dem gefrorenen Mammutfleisch gemacht hätten. »Natürlich gegessen«, gaben sie verwundert zu. Was hätten sie auch sonst damit anfangen sollen?

• • •

Eiter nennt man die undurchsichtige gelbliche Flüssigkeit, die sich bei entzündetem Gewebe bildet. Eiterungen werden durch Bakterien hervorgerufen. Der Eiter wird vom Körper zur Abwehr dieser in ihn eingedrungenen Bakterien produziert.

Eiweiß ist eine Gruppe organischer Verbindungen mit hohem Molekulargewicht. Eiweißstoffe bestehen aus Kohlenstoff, Sauerstoff, Stickstoff, Wasserstoff, zum Teil auch aus Schwefel und Phosphor. Sie entstehen nur durch lebende Eiweißstoffe (Proteine, Albumine, Globuline) und zusammengesetzte Eiweiße (Proteide, Nukleoproteide, Kasein, Muzine, Hämoglobin).

Eiweißstoffe sind wichtige Nährstoffe, die vor allem dem Neuaufbau von Zellen dienen.

Da überschüssige Eiweißstoffe vom Körper nicht in Fett umgesetzt werden, machen eiweißreiche Nahrungsmittel nicht dick. Wie jede andere einseitige Ernährung schadet aber auch zu viel Eiweiß der Gesundheit. Eiweiß ist besonders in Fisch, Fleisch, Milch, Käse, Eiern, Hülsenfrüchten und Pilzen enthalten.

Ejakulation, ein Fremdwort aus dem Lateinischen, bedeutet Erguß des Samens aus dem Penis, dem männlichen Glied.

EKG ist die Abkürzung für Elektrokardiogramm. Das ist die kurvenmäßige Aufzeichnung der feinen Aktionsströme des Herzens, die durch die Tätigkeit des Herzmuskels entstehen. Der Arzt zieht mit Hilfe des Elektrokardiogramms Rückschlüsse auf die Beschaffenheit des Herzens.

Ekstase nennt man einen körperlich-seelischen Zustand, in dem sich ein Mensch entweder in Verzükkung, in Angst, Erstarrung oder Raserei befindet. Die Bewußtseinsgrenze zwischen Innen- und Außenwelt löst sich auf. In diesem »Außer-sich-Sein« glaubt der Mensch an eigene übernatürliche Fähigkeiten. Es gibt religiöse, künstlerische und erotische Ekstasen. In Religionen haben sich Methoden entwickelt, Ekstasen herbeizuführen, z. B. durch langes Fasten, durch das Nichtatmen und lang andauernde, wilde Tänze. Ekstasen können auch durch Drogen und Rauschmittel herbeigeführt werden.

Ekuador ist unter dem Stichwort »Ecuador« beschrieben.

Ekzem nennt man eine flechtenartige Hautkrankheit, die meist von Jucken und Brennen begleitet ist. Ein Ekzem entsteht bei Überempfindlichkeit der Haut gegen die verschiedenartigsten Stoffe, wie Seife, Blütenstaub, Medikamente usw. Die sich bildenden Bläschen sind oft nässend.

Elat (Eilath oder Elyath), mit 15 000 Einwohnern der Hauptölhafen Israels, ist durch eine 400 Kilometer lange Pipeline mit den Raffinerien in Haifa verbunden. Der Hafen am Golf von Akaba ist der einzige Zugang Israels zum Roten Meer und somit für das Land von größter wirtschaftlicher sowie militärischer Bedeutung.

Elba, eine italienische Insel im Mittelmeer, zwischen Korsika und dem italienischen Festland gelegen, ist 223,5 Quadratkilometer groß und hat 30 000 Bewohner. Die gebirgige Insel ist reich an Eisenerzen und hat ein mildes, gesundes Klima. Napoleon wurde 1814 hierher verbannt. Der Name der Insel stammt von dem etruskischen Wort ilva (Eisen).

Elbe heißt ein großer, schiffbarer Strom in Mitteleuropa. Die Elbe entspringt im Riesengebirge, durchfließt Nordböhmen und mündet nach 1144 Kilometern, 15 Kilometer breit, bei Cuxhafen in die Nordsee. Wichtigste Nebenflüsse der Elbe: Moldau, Eger, Saale, Mulde, Havel.

Elbrus, ein seit der Eiszeit erloschener Vulkan, heißt der mit 5633 Meter höchste Gipfel des Kaukasus in der Sowjetunion.

Elbsandsteingebirge nennt man das Bergland zwischen Lausitzer Gebirge und Erzgebirge. Es wird von der Elbe in einem malerischen Engtal durchbrochen und ist durch tiefe Schluchten in viele Tafelberge sowie bizarre Felsgruppen aufgelöst.

Elch (Elen oder Elk) heißt die größte

Hirschgattung. Diese Tiere kommen nur noch im Nordosten Europas, in Nordasien und im Norden Amerikas vor. In Mitteleuropa wurden mehrfach Einsiedlungsversuche unternommen, sie hatten aber bisher wenig Erfolg. Elche werden bis zu drei Meter lang und haben eine Schulterhöhe von zwei Metern. Ihr Körper ist plump, ihr Fell rötlichbraun, ihre Mähne schwarzbraun. Das breite, gezackte Schaufelgeweih wird bis zu 20 Kilogramm schwer. Elche leben meist einzeln in Sumpfgebieten und feuchten Wäldern.

Eldorado (spanisch el dorado = das Goldene) war ein sagenhaftes Goldland in Südamerika, das im 16. und 17. Jahrhundert von spanischen Eroberern gesucht, jedoch nie gefunden wurde. Heute versteht man unter dem Wort ein wohlhabendes, üppiges Land, das seinen Bewohnern ein glückliches Leben ermöglicht.

Elefanten
Die letzten Urweltriesen

Elefanten sind pflanzenfressende Säugetiere und die größten noch lebenden Landtiere der Erde. Der Afrikanische und der Indische Elefant sind die allerletzten Rüsselträger von ehemals zahlreichen Arten, die sich vor etwa fünfzig Millionen Jahren zu entwickeln begannen. Knochenfunde beweisen, daß es Elefantenarten einst in allen Erdteilen mit Ausnahme von Australien gab. In den Eiszeiten Europas und Asiens waren die riesenhaften Mammuts ihre frühgeschichtlichen Verwandten.

Ein Afrikanischer Elefant wiegt drei bis vier Tonnen. Außer seiner kolossalen Größe und den säulenförmigen Beinen ist besonders der Rüssel auffallend. Er ist aus der verlängerten Nase und der Oberlippe gebildet. Der Rüssel dient nicht nur zum At-

So sah einer der Urelefanten aus: An Hand von Knochenfunden wurde das Mastodon, das vor zehn Millionen Jahren in Europa lebte, rekonstruiert. Der Vorläufer des heute noch lebenden Elefanten hatte keinen so ausgeprägten Rüssel wie später der gewaltige Elefant der Eiszeit, das Mammut, und die heute lebenden Elefantenarten.

ELEFANTEN

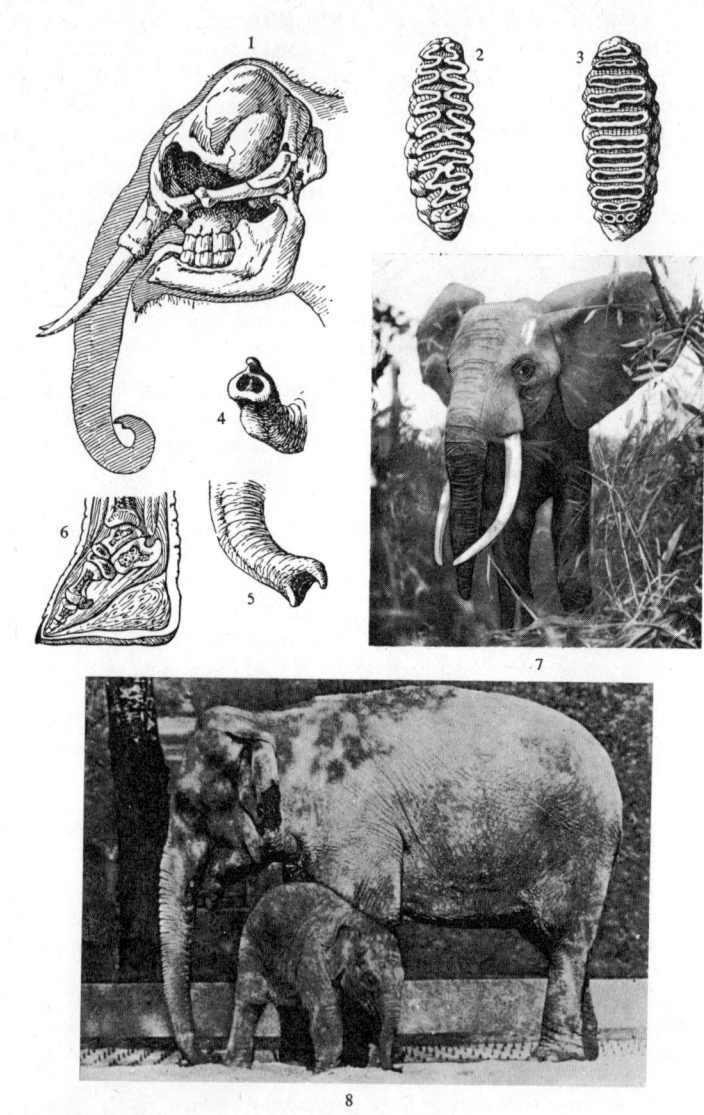

1 *Schädel des indischen Elefanten;* 2 *Backenzahn vom afrikanischen,* 3 *vom indischen Elefanten;* 4 *Rüsselende vom indischen,* 5 *vom afrikanischen Elefanten;* 6 *Elefantenfuß mit Hornsohle;* 7 *afrikanischer,* 8 *indischer Elefant mit Jungem*

men und Riechen, das Ende des Rüssels kann ähnliche Aufgaben erfüllen wie eine Hand: Der Elefant kann damit greifen; nicht nur große Gegenstände, sondern auch die kleinste Münze. Der Rüssel dient zudem als Werkzeug: Gewaltige Baumstämme kann er damit packen und abtransportieren. Auch die Nahrung bringt der Elefant mit dem Rüssel, der dabei wie ein Kran funktioniert, in sein Maul, 70 bis 100 Kilogramm Knospen, Blätter und Zweige täglich. Sein Trinkwasser zieht er mit dem Rüssel hoch und spritzt es sich ins Maul, 200 Liter pro Tag.

Im Vergleich zu dem Afrikanischen Elefanten wirkt sein indischer Vetter niedriger und plumper. Seine Ohren sind kleiner, und die Rüsselspitze hat nur einen »Finger«. Sein wuchtiger Körper ermöglicht es ihm, mühelos das Dickicht des Urwalds zu durchbrechen und sich Pfade zu trampeln. Dabei dienen die Stoßzähne als wichtige Werkzeuge. Wie mit Brechstangen werden die dicksten Äste geknickt oder jüngere Bäume entwurzelt. Seit Jahrtausenden zähmen die Menschen den Indischen Elefanten. Er wird nicht nur als lebender Traktor bei Rodungsarbeiten in den Urwäldern eingesetzt, sondern auch als Reit- und Kampftier. Die Stoßzähne der Elefanten sind Elfenbein (Elefantenzahnbein), das als wertvolles Schnitzmaterial sehr begehrt ist. Wegen dieses »weißen Goldes« wurden die Afrikanischen Elefanten jahrhundertelang gejagt. Ihre Stoßzähne werden bis zu $2^{1}/_{2}$ Meter, die des Indischen Elefanten bis zu $1^{1}/_{2}$ Meter lang.

Es gelingt fast nie, Elefanten in Gefangenschaft zu züchten. Um Arbeitselefanten zu erhalten, muß man immer wieder neue Tiere einfangen und zähmen.

Eine Elefantenkuh bringt nur alle fünf bis sechs Jahre ein Junges zur Welt. Es ist erst mit etwa achtzehn Jahren erwachsen. Das Leben eines Elefanten währt 50–60 Jahre.

Der Bestand an wilden Elefanten im asiatischen wie im afrikanischen Raum nimmt ständig ab, obwohl Reservate auch zum Schutz dieser Tiere errichtet wurden. Aber die Plantagen der Zivilisation sind zu nahe an die Reservate gerückt. Da die Elefanten, die in Herden bis zu 30 Tieren leben, täglich weite Strecken zurücklegen, geschieht es gelegentlich, daß sie über die Grenzen ihres Schutzgebiets hinauswandern. Dabei knicken sie natürlich manchmal auch Telegrafenstangen und richten in den Plantagen Verwüstungen an.

Sind zu viele Elefanten in einem Schutzgebiet, wird die Umgebung der Tiere überfordert, denn die abgefressenen Pflanzen können nicht schnell genug nachwachsen. Es ist nicht damit getan, überzählige Elefanten einfach abzuschießen. Schutzbestimmungen müssen auch die Lebensanforderungen der Tiere ausreichend berücksichtigen. Der Elefant sollte nur noch Jagdobjekt für Fotokameras sein, wenn nicht auch er von unserer Erde verschwinden soll.

Elef

Elefantengras heißt das schilfhohe, zu den Hirsepflanzen gehörende Gras, das in allen afrikanischen Savannen wächst.

Elefantenkrankheit, auch Elephantiasis genannt, zeigt sich beim Menschen durch eine Verdickung der Haut und des darunter liegenden Zellgewebes. Davon werden besonders die Beine befallen, aber auch die Arme und die Geschlechtsteile. Der erkrankte Körperteil schwillt zu gewaltigen Ausmaßen an. Die tropische Elephantiasis wird durch Fadenwürmer hervorgerufen, deren Larven von Stechmücken auf den menschlichen Körper übertragen werden.

Elefantenschildkröten heißen die bis zu 1,50 Meter langen Landschildkröten, die nur auf den Galápagosinseln im Stillen Ozean vorkommen. Sie wurden zuerst von Charles Darwin beschrieben.

Elektra hieß in der griechischen Sage die Tochter des Königs Agamemnon und der Klytämnestra. Elektra half ihrem Bruder Orest, den Mord am Vater zu rächen, indem sie beide ihre Mutter und deren schuldigen Geliebten töteten. Das Schicksal der Elektra hat Dichter (z. B. Sophokles, Euripides, Hofmannsthal, Giraudoux, O'Neill) und Komponisten (R. Strauss) zu bedeutenden Werken angeregt.

Elektrifizierung ist im Eisenbahn-

Vor 60 Millionen Jahren gab es solche riesigen Schildkröten auch in Europa, Amerika und Indien. Heute leben sie nur noch auf einigen abgelegenen Inseln. Eine erwachsene Elefantenschildkröte wiegt 200 bis 300 Kilogramm. Vielleicht ist diese schon 150 Jahre alt.

wesen der Fachausdruck für die Umstellung von Dampflokomotiven auf elektrische Lokomotiven (E-Loks).

Elektrische Bahnen sind Bahnen, die durch elektrischen Strom angetrieben werden. In großen Städten gibt es elektrische Straßen- und Untergrundbahnen. Auch die Eisenbahn ist auf den Hauptstrecken größtenteils auf elektrischen Betrieb umgestellt. Die Energie für den Bahnbetrieb wird in großen Kraftwerken erzeugt und über die Unterwerke den einzelnen Fahrleitungen zugeführt. Gleichstrom mit Spannungen von 600 bis 1000 Volt sind für Straßenbahnen üblich, die Eisenbahnnetze haben höhere Spannungen. In Deutschland, Österreich und in der Schweiz fahren die Bahnen mit 15 000 Volt und $16^2/_3$ Hertz.

Elektrischer Stuhl wird ein Hinrichtungsgerät genannt, mit dem in einigen Staaten der USA die zum Tode Verurteilten hingerichtet werden. Der Verurteilte wird durch Starkstrom getötet.

Elektrizität
Vom Bernstein bis zum Elektromotor

Der Grieche Thales von Milet beschäftigte sich im 5. Jahrhundert v. Chr. mit einem Bernsteinstab. Er schaute hindurch, freute sich an der honiggelben Farbe, hielt ihn gegen das Sonnenlicht und polierte ihn mit seinem wollenen Gewande. Als er ihn weglegte, bemerkte er, wie eine kleine Feder, die auf seinem Tisch lag, plötzlich wie durch Zauberei zu dem Stab hingezogen wurde und daran hängenblieb.

Mehr als zweitausend Jahre später machte der Mediziner und Chemieprofessor Luigi Galvani am 6. November 1789 einen Versuch mit toten Fröschen. Unter der Berührung des Skalpells zuckten plötzlich die Schenkel der Frösche zusammen. Am Nebentisch arbeitete sein Gehilfe gerade an einer Elektrisiermaschine. Galvani vermutete, daß Elektrizität demnach auch im Organismus vorhanden sei. Graf Alessandro Volta wies 1796 nach, daß elektrische Erscheinungen auch außerhalb von Tierkörpern auftreten oder erzeugt werden können.

Durch Zufall entdeckte der Bologneser Arzt und Anatomieprofessor Luigi Galvani bei einem Sezierexperiment, wie sich die Schenkelnerven eines Frosches zusammenzogen. Er forschte nach der »tierischen Elektrizität« und übersah dabei das eigentlich Wichtige dieser Entdeckung.

Welche Geheimnisse verbergen sich hinter der Elektrizität von der wir meistens nur die äußeren Erscheinungen, wie zum Beispiel den Blitz am Himmel, das Licht, die Wärme oder die Motorenkraft, kennen?

Elek

Graf Alessandro Volta, Anhänger und späterer Kritiker Galvanis, entdeckte das, was Galvani übersehen hatte. Er ließ den Froschschenkel unbeachtet und erforschte die stromerzeugende Kraft der verschiedensten Metallkombinationen, die zusammen mit einer Flüssigkeit einen elektrisch durchströmten Kreis bilden.

Schon ein Vergleich mit dem Wasser hilft uns ein wenig, hinter das Geheimnis der Elektrizität zu kommen. Wir stellen das kleinste Teilchen des Wassers, den Wassertropfen, dem kleinsten Teilchen der Elektrizität, dem Elektron (das Wort kommt aus dem Griechischen und bedeutet Bernstein) gegenüber. Das Elektron ist negativ geladen. Außerdem gibt es positiv geladene Teilchen, die Protonen. Sind in einem Körper beide Arten von Teilchen in der gleichen Anzahl vorhanden, aber unregelmäßig verteilt, so hebt sich ihre Wirkung auf, der Körper erscheint nach außen hin elektrisch neutral. Trennt man nun die negativen von den positiven Ladungsträgern, z. B. durch Reiben eines Bernsteinstabs mit Wolle, so wird der Körper elektrisch »geladen«. Der Bernsteinstab zieht dann Haare, kleine Papierschnitzel oder Federn an. Er überträgt die elektrischen Kräfte über ein elektrisches Feld auf seine Umgebung. Dieses Feld ist natürlich nur dann vorhanden, wenn der Körper geladen ist.

Der Erzeugung der Elektrizität geht in jedem Falle eine Ladungstrennung voraus, im Bernsteinstab durch Reibung, in einer Dynamomaschine durch die Bewegung einer Spule in einem Magnetfeld, in einem Akkumulator auf chemischem Wege.

In jeder Materie befinden sich also mehr oder weniger frei bewegliche Elektronen. Dies ist wichtig für die nächste Überlegung: Der elektrische Strom kann ebenso wie der Wasserstrom nur dann fließen, wenn ein Gefälle vorhanden ist. Die Elektronen bewegen sich also nur dann, wenn sie durch ein Gefälle, das hier Spannung genannt wird, dazu gezwungen werden. Diese Spannung wird in Volt (V) gemessen. Je steiler das Gefälle eines Flusses, desto größer ist die Geschwindigkeit, mit der die Wassermassen dahinfließen. Je höher die Spannung des elektrischen Stroms, desto heftiger bewegen sich auch die Elektronen. Doch nicht nur die Geschwindigkeit ist entscheidend, sondern auch die Menge. Die Strommenge wird in Ampere (A) gemessen. Das Beispiel Wasserkraft hilft uns auch bei dieser Vorstellung. Durch einen Bach oder Fluß mit großem Gefälle und genügend großer Wassermenge kann man ein Wasserrad antreiben lassen. Mit der

Kraft dieses Wasserrads haben in früherer Zeit die Mühlen Mehl gemahlen. Auf die Elektrizität übertragen, heißt das: Volt × Ampere = Watt, also Spannung mal Strommenge ergibt die Leistung. Bei einer Wasserleitung ist auch der Querschnitt des Leitungsrohrs entscheidend für den Wasserfluß. Je enger das Rohr, desto größer der Widerstand, der dem Wasser entgegengesetzt wird. Auf die Stromleitung (Elektrokabel) übertragen, bedeutet das: Je dicker das Kabel, desto mehr Strom kann durchfließen, denn den

Dieses Elektrizitätswerk erzeugt Strom, indem es seine Turbinen durch Erdgas antreiben läßt.

Elektronen wird dabei nur ein geringer Widerstand entgegengesetzt. Dieser elektrische Widerstand wird in Ohm (Ω) gemessen.

Wo wird nun elektrischer Strom erzeugt? In der Bundesrepublik Deutschland zum größten Teil in Dampfkraftwerken. In diesen Kraftwerken werden mit Hilfe von durch Steinkohle, Braunkohle, Heizöl oder Gas beheizten Dampfkesseln Turbinen angetrieben. An diese Turbinen sind Generatoren zur Stromerzeugung angeschlossen. Nur für 6% der gesamten Stromerzeugung wird die Wasserkraft ausgenützt. Anstelle des Dampfes wird dabei Wasser zum Antrieb der Turbinen verwendet. Um stets genügend Wasser mit dem erforderlichen Druck zur Verfügung zu haben, baut man große Stauseen. Auch Flüsse und Ströme können in ihrem Lauf gestaut werden. An diesen Staustufen werden die sogenannten Flußkraftwerke betrieben. In neuerer Zeit werden auch Atomkraftwerke gebaut, die eigentlich nach dem gleichen Prinzip wie die Dampfkraftwerke arbeiten. Zur Beheizung der Dampfkessel wird hier die bei der Atomspaltung entstehende Wärme verwendet. Atomkraftwerke sind in der Bundesrepublik Deutschland noch wenig verbreitet. Sicher aber gehört dem Atomkraftwerk schon auf Grund der immer weniger werdenden Bodenschätze (Kohle und Öl) die Zukunft. In den großen Kraftwerken wird Drehstrom hergestellt. Der Drehstrom ändert dauernd seine Polarität, Plus- und Minuspole werden ständig miteinander vertauscht (normal fünfzigmal in der Sekunde). Drehstrom kann man transformieren, man kann seine Spannung ändern, aber man kann ihn nicht speichern. Speichern läßt sich der Gleichstrom, und zwar in Akkumu-

Elek

latoren oder in Batterien. Akkumulatoren lassen sich wieder aufladen, das heißt, der chemische Prozeß, der bei der Stromabgabe abläuft, kann durch Hinzuführen eines Stroms von außen wieder rückgängig gemacht werden. Bei den Taschenlampenbatterien ist das nicht möglich, denn ihre chemischen Bestandteile verbrauchen sich bei der Abgabe von Strom vollständig und können sich nicht mehr erneuern.

● ● ●

Elektrolyse nennt man die Zerlegung einer Lösung in ihre Bestandteile mit Hilfe elektrischen Gleichstroms. Der Strom wird durch zwei Leiter, die Elektroden, in die Lösung, den Elektrolyt, geleitet. Bei Metallsalzlösungen scheidet sich das Metall immer an der Kathode, dem negativen Pol, ab. Diese Tatsache macht man sich beim Versilbern, Verkupfern, Vernickeln und Verchromen zunutze.

Elektromotor heißt eine Maschine, die in der Lage ist, elektrische Energie in mechanische Kraft zu verwandeln. Elektromotoren werden durch elektrischen Strom in Umdrehungen versetzt, sie haben einen ruhigen Lauf, hohe Betriebssicherheit, erfordern geringe Wartung und sind auch bei Hitze oder Kälte sofort betriebsbereit.

Elemente ist die Bezeichnung für Grundstoffe, die man chemisch nicht zerlegen kann. Alle übrigen uns bekannten Stoffe, die sogenannten chemischen Verbindungen, sind aus ihnen zusammengesetzt. Die alten Griechen betrachteten Feuer, Luft, Wasser und Erde als die vier Bausteine der Welt, und sie glaubten, daß diese Elemente ineinander umwandelbar seien. Im Laufe der Jahrtausende änderte sich die Vorstellung von den Grundstoffen der Erde nur wenig. Erst im 19. Jahrhundert entdeckten die Naturwissenschaftler die chemischen Elemente und begannen, die wirklichen Bausteine der Natur zu untersuchen.

Wir kennen heute 104 Elemente. 90 davon wurden in der Natur gefunden, die restlichen wurden künstlich erzeugt. Von den 104 Elementen sind 92 feste Stoffe, 11 Gase und eins ein flüssiges Metall (Quecksilber). Die Gesteinshülle der Erde besteht zu 99% aus nur sieben Elementen, während weitere 83 natürlich vorkommende Elemente nur 1 Prozent der Erdhülle bilden.

Die Elemente bestehen jeweils nur aus einer Atomart. Chemische Verbindungen sind aus verschiedenen Atomarten, also auch aus verschiedenen Elementen, aufgebaut. (Siehe auch das Stichwort »Atom«)

Elfenbein wird die Knochenmasse der Stoßzähne des Elefanten genannt. In früherer Zeit war Elfenbein ein geschätztes Schnitzmaterial, aus dem Figuren gefertigt wurden. Auch heute bestehen die Klaviertasten noch aus Elfenbein. Das Material, elastisch und hart zugleich, wird auf der Drehbank bearbeitet. Wegen dieser wertvollen weißgelben Zähne wurden jahrhundertelang vor allem

Die Jagd nach Elfenbein, dem »weißen Gold« Afrikas, führte zur jahrhundertelangen Verfolgung und Dezimierung des afrikanischen Elefanten. Im Landesinnern wurden von den Jägern und Abenteurern zahlreiche Elefantenherden erlegt. Die Kadaver blieben liegen, nur die Stoßzähne wurden von Eingeborenenkarawanen in langen Fußmärschen zur Küste gebracht. Dort wurde die kostbare Last teuer verkauft und auf die Schiffe verfrachtet.

die afrikanischen Elefanten gejagt. Man bezeichnete Elfenbein als das »weiße Gold« Afrikas. Als Ersatz für Elefantenelfenbein werden die Eckzähne des Nilpferds sowie die des Walrosses verwendet.

Elfenbeinküste heißt eine Republik in Westafrika, benannt nach dem gleichnamigen Küstenstreifen am Atlantik. Der Staat umfaßt 322 463 Quadratkilometer und hat 4,5 Millionen Einwohner. Hauptstadt und -hafen ist Abidjan. Von der Küste steigt das Land stufenweise steil bis zu einem 300 Kilometer breiten Urwaldgürtel an. Dieser bedeckt ein Drittel des Landes. Im Norden erstreckt sich die Savanne. Die Bevölkerung, viele verschiedene Stämme, lebt vom Anbau von Mais, Reis, Hirse, Yams, Maniok, Kakao, Kaffee, Erdnüssen, Bananen, Ananas und Baumwolle. Hauptausfuhrgüter sind Kaffee, Kakao, Bananen und wertvolle Edelhölzer (früher hauptsächlich Elfenbein). Die Elfenbeinküste war früher französische Kolonie und ist seit 1960 unabhängig.

Elfmeter oder Elfer nennt man einen Strafstoß beim Fußball, der von einem Spieler aus einer Entfernung von elf Metern ungehindert auf das gegnerische Tor abgegeben wird. Der Torwart darf sich erst in dem Augenblick bewegen, in dem der Schütze den Ball berührt. Ein Elfmeter wird vom Schiedsrichter verhängt, wenn ein angreifender Spieler durch eine Regelwidrigkeit, ein Foul, im Strafraum am Torschuß gehindert wurde.

Elisabeth I. war von 1558 bis 1603 Königin von England. Sie war die Begründerin der englischen Handels- und Seemacht und der englischen Kolonialherrschaft. Unter ihrer Regentschaft wurde die damalige Vorherrschaft Spaniens auf den Meeren durch den englischen Sieg über die berühmte spanische Kriegsflotte, die Armada, gebrochen. Die Schiffahrt und der Handel nahmen großen Aufschwung. Sie macht die anglikanische Kirche erneut zur Staatskirche. Auch das geistige Leben, zu dem vor allem der Dichter

Elis

Shakespeare gehörte, gewann große Bedeutung. Deshalb spricht man von dieser Epoche als dem Elisabethanischen Zeitalter.

Elisabeth I. ließ ihre katholische Nebenbuhlerin Maria Stuart, die Königin von Schottland, die in ihre Gefangenschaft geriet, wegen der Teilnahme an einer Verschwörung hinrichten. Die Auseinandersetzung zwischen Maria Stuart und Elisabeth bildet die Grundlage zu Schillers Drama ›Maria Stuart‹ und zu dem gleichnamigen Roman von Stefan Zweig.

Elisabethville [-wihl] hieß früher die Hauptstadt der Provinz Katanga in der Republik Kongo. Sie wurde 1966 in Lubumbashi umbenannt. Mehr darüber steht unter dem Stichwort »Lubumbashi«.

Elite nennt man eine kleine Gruppe von Menschen, die auf Grund ihrer Fähigkeiten auf einem Gebiet erstaunliche Leistungen vorweisen kann. So spielt beispielsweise die Elite der deutschen Fußballer in der Nationalmannschaft. Man spricht auch von Eliteeinheiten in einer Armee. Zur geistigen Elite zählen Wissenschaftler, Techniker, Schriftsteller, Musiker, Maler usw. Auch die besten Schüler einer Klasse können eine Elite bilden.

Elixier ist die Bezeichnung für einen aus mehreren Pflanzensäften gewonnenen Heiltrank. Die Alchimisten des Mittelalters suchten nach dem Lebenselixier, einer Medizin, die das ewige Leben schenken sollte.

Ellenbogengelenk ist das Gelenk zwischen Ober- und Unterarm.

Ellipse wird eine geometrische Figur genannt. Die Ellipse ist ein sogenannter Kegelschnitt in Form einer geschlossenen Kurve.

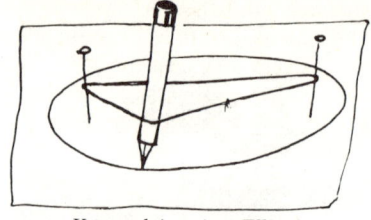

Konstruktion einer Ellipse

El Paso heißt eine Stadt im USA-Staat Texas. Sie liegt am Rio Grande del Norte, dem Grenzfluß zwischen den USA und Mexiko. Ihre 320 000 Einwohner sind in Eisenhütten, Erdölraffinerien, in der Baumwollindustrie und im Viehhandel tätig.

Elsaß, französisch Alsace, ist eine linksrheinische Landschaft in Nordostfrankreich. Im ebenen östlichen Teil wird Ackerbau, im gebirgigen, waldreichen westlichen Teil wird Viehzucht betrieben. Um Mühlhausen herum gibt es viele Baumwollfabriken. Der größte Stadt im Elsaß ist Straßburg. Die Bevölkerung besteht aus Elsässern, einem zu den Schwaben gehörenden deutschen Volksstamm. Die deutsch-französische Sprachgrenze folgt etwa dem Gebirgskamm der Vogesen. Schrift-, Amts- und Bildungssprache ist Französisch, Deutsch ist jedoch in beschränktem Umfang zugelassen. Das Elsaß und das benachbarte Lothringen waren als Grenzländer jahrhundertelang erbittert umkämpfte Streitobjekte zwischen Deutschland und Frankreich.

Elstern sind Rabenvögel. Wie ihre Artgenossen neigen sie dazu, glänzende Dinge zu entwenden und zu verstecken. In ihren Nestern finden sich oft Glasscherben, Metallteile und andere glitzernde Gegenstände. Die Elster hat einen kräftigen Schnabel und einen langen, keilförmigen Schwanz, das Gefieder ist schwarz-weiß. Elstern gibt es in ganz Europa und Nordasien. Sie räubern die Nester von Singvögeln aus.

Elterliche Gewalt umschließt das Recht und die Pflicht der Eltern, für ihre minderjährigen Kinder zu sorgen. Zu dieser Sorge gehören die Beaufsichtigung und die Erziehung. Daraus ergibt sich, daß die Eltern den Aufenthalt ihres Kindes bestimmen können. Die elterliche Gewalt steht dem Vater und der Mutter gleichermaßen zu. Beide haben jedoch die Pflicht, die Erziehung im gegenseitigen Einvernehmen und zum Wohl ihres Kindes auszuüben. Wenn Eltern ihre Pflichten grob vernachlässigen und ihre Kinder verwahrlosen lassen, kann ihnen durch ein Vormundschaftsgericht die elterliche Gewalt entzogen werden. Dann wird für das Kind von Amts wegen ein Vormund oder Pfleger bestellt, der für die weitere Erziehung verantwortlich ist.

Elternabende oder Elternsprechstunden müssen an allen Schulen abgehalten werden. Dadurch wird den Eltern der Schüler Gelegenheit gegeben, mit den Lehrern ihrer Kinder Schul- und Erziehungsprobleme zu besprechen.

Email [emahj] oder Emaille [emallje] ist ein undurchsichtiger Glasfluß, der zum Überziehen von Metall zu Schutzzwecken und als Zierde verwendet wird. Email gibt es in verschiedenen Farben. Sie entstehen durch Metallverbindungen: Rot entsteht aus Eisen, Grün aus Kupfer, Blau aus Kobalt.

Emanzipation bedeutet die Befreiung aus einem Zustand der Abhängigkeit oder Beschränkung. Heute versteht man unter Emanzipation in erster Linie die Gleichberechtigung der Frau gegenüber dem Mann in allen Bereichen des Lebens. Noch immer sind in vielen Fällen Frauen benachteiligt. Oft erhalten bei uns Frauen für die gleiche Arbeit, die auch Männer leisten, eine geringere Bezahlung. Auch die beruflichen Aufstiegsmöglichkeiten sind nicht die gleichen, obwohl in der Bundesrepublik Deutschland die Aufrechterhaltung der gesamten Wirtschaft ohne die Frau nicht mehr möglich wäre.
Eine Voraussetzung zur Emanzipation der Frau ist auch, daß Eltern ihren Töchtern eine ebenso gründliche schulische und ihren Fähigkeiten angemessene Ausbildung angedeihen lassen, wie sie die Söhne erhalten.

Embargo ist ein Ausfuhrverbot. In manchen Ländern unterliegen Waffen, militärische Ausrüstungsgegenstände oder Erzeugnisse von strategischem Wert dem Embargo.

Emblem [ābléhm] kommt aus dem Griechischen und hat die Bedeutung von Sinnbild oder Kennzeichen. Die Embleme eines Staats sind sein Wappen und seine Flagge.

Embo

Embolie heißt die plötzliche Verstopfung einer Schlagader durch Blutgerinnsel, Fetttröpfchen oder Luftbläschen. Embolien im Herzen oder im Gehirn führen meistens zum Tode. Das Wort kommt aus dem Griechischen.

Embryo nennt man den Keimling eines Lebewesens während seiner Entwicklung im mütterlichen Körper. Während der ersten Entwicklungsperiode sind sich Menschen- und Tierembryonen sehr ähnlich (siehe die Abbildungen auf Seite 8 im Band 1 des Lexikons).

Beim Menschen entwickeln sich bereits in der dritten Woche nach der Befruchtung des Eis die Anlagen der Gliedmaßen. Das Ei ist zu diesem Zeitpunkt nur etwa drei Millimeter groß. Erst mit Ende der vierten Woche hat der menschliche Embryo das Aussehen eines Säugetierkeimlings. Anfang des dritten Monats ist er deutlich als werdender Mensch zu erkennen. Von diesem Zeitpunkt ab

Entwicklungsstufe des menschlichen Embryos Anfang des dritten Monats

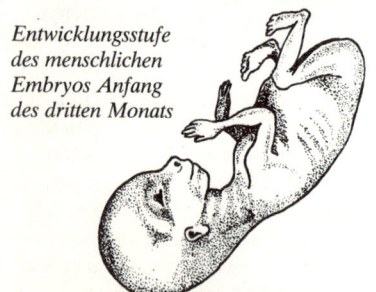

nennt man den Keimling Fötus. Am Ende des fünften Monats beträgt seine Länge 25 Zentimeter, sein Gewicht 500 Gramm. Die Bewegungen des Embryos im Fruchtwasser sind dann schon so stark, daß sie von der Mutter als Kindsbewegungen gefühlt werden. Die Herztöne sind hörbar, und vom fünften Monat ab verlängert sich der menschliche Fötus um monatlich etwa fünf Zentimeter, das Gewicht nimmt jeweils um 500 Gramm zu. Am Ende des neunten Monats beträgt die Länge im Durchschnitt 50 Zentimeter, das Gewicht liegt zwischen drei und vier Kilogramm. Der Fötus schwimmt zu dieser Zeit frei, eingebettet in etwa einem Liter Fruchtwasser, in den Eihäuten innerhalb der Gebärmutter. Durch den Nabelstrang hat er Verbindung mit dem Mutterkuchen (Plazenta), von dem er seine Nährstoffe erhält. Der schwere Kopf stellt sich fast immer nach unten und wird deshalb bei der normalen Geburt auch als erster Körperteil geboren.

Emden heißt eine deutsche Stadt mit 53 400 Einwohnern. Sie liegt an der Mündung der Ems in die Nordsee sowie am Dortmund-Ems- und am Ems-Jade-Kanal. Emden ist als wichtiger Umschlaghafen des Rheinisch-Westfälischen Industriegebiets mit einem Jahresumschlag von 12,4 Millionen Tonnen der viertgrößte Seehafen Deutschlands. Es gibt dort Werften, Fabriken für die Fischverwertung und eine Lastwagenfabrik.

Emigration nennt man das Verlassen des Heimatlandes aus politischen, rassischen oder religiösen Gründen. Zu allen Zeiten gab es solche Auswanderungen. Das Wort Emigration kommt aus dem Lateinischen.

Eminenz ist ein aus dem Lateinischen stammendes Wort, das Erhabenheit bedeutet. Es ist der Ehrentitel für Kardinäle.

Emir bedeutet soviel wie Befehlshaber und ist ein arabischer Fürstentitel.

Emmental heißt das von der Großen Emme durchflossene Tal im Schweizer Kanton Bern. Dort wird hauptsächlich Viehzucht betrieben. Aus dem Emmental kommt der berühmte Emmentaler Käse.

Emotion nennt man eine Gemütsbewegung. Man versteht darunter eine gefühlsmäßige, gefühlsbetonte Handlungsweise. Das Gegenteil von emotional ist rational. Rational ist eine Handlungsweise, die auf Grund vernünftiger Überlegung zustande kommt. Das Wort kommt aus dem Lateinischen.

Empfängnis wird die Befruchtung des Eies genannt. Während der Empfängnis dringt der Samenfaden des Mannes in die Gebärmutter der Frau ein und befruchtet das vom Eierstock gelöste, durch den Eileiter zur Gebärmutter gewanderte Ei. Aus dem befruchteten Ei entsteht der Embryo, der sich im mütterlichen Körper entwickelt.

Empfängnisverhütung bedeutet, die Befruchtung von Eizellen zu verhindern. Wenn kein Kind erwünscht ist, sollte Empfängnisverhütung ernsthaft geplant werden. Man unterscheidet zwischen den natürlichen und den mechanischen Methoden der Empfängnisverhütung. Der Mann kann z. B. ein Kondom benützen. Das ist eine Gummihülle, die er über seinen Penis zieht und die die Samenflüssigkeit auffängt. Frauen benutzen, wenn ihnen der Arzt dazu geraten hat, die Antibabypille. Die Pille enthält Hormone, die die Follikelreifung und den Eisprung verhindern, so daß eine Empfängnis nicht stattfinden kann. Neben diesen beiden Methoden gibt es noch eine Vielzahl anderer natürlicher Methoden (z. B. Enthaltsamkeit während der fruchtbaren Tage der Frau), mechanischer und chemischer Mittel (z. B. Spirale für die Frau, Vaginaltabletten). Manche von ihnen sind allerdings nicht immer verträglich und auch nicht zuverlässig genug.

Empfängnisverhütung wird angewendet zum Zweck der Familienplanung, aus gesundheitlichen Gründen und um in einigen Ländern das überdurchschnittliche Bevölkerungswachstum zu stoppen.

Empire State Building [empaier ßteht bilding] heißt einer der größten

Empi

Wolkenkratzer der Erde. Er steht im New Yorker Stadtteil Manhattan, ist 381 Meter hoch und hat 102 Stockwerke. Rechnet man den Fernsehturm darauf hinzu, so ergibt sich für das Gesamtbauwerk eine Höhe von 442 Meter. In den Büros dieses Riesengebäudes arbeiten 25 000 Menschen.

Empirestil [äpihr-] wird der unter Napoleon I. in Frankreich entstandene klassizistische Stil genannt, der in Nachahmung griechischer und römischer Kunstformen besonders das Strenge und Feierliche betonte. Im Empirestil gab es Bauwerke, Kunstgegenstände, Möbel und auch eine Modetracht.

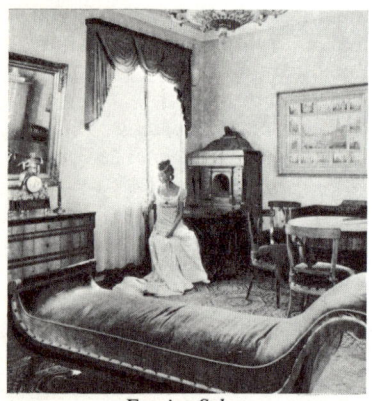

Empire-Salon

Empirismus nennt sich eine philosophische Lehre, die alle Erkenntnisse auf Erfahrung (Empirie) und Beobachtung aufbaut. Das Wort empirisch kommt aus dem Griechischen und bedeutet erfahrungsgemäß.

Emsland heißt die niedersächsische Landschaft westlich der Ems, die an die Niederlande grenzt. Aus dem weiten Moor- und Heideland wurden 50 000 Hektar Kulturland gewonnen, über 13 000 Hektar davon aufgeforstet.

Emu ist der Name eines flugunfähigen, mannshohen Straußenvogels, der in Australien lebt. Der Emu hat dreieckige Zehen und ein zerschlissen wirkendes grauschwarzes Federkleid. Er ist vom Aussterben bedroht.

Emulsion nennt man eine Flüssigkeit, die keine Lösung ist, sondern verschiedene Stoffe in feiner Verteilung enthält (Beispiele: Milch ist eine Emulsion aus Fett und Wasser; Mayonnaise ist ebenfalls eine Emulsion, sie besteht aus Öl und Eigelb).

Energie bedeutet Tatkraft. Ein energischer Mensch ist tatkräftig, er setzt sich für eine Sache mit Nachdruck ein.

In der Physik versteht man unter Energie die gespeicherte Arbeitskraft oder die Fähigkeit, Arbeit zu leisten. Man unterscheidet mechanisch-kinetische Energie (z. B. fließendes Wasser), potentielle Energie (gestautes Wasser ist Energie im

Ruhestand), Wärmeenergie in Brennstoffen, elektrische Energie, Strahlungsenergie und chemische Energie. Eine Energieform kann in eine andere umgewandelt werden. Fließendes Wasser erzeugt zum Beispiel über ein Rad oder eine Turbine elektrische Energie. Das Gesetz von der Erhaltung der Energie, nach dem Energie nicht verlorengehen oder vernichtet werden kann, wurde 1842 von dem deutschen Arzt und Naturforscher Robert Mayer entdeckt. Albert Einstein wies die wechselseitige Umwandlung von Energie und Masse nach.

Die bedeutendsten Energiequellen sind Kohle, Erdöl, Wasserkraft und Atomenergie. Der Großteil aller uns zur Verfügung stehenden Energie stammt von der Sonne. Nur durch sie konnten sich Kohle, Erdöl und Erdgas entwickeln, und nur durch die Sonnenwärme entstehen die Luftströme, die den Kreislauf des Wassers in Bewegung halten.

Die Energieschätze der Erde, wie Kohle, Erdöl und Erdgas, sind begrenzt. Die Kohle reicht voraussichtlich noch einige Jahrhunderte aus, Erdöl ist nur noch auf Jahrzehnte ausreichend vorhanden. Der Mensch begibt sich auf die Suche nach neuen Energiequellen. Er sieht sie in der Ausnutzung der Erdwärme in Vulkankraftwerken oder in der Errichtung von Gezeitenkraftwerken, die sich die Bewegung der Meere zwischen Ebbe und Flut nutzbar machen. Die Energie der Zukunft aber wird wahrscheinlich die Atomkraft sein.

Engadin heißt ein 90 Kilometer langes Hochtal im Schweizer Kanton Graubünden. Es liegt in 1000 bis 1800 Meter Höhe und wird vom oberen Inn durchflossen. Im Engadin befinden sich berühmte Schweizer Wintersportplätze und Kurorte, wie z. B. St. Moritz, Silvaplana, Pontresina und Samaden.

Engagieren [ägaschihren] kann man einen Schauspieler oder Sänger, denn das Wort bedeutet verpflichten oder anstellen. Wenn jemand sich für etwas engagiert, versteht man darunter, daß er sich für eine Sache aus Überzeugung leidenschaftlich einsetzt.

Engel sind nach der christlichen Lehre von Gott geschaffene, unsterbliche, körperlose Geistwesen.

Engels, Friedrich, der Sohn eines Fabrikanten, lebte von 1820 bis 1895. Er war einer der bedeutendsten sozialistischen Schriftsteller. Mit Karl Marx begründete er den sogenannten wissenschaftlichen oder marxistischen Sozialismus. 1845 veröffentlichte er das Werk: ›Die Lage der arbeitenden Klasse in England‹. Mit Marx verfaßte er gemeinsam 1847 ›Das kommunistische Manifest‹. Engels Schriften trugen entscheidend zur Verbreitung des Marxismus bei.

Engelsburg heißt ein imposanter Rundbau am rechten Tiberufer in Rom. Er wurde für Kaiser Hadrian in den Jahren 136–139 n. Chr. als Mausoleum errichtet. Seit dem Jahre 923 diente die Engelsburg als Festung, seit 1406 ist sie im Besitz der Päpste. Ihren heutigen Namen er-

Enge

hielt sie nach dem Erzengel Michael, dessen Figur das Dach der Burg ziert. Jetzt ist ein Museum darin untergebracht.

Engerlinge werden die schädlichen Larven der Blatthornkäfer, besonders der Maikäfer, genannt. Sie fressen die Wurzeln von Pflanzen ab.

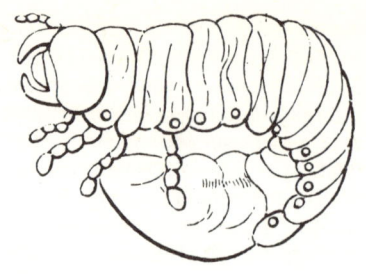

England
Merry old England

England ist der südliche Teil der Insel Britannien und das Stammland des »Vereinigten Königreiches« von Großbritannien und Nordirland. Oft wird die Bezeichnung »England« fälschlich für Großbritannien gebraucht. Erst zusammen mit Wales, Schottland und Nordirland bildet es »Great Britain«. Ein Schotte kann deshalb sehr ärgerlich werden, wenn man ihn als Engländer bezeichnet, ebenso natürlich ein Waliser (Einwohner von Wales) oder ein Ire.

Großbritannien hat über 55 Millionen Einwohner. Das Staatsgebiet ist ungefähr so groß wie die Bundesrepublik Deutschland. Im Süden des Landes gibt es fruchtbare Ebenen und Hügellandschaften. Hier liegt der Schwerpunkt der britischen Landwirtschaft. Auf fast der Hälfte dieser Fläche weiden Schafherden, die Wolle für Englands Textilindustrie liefern, die seit dem 12. Jahrhundert bekannt ist. Im Westen und Norden des Landes findet man Mittelgebirge. Der höchste Gipfel, im westlichen Schottland gelegen, ist 1343 Meter hoch und heißt Ben Nevis.

Ein sehr beliebtes Gesprächsthema der Briten ist das Wetter, und das ist kein Zufall. Durch das ozeanische Klima bedingt, hat die Insel milde, regenreiche Winter und kühle Sommer mit ebenfalls zahlreichen Niederschlägen. Dazu kommt noch der berühmte Nebel, der manchmal keine Handbreit weit sehen läßt. Die Einsamkeit, besonders der schottischen Landschaft mit ihren Hochmooren und gespenstisch anmutenden Schlössern, ist wohl zudem der Grund dafür, daß Großbritannien zur Heimat der Kriminalromane und Gespenstergeschichten wurde.

In der Geschichte hat England immer eine Rolle gespielt, vor allem bedingt durch seine Insellage. Es entwickelte sich zu einer bedeutenden Seemacht.

Die Besiedlung der Insel erfolgte über das Wasser hinweg. Im 1. Jahrhundert v. Chr. verdrängten einwandernde Keltenstämme die Ureinwohner in den unfruchtbaren Norden. Im Jahre 55 v. Chr. landete Cäsar in Südengland und gründete die römische Provinz Britannia. Später folgten Dänen und Wikinger und schließlich – aus dem norddeutschen Raum – die Angelsachsen, die dem Volk den Namen gaben. Im Jahre 1066 besiegte der aus dem heutigen Frankreich kommende normannische Herzog Wilhelm der Eroberer die Einwohner der Insel in der Schlacht bei Hastings. Damit begann die Herrschaft der Normannen, die mehrere Jahrhunderte währte.

Unter den Königen des Hauses Tudor (1485–1603) wuchs Englands Macht und Unabhängigkeit: Heinrich VIII. (1509–47) schuf die von Rom unabhängige Staatskirche, und seine Tochter Elisabeth I. befestigte deren Stellung. Durch den Sieg über die spanische Armada 1588 nahm der englische Seehandel einen großen Aufschwung. (Siehe auch das Stichwort »Elisabeth I.«)

Im Jahre 1603 übernahm Jakob I., der Sohn Maria Stuarts, die Regierung. Unter seiner Herrschaft wurde Schottland mit England verbunden. Jakob I. und vor allem sein Nachfolger Karl I. strebten nach einer Versöhnung mit der katholischen Kirche in Rom und nach einer Regierung ohne Einfluß eines Parlamentes.

Dieser Stich zeigt die alte Königsburg an der Themse, den Tower. Düster und unheimlich wirken seine Gemäuer.

Beide Bemühungen stießen auf heftigen Widerstand im englischen Volk. Oliver Cromwell machte sich schließlich zum Anführer der »Glorreichen Revolution« und setzte 1649 den langanhaltenden Kämpfen zwischen König, Parlamentspartei und Kirchen mit der Gefangennahme Karls I. und seiner Hinrichtung ein Ende. Aber auch Cromwell regierte gegen den Widerstand des Parlamentes, hatte aber große Erfolge in der Außenpolitik. Nach seinem Tod brachen neue Machtkämpfe aus. Doch die erneute Willkürherrschaft der Stuarts wurde von Wilhelm III. von Oranien endgültig gebrochen. Das Parlament legte die »Bill of Rights« vor. Darin wurden die Rechte des Parlaments gegenüber dem König eindeutig festgelegt. Die Regierungshandlungen der Könige bedürfen wie in allen konstitutionellen Monarchien bis zum heutigen Tage der ministeriellen Zustimmung. Seitdem ist den Briten die Macht des Parlamentes heilig, wenn auch eine regelrechte Verfassung

Engl

niemals schriftlich festgelegt worden ist.

Um das Jahr 1760 begann allmählich – nach der Einführung der Dampfmaschine – die Industrialisierung, vor allem in der Textil- und der Eisenherstellung. Sie brachte England einen erneuten wirtschaftlichen Aufschwung, allerdings auch große soziale Probleme. England wurde

Viele romantische Burgen und Schlösser sind über ganz England und Schottland verstreut. Kein Wunder, daß hier zahllose Gespenstergeschichten erfunden wurden.

zur führenden Wirtschaftsmacht der Welt. Es hatte durch seine erfolgreiche Seehandelspolitik in allen Erdteilen Kolonien und damit wertvolle Rohstoffquellen erworben. Durch den Seesieg Nelsons bei Trafalgar im Jahre 1805 über Frankreich errang England auch die unbestrittene Seeherrschaft.

Im Jahre 1801 kam es zur staatsrechtlichen Vereinigung mit Irland zum »Vereinigten Königreich von Großbritannien und Irland«.

Während des 19. Jahrhunderts baute Großbritannien seine Überseebesitzungen – vor allem in Afrika und Asien – zu einem »Empire« aus, das schließlich ein Viertel der gesamten Welt umfaßte. Die reichste Besitzung war Indien, Königin Viktoria wurde 1876 Kaiserin von Indien.

Im 1. Weltkrieg (1914–18) kämpfte Großbritannien an der Seite Frankreichs, Rußlands und später auch Nordamerikas gegen Deutschland und seine Verbündeten. Der schwer errungene Sieg wurde jedoch mit Erschütterungen des eigenen Wirtschaftslebens erkauft. Großbritannien mußte die USA als gleichberechtigte Weltmacht anerkennen. Innerhalb des Britischen Weltreiches stiegen die überseeischen Besitzungen nach und nach zur staatlichen Selbständigkeit auf. Das Kolonialreich wurde in einen Staatenbund, das »British Commonwealth of Nations« umgewandelt.

Im 2. Weltkrieg (1939–45) stellte sich Großbritannien wiederum auf die Seite der Gegner Deutschlands, um Hitlers maßloser Machtpolitik entgegenzutreten. Nach dem Sieg sah sich Großbritannien in einer noch schwierigeren wirtschaftlichen Lage, die sich durch die Loslösung vieler Kolonien noch verschlechterte. 1945 gehörte Großbritannien zu den vier Besatzungsmächten in Deutschland und Österreich.

Seit 1901 regiert in Großbritannien das Haus Coburg, seit 1917 unter dem Namen Haus Windsor; seit 1952 ist Elisabeth II. Königin.

Der Brite liebt ebenso seine persönliche Freiheit wie die Tradition. Zum Bild des typischen britischen Gentlemans gehört die bedingungslose Toleranz gegenüber allem Ungewohnten und Außergewöhnlichen. Diese Duldsamkeit wird auch

Geschäftsstraße in Londons City. Im Stadtbild gibt es auch moderne Hochhäuser mit höchst eigenwilliger Architektur.

im Umgangsgespräch deutlich. Der Brite vergißt nie, seine eigenen Ansichten und Behauptungen mit einem Vorsatz zu entschärfen, wie etwa: »Meiner Meinung nach...« oder »Wie ich es sehe...« Überhaupt ist man auf der Insel wesentlich höflicher und auch disziplinierter als auf dem »Kontinent«, wie hier das übrige Europa genannt wird.

Für viele Nichtengländer ist die britische Liebe zur Tradition mitunter nur schwer verständlich. Noch heute marschiert die königliche Wache jeden Vormittag in ihren traditionellen, unbequemen Uniformen vor dem Buckinghampalast auf, und jedes Jahr am Guy-Fawkes-Tag werden die Keller des Parlamentsgebäudes nach Bomben durchsucht, weil an diesem Tage vor einigen hundert Jahren ein gewisser Guy Fawkes versucht hat, das ehrwürdige Haus in die Luft zu sprengen.

• • •

Englische Krankheit, auch Rachitis genannt, ist eine Krankheit, die infolge einer schweren Störung des Kalk- und Phosphor-Stoffwechsels entsteht. In früherer Zeit, als es in den großen Städten noch viele arme Familien gab, hat diese Krankheit vor allem die Kinder befallen. Rachitis bekommt man durch schlechte Ernährung sowie durch das Leben in einer ungesunden feuchten und dumpfen Wohnung. Die englische Krankheit erweicht die Knochen und führt zu Verkrümmungen.

Enklave nennt man den Gebietsteil eines fremden Staats, der von eigenem Staatsgebiet umschlossen ist. Die Enklave muß, um funktionsfähig zu sein, mit dem sie umschließenden Staat Sondervereinbarungen treffen, beispielsweise wegen der Postzustellung, Wasserversorgung usw. – Gegensatz: Exklave.

Enns heißt ein rechter Nebenfluß der Donau in Österreich. Die Enns entspringt in den Niederen (Radstädter) Tauern und mündet nach 260 Kilometern bei der gleichnamigen oberösterreichischen Stadt.

Entartete Kunst war im »Dritten Reich« die Bezeichnung für Werke moderner Kunst, die, wie Hitler feststellte, gegen die Tradition und daher »artwidrig« waren. Die »entarteten Künstler« erhielten Malverbot, sie durften nicht mehr ausstellen, ihre Werke wurden aus den Museen entfernt, viele ihrer Bilder beschlagnahmt. Diese Diskriminierung ließ bedeutende Künstler in die

Entdeckungen
Neue Welten voller Wunder

Seit es Menschen auf der Erde gibt, sehnen sie sich nach der Ferne. Sie gaben sich nicht zufrieden mit den natürlichen Grenzen hoher Gebirge und undurchdringlichen Urwalds, auch nicht mit dem blauen Horizont der Meere. Alle Hindernisse wurden immer und immer wieder überwunden, denn es lockten kühne Unternehmungen und eine Welt voller Wunder.

Im Altertum waren es besonders die seefahrenden Phönizier, die Karthager und die Griechen. Bei ihnen waren Abenteuerlust und nüchterner

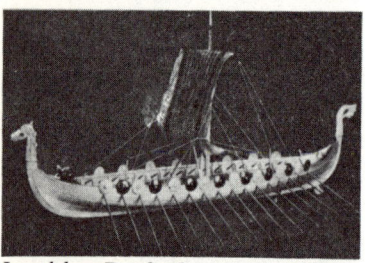

In solchen Drachenbooten mit 32 Ruderern fuhren die mutigen Wikinger auf die Meere hinaus. Sie gehörten zu den ersten Entdeckern Amerikas.

Geschäftssinn gepaart, und ihre Fahrten führten sie weit aus dem heimatlichen Mittelmeer hinaus. Die Phönizier umschifften bereits um 600 v. Chr. Afrika, der griechische Kapitän Pytheas von Massalia entdeckte 340 v. Chr. die unwirtliche Nordsee, und die Eroberungszüge Alexanders des Großen führten bis nach Vorderasien. Mit der Ausbreitung des Römischen Reichs erweiterte sich auch das geographische Wissen des Abendlands, jedoch nach seinem Untergang geriet vieles davon wieder in Vergessenheit. An die Stelle der Südvölker traten jetzt die Germanen. In buntbesegelten Drachenbooten fuhren die Wikinger über den Atlantik. Von Grönland aus erreichten sie Amerika um das Jahr 1000, doch auch die Kenntnis von »Vinland« (Nordamerika) verschwand, bis Christoph Kolumbus 1492 erneut die Neue Welt entdeckte.

Viele Entdecker waren Phantasten, von ihrer Idee Besessene. Oftmals wurden sie deshalb in ihrer Heimat nicht ernst genommen. Ihre Reiseberichte klangen aber auch unvorstellbar, denn von nie gesehenen Dingen wurde da berichtet. Dem kühnen Venezianer Marco Polo, der von 1271 bis 1295 China und die Mongolei bereiste, ging es ähnlich: Seine Zeitgenossen hielten ihn für einen Lügner.

Das eigentliche Zeitalter der großen Entdeckungen begann mit dem 15. Jahrhundert. Es wurde erkannt, daß die Erde rund ist, und selbstverständlich wurde immer wieder versucht, sie zu umfahren. Die Reichtümer Vorderindiens lockten die See-

Entd

James Cook

Roald Amundsen

Alexander von Humboldt

fahrer dazu, Afrika zu umsegeln, da der Landweg durch die feindlichen Eingeborenen versperrt war. Spanier und Portugiesen galten als die besten Seeleute der damaligen Zeit. Sie machten auch die aufsehenerregendsten Entdeckungen. 1487 umsegelte Bartholomeo Diaz, ein Portugiese, die Südspitze Afrikas, und nur fünf Jahre später gelang es Christoph Kolumbus, einem Genuesen in

Tabelle der wichtigsten Entdeckungsfahrten

Erik der Rote (Wikinger)	Amerika	um 1000
Marco Polo	China, Mongolei, Indien, Persien	1271–1295
Diaz, Bartholomeo	Kap der Guten Hoffnung	1487
Kolumbus, Christoph	Amerika	1492
Vasco da Gama	Seeweg nach Ostindien	1497–1498
Cabral, Pedro Álvares	Brasilien	1500
Magalhaes, Fernao de	Erdumseglung, Philippinen	1519–1521
Cook, James	Drei Weltreisen, Australien, Neuseeland, Südsee, Hawaii-Inseln	1768–1779
Humboldt, Alexander von	Süd- und Mittelamerika	1799–1804
Livingstone, David	Afrika, Sambesi	1849–1871
Stanley, Sir Henry Morton	Zentralafrika	1871–1878
Hedin, Sven	Asien (Tibet, Transhimalaja, Persien)	1894–1935
Filchner, Wilhelm	Innerasien	1900–1938
Peary, Robert	Nordpol	1909
Amundsen, Roald	Südpol	1911

Ente

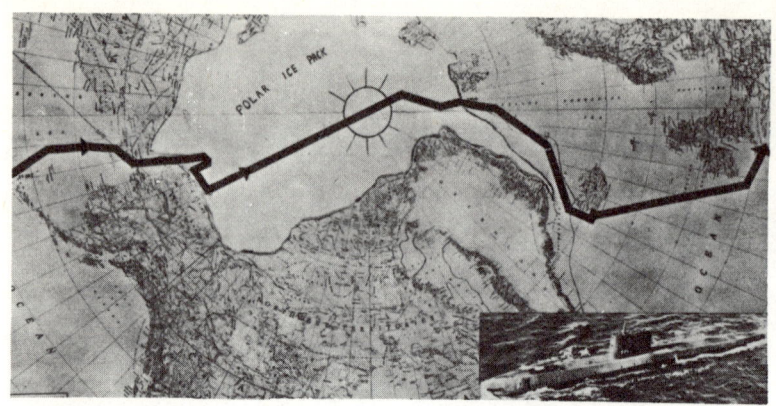

»Nautilus«, das erste Atom-U-Boot der USA, lief 1954 vom Stapel und unterfuhr im Juli 1958 das Nordpolareis.

spanischen Diensten, Amerika zu entdecken. 1497 fand John Cabot das nordamerikanische Festland. Um die gleiche Zeit (1498) erreichte Vasco da Gama auf einer Fahrt um das Kap der Guten Hoffnung Ostindien. Drei Jahre brauchte die Expedition von Fernao de Magalhaes dazu, die Welt zu umsegeln. Jede Entdeckungsfahrt war ein Spiel mit dem Tode. Die Schiffe jener Zeit waren wie Nußschalen. Sie waren kaum mehr als 20 Meter lang und hatten ungünstigste Segeleigenschaften. Außerdem war die Verpflegung mangelhaft.

Engländer und Niederländer waren die großen Entdecker im 17. und 18. Jahrhundert, ihnen folgten die Franzosen. Die Russen drangen im 17. Jahrhundert nach Sibirien vor. Im 18. Jahrhundert setzte die Entdeckung des Landesinnern der Kontinente ein.

Die planmäßige wissenschaftlich-geographische Erforschung begann im 19. Jahrhundert. Nun wurden auch die Gebiete der Polarregionen zu Expeditionszielen, die bisher für die Menschen unerreichbar waren. Robert Peary erreichte 1909 den Nordpol, und zwei Jahre später hißte Roald Amundsen am Südpol die Flagge seiner norwegischen Heimat.

● ● ●

Enteignung nennt man die von Staats wegen veranlaßte Entziehung privaten Eigentums. In der Bundesrepublik Deutschland ist das Eigentum laut Verfassung geschützt, eine Enteignung ist daher nur durch Verabschiedung eines Gesetzes zulässig, das dem Wohl der Allgemeinheit dient. Außerdem darf die Enteignung nicht entschädigungslos vorgenommen werden.

Enten sind Schwimmvögel, die zu den Entenvögeln gehören. Die Schwimmenten finden ihre Nahrung

Ente

durch Gründeln im Wasser. Der männliche Stockenterich, den man auch Erpel nennt, ist in der Fortpflanzungszeit prachtvoll grünlich schillernd gefärbt. Neben den Schwimmenten gibt es auch Tauchenten. Von den wilden Stockenten stammen die Hausenten ab.

Enteneier sollte man nicht essen, da sie, zuwenig gekocht, zu schweren Infektionen führen können.

Entente [ãtãt] heißt ein Bündnis, das ein gegenseitiges Einverständnis bezeugt. Im besondern war die Entente der Bund zwischen England, Frankreich und Rußland gegen die »Mittelmächte« Deutschland und Österreich-Ungarn im ersten Weltkrieg 1914–1918.

Entern bedeutet in der Seemannssprache das Erklettern eines Schiffsmastes über die Strickleiter in den Wanten, den seitlichen Stütztauen der Masten.

Mit Entern bezeichnete man aber auch die Erstürmung eines fahrenden Schiffs durch Seeräuber. Die Römer enterten die Schiffe ihrer Feinde mit Hilfe von Enterbrücken. In späterer Zeit hielt man Schiffe mit Enterhaken fest. Danach wurde die Besatzung mit Entermessern, kurzen, gekrümmten Säbeln, im Nah-

Mandarin-, Braut- und Reiherenten sind Tauchenten. Sie werden zur Zierde gehalten.
Von den wilden Stockenten stammen viele Zuchtformen ab.

Entf

kampf angegriffen. Erst die Artillerie machte das Entern als Taktik im Seekrieg erfolglos.

Entführung nennt man die gewaltsame rechtswidrige Wegbringung einer Person, also gegen ihren Willen durch List oder Drohung.
Auch der Kindesraub wird in vielen Ländern in den Begriff der Entführung einbezogen. Entführungen werden mit Freiheitsstrafe geahndet. In manchen Ländern, z. B. in den USA, steht auf Kindesraub die Todesstrafe.

Enthusiastisch ist man, wenn einen etwas besonders begeistert oder hinreißt. Das Wort kommt aus dem Griechischen.

Entladungen sind der Ausgleich von Spannungen zwischen positiven und negativen elektrischen Ladungen. Entladungen sind, wenn sich dabei Gase bilden, stets mit Funkenbildung oder Leuchterscheinungen verbunden. Das bekannteste Beispiel einer Entladung ist der Blitz.

Entmilitarisierung wird die vollständige oder teilweise Abrüstung genannt. In entmilitarisierten Gebieten ist das Stationieren von Truppen verboten. Besonders spannungsreiche Konfliktgebiete können auf Grund völkerrechtlicher Abmachungen entmilitarisiert werden, um den Ausbruch von Feindseligkeiten von dort aus zu vermeiden.

Entmündigung nennt man den Gerichtsbeschluß, durch den ein Mensch in seiner Handlungsfreiheit, vor allem in seinen Möglichkeiten, Verträge zu schließen und Geschäfte zu betreiben, eingeschränkt wird.

Als Entmündigungsgründe gelten Geisteskrankheit, Geistesschwäche sowie Trunk- und Verschwendungssucht. Ein Entmündigungsverfahren wird meist auf Antrag der Angehörigen eingeleitet. Der Entmündigte erhält als gesetzlichen Vertreter einen Vormund. Gegen eine Entmündigung kann beim nächsthöheren Gericht Klage erhoben werden.

Entomologie heißt die Lehre von den Gliedertieren, im engeren Sinn: Insektenkunde. Ein Entomologe ist ein Insektenforscher.

Entwässern kann man zu feuchtes Gelände, vor allem landwirtschaftliche Gebiete, aber auch Moor- und Sumpflandschaften. Die Entwässerung und damit das Senken des zu hohen Grundwasserstandes geschieht durch Anlage eines Röhren- oder Grabensystems, das in Verbindung mit Pumpen das überschüssige Wasser ableitet. Man kann ein Gelände noch zusätzlich entwässern, indem man Bäume und Sträucher anpflanzt, die einen hohen Wasserverbrauch haben. Man versteht auch unter Entwässerung die Beseitigung der Abwässer und des Regenwassers von Gebäuden und Orten.

Entwickler heißen bestimmte wäßrige Lösungen, im allgemeinen Benzolverbindungen, die als Hilfsmittel in der Fotografie gebraucht werden. In eine solche Lösung (Entwickler) legt man die belichteten Filme. Ein chemischer Prozeß wandelt sie in Negative um. Von diesen Negativen kann man die positiven Abzüge und Vergrößerungen auf Fotopapier machen.

Entwicklungsbeschleunigung oder Akzeleration wird das seit einigen Jahrzehnten beobachtete schnellere Wachstum der Kinder genannt. Die Folge davon ist, daß die Kinder in den einzelnen Altersstufen größer werden, als es früher ihre Eltern waren. Dieser frühen biologischen Entwicklung entspricht jedoch nicht die geistige. Die Akzeleration wird als Zivilisationserscheinung infolge besserer Ernährung und gesünderen Lebens gewertet.

Entwicklungshilfe soll den noch unterentwickelten Ländern der Erde eine Beschleunigung ihres wirtschaftlichen Wachstums bringen, die sie aus eigener Kraft nicht erreichen könnten. Als Entwicklungsländer werden vor allem die jungen Staaten in Afrika und Asien bezeichnet, die nach den wirtschaftlichen, sozialen und gesundheitlichen Maßstäben unserer Zeit entwicklungsmäßig »zurückgeblieben« sind. Die hochentwickelten Industrienationen haben erkannt, daß es nicht nur ihre moralische Pflicht ist, diesen Ländern zu helfen, sondern einfach ein auf die Zukunft gerichtetes Gebot der Klugheit. Niemand kann ernsthaft erwarten, daß sich die Entwicklungsländer damit abfinden, ewig arm zu bleiben und mit dem niedrigsten Lebensstandard zu existieren. Auf die Dauer ist es den wirtschaftlich starken Staaten auch nicht möglich, mit unterentwickelten Ländern Handel zu treiben, da diese nicht in der Lage sind, aus eigener Kraft die Zahlungsmittel aufzubringen. Die industriestarken Nationen brauchen jedoch die neuen Märkte der Entwicklungsländer, um ihre Überproduktion im gleichen Ausmaß wie bisher aufrechterhalten zu können. Die Zukunft der Entwicklungsländer wird die künftige wirtschaftliche und politische Situation der Industrieländer mitbestimmen. Die großen Industriestaaten planen ihre Entwicklungshilfe sorgfältig. Die USA, die Sowjetunion, Frankreich,

Erwachsene drücken die Schulbank. Der Entwicklungshelfer ist hier Lehrer.

Großbritannien, die Bundesrepublik Deutschland, aber auch die UNO sind Hauptträger der Entwicklungshilfe.

Mit der Entwicklungshilfe werden besonders der Aufbau einer eigenen Industrie sowie die landwirtschaftliche Ertragsverbesserung im Entwicklungsland gefördert. Die Industrienationen entsenden in die Entwicklungsländer Experten, die Entwicklungshelfer, die dort beim industriellen oder landwirtschaftlichen Aufbau an Ort und Stelle zur Verfügung stehen. Schulen werden eingerichtet, Fachleute ausgebildet, die Krankenvorsorge und -behandlung werden neu geordnet. Die Entwicklungshilfe soll erreichen, daß die Entwicklungsländer baldmöglichst auf eigenen Füßen stehen und zu gleichberechtigten Partnern der Industrienationen werden.

Entziehungskur nennt man die systematische, strenge Entziehung von Alkohol oder einem Rauschgift. Sie sollte nur unter ärztlicher Aufsicht durchgeführt werden. Alkoholiker werden in Trinkerheilanstalten langsam entwöhnt. Auch Morphium-, Opium- und Heroinsüchtige werden in geschlossenen Heilanstalten behandelt. Der Erfolg aller dieser Bemühungen ist oft gering, da bei den Kranken nach ihrer Rückkehr in die gewohnte Umgebung immer die Gefahr der Rückfälligkeit besteht. Zur Rückführung in die Gesellschaft brauchen die Süchtigen außer der Entziehungskur auch unsere persönliche Hilfe.

Enzensberger, Hans Magnus, wurde 1929 geboren. Er ist ein zeitgenössischer deutscher Schriftsteller, der durch seine Gedichte und zeitkritischen Aufsätze hervortrat. 1963 erhielt Enzensberger den Georg-Büchner-Preis für Sprache und Dichtung.

Enzian heißt die krautartige Pflanze, die uns durch ihre blauen Trichterblüten bekannt ist. In zahlreichen, nicht nur blau blühenden Arten wächst der Enzian, vor allem im Gebirge und im Voralpenland. Aus Enzianwurzeln wird der bittere, erdig schmeckende Enzianschnaps gebrannt. (Siehe auch Farbtafel »Alpen« Band 1)

Enzyklika ist ein päpstliches Rundschreiben, ein Hirtenbrief, in dem allgemeine Fragen der kirchlichen Lehre oder der Moral behandelt werden. Die katholischen Christen sind verpflichtet, die Anordnungen einer Enzyklika zu befolgen.

Enzyklopädie nennt man die übersichtliche Darstellung des gesamten Wissens, das nach Sachgebieten oder nach dem Alphabet geordnet ist. Das Wort kommt aus dem Griechischen.

Enzyme sind unter dem Stichwort »Fermente« beschrieben.

Epidemien werden ansteckende Krankheiten genannt, die sich über weite Landstriche hinweg verbreiten, so daß schließlich ein großer Teil der Bevölkerung davon befallen ist. Die Massenansteckung bei einer Epidemie wird durch Krankheitserreger verursacht, die sich in verunreinigtem Wasser befinden, ebenso durch von Bakterien verseuchte Nahrungsmittel (Milch, Speiseeis) oder durch Staub- und Tröpfcheninfektion (Husten, Niesen, Sprechen). Zwischenträger von Epidemieerregern können auch Tiere sein, so z. B. die Ratten (Pest) oder die Fiebermücken (Malaria). Die gefährlichste Epidemie in Europa war die Pest von 1348 bis 1351. Die moderne Medizin hat Epidemien größtenteils gestoppt. Es können sich jedoch Typhus, Cholera und Pocken auch heute noch zu Epidemien ausweiten.

Epidermis heißt die oberste Schicht der menschlichen und tierischen

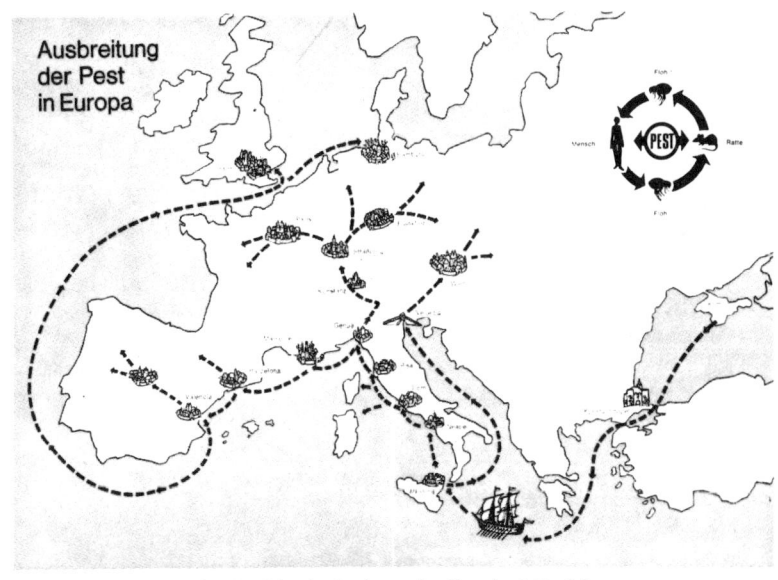

Epidemie: Die Ausbreitung der Pest im Mittelalter.

Haut. Bei Pflanzen nennt man die oberste Zellschicht des Hautgewebes so. Das Wort kommt aus dem Griechischen.

Epidiaskop ist ein Bildwerfer, mit dem man sowohl durchsichtige Bilder (Dias) als auch undurchsichtiges Material, wie Postkarten, Drucke oder ganze Buchseiten, an die Wand spiegeln kann. Mit Hilfe eines Epidiaskopes kann den Zuhörern eines Vortrages Anschauungsmaterial vor Augen geführt werden. Das Wort kommt aus dem Griechischen.

Epigonen werden die unschöpferischen Nachahmer großer Künstler genannt. Das Wort stammt aus dem Griechischen.

Epik nennt man die erzählende (epische) Dichtkunst.

Epikureer sind im heutigen Sprachgebrauch Menschen, die ein Genußleben führen. Im ursprünglichen Sinn waren es Menschen, die nach der Glückseligkeit, dem geistigen Seelenfrieden, strebten.

Epilog ist eine abschließende Nachrede, das Schlußwort bei einem Theaterstück. Im Theater der Shakespearezeit wurden besondere Epiloge an den Schluß einer Aufführung gestellt, mit denen ein Sprecher jeweils um Beifall oder um Nachsicht für die dargebrachten Leistungen der Schauspieler bat. Die Vorrede eines Theaterstücks dagegen nennt man Prolog.

Episches Theater heißt eine von Bert Brecht entwickelte Dramenform, die kein wirkliches Geschehen auf der

Epis

Bühne vortäuschen, sondern Vorgänge lediglich aufzeigen will. Die dargestellten Vorgänge sollen den Zuschauer zum Mitdenken und zu selbständiger kritischer Entscheidung auffordern.

Episkop ist ein Bildwerfer, der nur zur Projektion undurchsichtiger Bilder geeignet ist. (Siehe auch das Stichwort »Epidiaskop«)

Episode nennt man ein Ereignis, ein Erlebnis, das keine nachhaltige Wirkung auslöst. In einem Theaterstück oder in einem Roman ist eine Episode eine kurze Nebenhandlung.

Epistel ist ein heute nicht mehr gebräuchliches Wort für Brief. Die Epistel wird heute hauptsächlich als Teil eines Apostelbriefs verstanden, der während der Messe oder dem Gottesdienst vorgelesen wird.

Epitaph wird eine Grabschrift oder eine Erinnerungstafel für einen Verstorbenen genannt. Das Epitaph wurde an Wänden, Pfeilern oder Kirchenmauern angebracht. Während der Barockzeit entstanden künstlerisch besonders wertvolle Epitaphe.

Epoche ist ein Zeitabschnitt oder eine Periode. Das Wort wird vor allem auf die Geschichte und Geistesgeschichte angewandt. Es kennzeichnet den Zeitraum, in dem sich eine bestimmte Entwicklung vollzieht (z. B. Reformationszeitalter, Barock, Neuzeit).

Epos nennt man eine erzählende Dichtung in Versform. Das Epos befaßt sich meist mit einem sagenhaften, historischen oder mythischen Geschehen. Bekannte Epen sind die Odyssee, die Ilias, das Nibelungenlied, das Gudrunlied, das Hildebrandslied, das französische Rolandslied und der altenglische Beowulf. Eine besondere Gruppe stellt das oft satirische und zeitkritische Tierepos (Reineke Fuchs) dar. Oftmals sind die Dichter von Epen unbekannt.

Epoxydharze sind Kunstharze, die vielfache Verwendung finden, z. B. in der Elektrotechnik als Gießharz sowie als Bindemittel für Metalle und alle möglichen Kunststoffe oder als Klebemittel beim Bau von Bootskörpern.

Epsom [epsem], eine Stadt mit 72 000 Einwohnern, liegt südwestlich von London. Sie ist durch ihre Pferderennen bekannt.

Equipage [ehkipahsch] wurde eine herrschaftliche Pferdekutsche in Frankreich genannt.

Equipe [ehkihp] ist die Bezeichnung für eine Reitermannschaft. In der Sportberichterstattung wird oft auch jede andere Sportmannschaft als Equipe bezeichnet.

Erasmus von Rotterdam lebte von 1466 bis 1536. Er war einer der bedeutendsten humanistischen Gelehrten. In Rotterdam geboren, wirkte er in den Niederlanden und England, später in Basel, wo er auch gestorben ist, und in Freiburg. Erasmus lehnte die Lehren Luthers und Zwinglis ab. Seine Schriften haben die Aufklärung entscheidend beeinflußt. Er bekämpfte auch entschieden die kirchlichen Mißstände.

Erbe heißt diejenige Person, auf die das Vermögen (Erbschaft, Nachlaß) eines Verstorbenen (Erblassers) übergeht. Fällt die Erbschaft an eine einzige Person, spricht man von einem Alleinerben; sind mehrere Personen erbberechtigt, nennt man sie Miterben. Die Erbschaft kann vom Erblasser nach seinem Willen durch ein Testament geregelt worden sein. Liegt kein Testament vor, so wird das Erbe nach den gesetzlichen Bestimmungen verteilt. Gesetzliche Erben erhalten eine Rangordnung: Kinder (Abkömmlinge) sowie der überlebende Ehegatte sind Erben erster Ordnung. Die Eltern und Geschwister des Erblassers zählen zur zweiten Ordnung. In weiteren Ordnungen werden die entfernteren Verwandten zusammengefaßt. Wer etwas erbt, muß an den Staat Erbschaftssteuer bezahlen. Diese Steuer wird in ihrer Höhe nach dem Grad der Verwandtschaft berechnet. Außerdem besteht Steuerfreiheit für bestimmte Beträge. Je entfernter die Verwandtschaft, desto höher ist die Erbschaftssteuer. Sie kann bis zu 60 Prozent betragen. Da man alle Vermögensrechte, also auch Schulden, erben kann, empfiehlt es sich, die Annahme einer Erbschaft gründlich zu überlegen.

Erbse nennt man die Gattung eines Schmetterlingsblütlers, die nur einjährig vorkommt und daher jedes Jahr neu angebaut wird. Die Gemüsepflanze hat paarig gefiederte Blätter, Blattranken und große Nebenblätter. Die Ackererbse wird als Viehfutter angebaut, die Zuckererbse ist ein schmackhaftes Gemüse. Der Samen der Erbse enthält 21 Prozent Eiweiß und 52 Prozent Stärke.

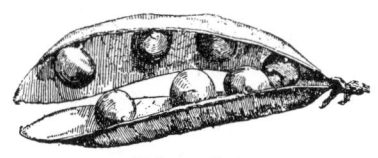

Erbsenschote

Erdapfel ist ein besonders in Österreich volkstümlicher Name für die Kartoffel.
Außerdem verstand man in früherer Zeit unter Erdapfel einen Globus.

Erdbeben
Der Erdkern kocht

Immer wieder ereignen sich Naturkatastrophen, die Zehntausende, ja Hunderttausende von Toten fordern. An erster Stelle stehen dabei die Erdbeben. Die Zahl der Beben wird auf jährlich über 100 000 geschätzt. Davon sind nur etwa 5000 wirklich fühlbar, und ungefähr 100 von ihnen richten echte Zerstörungen an. Die Erde bebt nahezu ununterbrochen irgendwo. Wie kommt es zu diesen Erdbewegungen?
Die feste Erdkruste, die uns vor den glühenden Massen des Erdinnern schützt, ist, gemessen am Erddurchmesser, hauchdünn. Schon in 50 Kilometer Tiefe sind die Gesteine feuerflüssig, wie der Ausbruch von Vulkanen zeigt. An den meisten Stellen ist die feste Erdkruste zwar

etwa 60 Kilometer stark, in tiefen Lagen dagegen nur noch 30 bis 40 Kilometer. In den tiefen Senken der Ozeane ist sie sogar nur vier bis fünf Kilometer dünn. Das ist vergleichsweise nicht mehr als die Schale eines Eis, und sie ist auch genauso zerbrechlich. Dazu kommt noch der unter dieser Erdrinde herrschende, unvorstellbare Druck. Er verursacht die Verschiebungen und Brüche innerhalb der Erdrinde, die immer mit heftigen Erschütterungen, den Erdbeben verbunden sind. Diese Beben heißen tektonische Beben. Sie richten, wenn sie in bewohnten Gebieten stattfinden, stets schwere Schäden an. Erdbeben können aber auch durch den Einsturz unterirdischer Hohlräume (Einsturzbeben) oder durch Vulkanausbrüche (Ausbruchsbeben) ausgelöst werden. Diese sind von geringerer Wirkung und auf kleinere Gebiete begrenzt. Erdbeben, gleich welchen Ursprungs, sind fast immer mit der Bildung von Erdspalten, mit Schlamm-, Wasser- und Gasausbrüchen verbunden. Geländesenkungen, Bergrutsche und Überschwemmungen sind die Folge. Die Stelle senkrecht über dem Erdbebenherd nennt man das Epizentrum. Je näher sich eine menschliche Ansiedlung am Epizentrum befindet, desto verheerender sind die Verwüstungen.

Erdbeben treten besonders in den großen Bruchgebieten der Erde auf, also an den Rändern des Pazifiks, in den Randgebieten der Zone junger Faltengebirge im Süden Asiens und Europas sowie in Ostafrika.

Zur Kennzeichnung der Stärke von Erdbeben wurde eine Skala entwickelt, die zwölf Stufen aufweist. Als »unmerklich« wird ein Beben be-

Ein Überlebender trägt seine letzten Habseligkeiten aus dem zerstörten Haus. Eine Erdbebenkatastrophe hat die Hälfte der Einwohner dieses Städtchens in Libyen unter dem Schutt begraben und nahezu alle noch lebenden Menschen obdachlos gemacht.

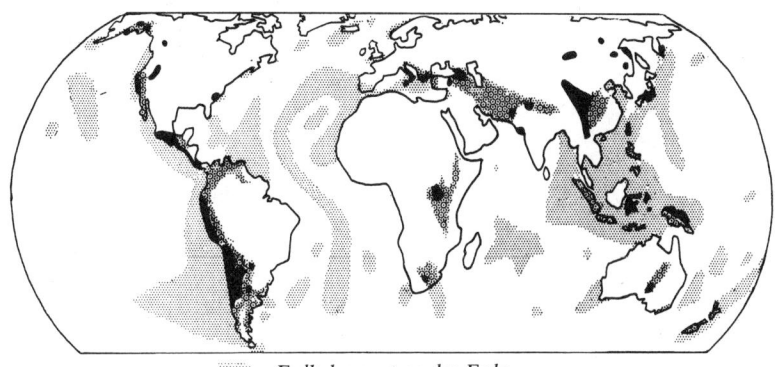

Erdbebenzentren der Erde

▨ *Gebiete mit erhöhter Gefahr*   ■ *Gebiete mit sehr hoher Gefahr*

zeichnet, das nur von Seismographen registriert werden kann. »Leicht« nennt man ein Beben, das nur wenige Personen bemerken. Ein »mäßiges« Beben verursacht eine leichte Bewegung von Möbeln sowie das Klirren von Gläsern und Fenstern. »Starke« Beben werden von allen Menschen mit Schrecken wahrgenommen; es entstehen dabei leichte Risse in den Bauwerken. »Zerstörende« Beben bringen hohe Schornsteine und dicke Mauern zum Einsturz, und im Erdboden entstehen Risse. »Große Katastrophe« ist die Bezeichnung für ein Beben, dem beinahe kein Bauwerk standhält; eine größere Veränderung der Erdoberfläche wird dabei hervorgerufen.

In den stark erdbebengefährdeten Ländern, wie z. B. in Japan, bemüht man sich seit langem darum, Bautypen zu entwickeln, die selbst großen Beben standhalten können. Es hat sich gezeigt, daß Stahlbetonbauten im allgemeinen ein Beben mit nur leichten Beschädigungen überstehen. Alte Häuser dagegen stürzen beim ersten kräftigen Stoß sofort in sich zusammen.

Tabelle der schwersten Erdbeben in geschichtlicher Zeit

		Tote (Schätzungen)
1348	Villach (Österreich)	5 000
1509	Konstantinopel	13 000
1730	Jeddo (Japan)	137 000
1755	Lissabon	32 000
1783	Kalabrien	100 000
1797	Quito (Ecuador)	40 000
1906	San Francisco	1 000
1908	Messina	86 000
1920	Kansu (China)	180 000
1923	Tokio	143 000
1935	Quetta (damals Indien)	60 000
1939	Anatolien	25 000
1960	Agadir (Marokko)	12 000
1962	Iran	12 000
1963	Libyen	2 500
1963	Skopje (Jugoslawien)	1 000
1966	Anatolien	3 000
1970	Peru	70 000

Erdb

Eine besondere Art von Beben sind Seebeben. Bei ihnen liegt der Herd unter dem Meeresboden. Die Stöße eines solchen Bebens sind bei ausreichender Stärke sogar auf Schiffen wahrzunehmen. Die Seebeben werden häufig von schweren Springfluten eingeleitet. Große »seismische Wogen« laufen über Hunderte von Kilometern quer über die Ozeane. Sie richten schwerste Überschwemmungen und Zerstörungen in den Küstenstädten und Hafenanlagen an. Einen Schutz vor Erdbeben gibt es nicht. Nur eine rechtzeitige Warnung kann Menschenleben retten. Oft geht dem entscheidenden Erdstoß eine ganze Reihe von kleineren voraus, die kaum registriert werden. Um sie wissenschaftlich genau zu beobachten, hat man auf der ganzen Welt Erdbebenwarten eingerichtet, die mit ihren Seismometern, selbsttätigen, hochempfindlichen Geräten, jeden noch so winzigen Erdstoß erfassen können. Deutsche Erdbebenwarten befinden sich in Göttingen, Hamburg und Stuttgart.

• • •

Erdbeeren gehören zur Familie der Rosengewächse. Der Blütenboden der Erdbeere schwillt nach dem Verblühen zu einer süßen Beere an.
Die staudigen Pflanzen sind in Europas Wäldern heimisch. Die Walderdbeere wurde laufend gekreuzt und weitergezüchtet, so daß die Erdbeere im Gartenbau große Früchte hervorbringt. Es wurde auch die sogenannte Monatserdbeere gezüchtet, die im Sommer und im Herbst die Beeren hervorbringt.

Erde
Unser Planet

Unser Planet Erde ist, gemessen an der unendlichen Weite des Weltalls, nicht einmal so groß wie ein Staubkorn. Die Erde ist der drittnächste Planet der Sonne. Und in diesem Sonnensystem steht die Erde der Größe nach keineswegs an imponierender Stelle. Jupiter, der größte von der Sonne abhängige Himmelskörper, ist rund 1300mal so groß wie unsere Erde (siehe Stichwort »Planet«).
Was die Erde aber vor allen anderen uns bekannten Himmelskörpern auszeichnet, das sind ihre günstigen Lebensbedingungen, die die Entwicklung einer vielfältigen Fauna (Tierwelt) und Flora (Pflanzenwelt) ermöglicht haben. Die Erde hat eine gemäßigte Temperatur, Wasser und einen schützenden Luftmantel, die Atmosphäre, die sie ebenso vor der enormen Weltraumkälte wie vor den alles verbrennenden Strahlen der Sonne schützt.
Als die Astronauten zum erstenmal aus ihren Raumschiffen auf die Erde zurückblicken konnten, waren sie von ihrer Schönheit überwältigt. Vom Standort des landschaftlich

Erde

öden Mondes aus sprach einer von ihnen die denkwürdigen Worte in sein Sprechfunkgerät: »Unter uns geht eine wunderbare Erde auf!«

So sieht die Erde aus dem Weltall aus.

Die Erde ist eine an den Polen abgeflachte Kugel. Sie bewegt sich auf einer elliptischen Bahn in 365 Tagen 5 Stunden 48 Minuten 46,62 Sekunden um die Sonne. Gleichzeitig führt sie eine Rotationsbewegung von Westen nach Osten aus: In 23 Stunden 56 Minuten 4 Sekunden bewegt sie sich einmal um ihre eigene Achse, die nicht senkrecht auf der Erdbahn steht, sondern um 23 Grad gegen diese geneigt ist. Diese Neigung ist der Grund für die Entstehung der Jahreszeiten. Der Neigungswinkel schwankt im Zeitraum von Jahrtausenden um 7 Grad. Diese Schwankung hat jeweils Änderungen des Klimas zur Folge. Die Menschen haben die Erde zur besseren Orientierung durch ein Netz von Längen- und Breitenkreisen übersichtlich eingeteilt. Der Äquator teilt die Erde in eine nördliche und eine südliche Halbkugel und hat einen Umfang von 40 076 km. Die Breitenkreise laufen parallel zum Äquator, die Längenkreise stehen senkrecht zu ihm. Die geographische Breite wird vom Äquator aus polwärts von 0 bis 90 Grad gerechnet, die Länge vom Nullmeridian, der durch die Sternwarte Greenwich in England läuft, nach Osten und Westen von 0 bis 180 Grad gezählt. Zwischen den sogenannten Wendekreisen des Krebses und des Steinbocks (23 Grad 27 Minuten nördlich und südlich) liegen die Tropen, die heiße Zone der Erde. Nördlich und südlich der Tropen breiten sich die gemäßigten Zonen aus, die bis zu den Polarkreisen (66 Grad 3 Minuten) reichen. Weiter nördlich und südlich davon, bis zu den Eiskappen der Pole, erstrecken sich die kalten Gebiete der Erde, die Polarzonen.

Der Aufbau des Erdkörpers ist weitgehend unbekannt, deshalb ist man hinsichtlich seiner chemischen Zusammensetzung auf Vermutungen angewiesen. Von der Mehrzahl der Geophysiker wird angenommen, daß das Erdinnere aus schweren Stoffen, der Erdkern wahrscheinlich sogar aus Eisen besteht. Der Erdmantel ist etwa 2900 Kilometer stark. Er besteht aus der 30 bis 60 Kilometer dicken Erdkruste und einer darunterliegenden schmelzflüssigen Magmazone. Der Erdmittelpunkt liegt in 6370 Kilometer Tiefe. Die Temperatur in der Nähe der Erdoberfläche steigt nach unten im

Erde

Durchschnitt alle 33 Meter um ein Grad Celsius. In 50 Kilometer Tiefe sind die Gesteine bereits feuerflüssig. Die Temperatur des Erdkerns schätzt man auf 2000 bis 20 000 Grad Celsius. Da aber auch der dort herrschende Druck ungeheuer groß ist (1,5 bis 3,5 Millionen Atmosphären), verhält sich das flüssige Material wie ein fester Körper, es ist härter als der härteste Stahl. Dennoch sollen im Erdkern große Tiefenströmungen, ähnlich den Gletscherströmen, vorkommen. Diese sind möglicherweise für die Verschiebung ganzer Kontinente sowie für die Gebirgsauffaltung verantwortlich. Es gibt jedoch auch Theorien, wonach der Erdkern aus unveränderter Sonnenmaterie bestehen soll.

Mit Hilfe radioaktiver Materialmessungen hat die Wissenschaft das Alter der Erde bestimmt. Demnach ist die Erde etwa 5 Milliarden Jahre alt. Die ältesten Gesteine, die bereits Spuren von Leben zeigen, sind etwa eine Milliarde Jahre alt.

Die Oberfläche der Erde umfaßt 510 Millionen Quadratkilometer. Über zwei Drittel davon sind Wasser. Die Verteilung von Land und Wasser ist ungleichmäßig. Die größten Landmassen, Nordamerika und Eurasien, haben ihre größten Flächen zwischen dem 40. und dem 70. Grad nördlicher Breite und verschmälern sich nach Süden zu. Ähnlich ist es bei den Kontinenten der Südhalbkugel, bei Afrika und Südamerika. Das Nordpolargebiet ist meerbedeckt, um den Südpol herum liegt ein Kontinent, die Antarktis.

Unserer Erde droht von verschiedenen Seiten Gefahr. Die Übervölkerung durch die Menschen sowie die technische Zivilisation engen den natürlichen Lebensraum von Pflanzen und Tieren immer mehr ein. Die Abfälle der Industrie verschmutzen unsere Flüsse, Seen und Meere. Die

71 Prozent der Erde sind von Wasser bedeckt. Auf der einen Erdhälfte dehnt sich der Atlantik mit seinen Nebenmeeren aus, auf der anderen der Pazifik.

Abgase der Fabriken lassen den Himmel über den großen Ballungsräumen grau werden. Staubteilchen in der Luft wirken in großen Massen als Kondensationskerne, die immer öfter Niederschläge in Form von Regen oder Schnee hervorrufen. Die Atmosphäre wird zunehmend unsauberer und filtert das Sonnenlicht. Ölrückstände sickern in das Grundwasser und machen es für die Trinkwasserversorgung unbrauchbar. Der wasserhaltende Wald wird immer weniger, deshalb versteppen ganze Gebiete. Die Bedrohung der Natur unserer Erde und damit unseres eigenen Lebensraums geht alle Völker an. Jahrzehntelang hat man unwissend und bedenkenlos gehandelt. Die Wirkungen sind nun sichtbar. Jetzt erst beginnt sich allmählich die seit langem erhobene Forderung der Wissenschaft nach Pflege und Sauberhaltung unserer Heimat Erde durchzusetzen. Noch ist es nicht zu spät.

• • •

Erdgas kommt meist in Verbindung mit Erdöl vor. Es enthält hauptsächlich Kohlenwasserstoffe, vor allem Methan (bis 95 Prozent). Das Erdgas ist ein wichtiger Rohstoff, z. B. für die Herstellung von Stickstoffdüngemitteln. Es wird auch als Heizstoff verwendet und ist von wachsender Bedeutung für die Energiegewinnung. In Rohrleitungen wird es in die Städte befördert. In Kanada, in den USA und in der UdSSR sind Leitungen von rund 2000 Kilometer Länge keine Seltenheit. Das reichste europäische Erdgasvorkommen liegt in den Niederlanden. Schon vor 3000 Jahren kannte man im alten China Erdgas.

Erdkunde nennt man die erklärende Beschreibung der Erdoberfläche. Das Wissensgebiet, das Fremdwort heißt Geographie, beschäftigt sich mit den Landschaftsformen (Gebirge, Hügelland, Ebene) sowie den Staaten der Erde. Zur Geographie gehören auch die Gewässerkunde, die Beschreibung von klimatischen Verhältnissen, von Fauna (Tierwelt), Flora (Pflanzenwelt) und Bevölkerung.

Erdmagnetismus ist die magnetische Kraft des Erdkörpers. Der Erdmagnetismus beweist sich dadurch, daß eine frei bewegliche Magnetnadel stets nach Norden zeigt. Darauf beruht der Magnetkompaß.

Erdnüsse sind die Samen eines ein-

Die Blütenstiele der Erdnuß verlängern sich nach der Befruchtung und drücken die sich bildenden Samenfrüchte in die Erde.

Erdö

jährigen Schmetterlingsblütlers, der in vielen tropischen und subtropischen Ländern angepflanzt wird. Aus den Erdnüssen, die oft auch Aschantinüsse genannt werden, wird ein fettes Samenöl gepreßt, das als Speiseöl und zur Margarineherstellung verwendet wird. Im gerösteten Zustand ißt man die Erdnüsse gern.

Aus den feingemahlenen Nüssen wird Erdnußbutter gemacht.

Erdöl
Flüssiges Gold

Über die Schienenstränge donnern Dieseltriebwagen, Dieselmotoren treiben Lastkraftwagen an, Millionen von Personenwagen füllen die Straßen aller Kontinente. Auf einem einzigen Flug frißt ein Jumbo-Jet Zehntausende Liter von Treibstoff. Über die Ozeane stampfen Frachter und Passagierschiffe. Sie alle benutzen Treibstoffe, die aus Erdöl hergestellt werden (Schweröl oder Benzin). Millionen Haushalte in Europa, Amerika und Asien heizen mit Öl oder Erdgas, Kraftwerke werden damit betrieben, die Industrie braucht Erdöl als Rohstoff für tausenderlei Produkte.

Jahrtausendelang wurde das Erdöl als Bodenschatz nicht beachtet. In antiken Kulturen benutzte man es nur dort, wo es in natürlichen Senken aus der Erde trat, um Asphaltmörtel zu mischen, Plattenverkleidungen an Tempel und Paläste zu kleben oder die Straßen damit staubfrei zu machen. Sein eigentlicher Siegeszug begann mit dem des Automobils im 19. Jahrhundert.

Bohrinseln im Meer

Erdö

Das Erdöl liegt im allgemeinen in einer Tiefe zwischen 1000 und 6000 Meter. Es entstand in Jahrmillionen durch Ablagerung von Kleinlebewesen auf Meeres- und Seeböden. In einem langen Umwandlungsprozeß wurden die toten Lebewesen zu Faulschlamm und anschließend durch Bakterien zersetzt. Daraus bildete sich Erdöl. Rohöl kann dick- oder dünnflüssig, hell oder nahezu schwarz sein, meistens ist es jedoch grünlich.

Die Förderung von Erdöl ist aufwendig und teuer. Die Geologen können Erdöllager mit großer Sicherheit feststellen. Diese werden durch Tiefbohrung erschlossen, in neuerer Zeit immer häufiger auch

Bohranlage in Kalifornien

Ölleitungen im Hafen von Kuwait

Erds

durch Unterwasserbohrungen in Küstennähe, so im Golf von Mexiko und vor der europäischen Küste in der Nordsee und im Atlantik. Steht das Öl unter Druck, fließt es infolge der Anbohrung von selbst aus, sonst wird es durch Pumpen gefördert. Das Rohöl wird in großen Tanks gesammelt und durch Ölleitungen (Pipelines) zu Raffinerien oder zum Ausfuhrhafen gepumpt.

Durch Destillation wird das Rohöl in seine verschiedenen Bestandteile zerlegt. Diese Destillate reinigt (raffiniert), filtert man und gewinnt auf diese Weise Benzin, Dieselöl, Leichtöl, Schmieröl, Paraffin sowie Asphalt-Bitumen.

Die größten Erdölgebiete liegen in den Vereinigten Staaten von Amerika, in der Sowjetunion, in Venezuela, Saudi-Arabien, Kuwait, im Iran, in Libyen und im Irak.

Als wichtigste Energiequelle der modernen Wirtschaft bestimmt das Erdöl auch das politische Geschehen. Die Sowjetunion ist in ihrem Erdölbedarf von der Einfuhr unabhängig. Auch die USA müssen nur einen geringen Teil ihres Bedarfes einführen. Europa dagegen ist auf arabisches Erdöl dringend angewiesen. Seit 1968 jedoch wird die UdSSR immer mehr zum Öllieferanten Europas.

Die Ölkrise 1973 hat den Menschen vor Augen geführt, wie abhängig sie vom Rohstoff Öl sind. Besteht doch die Gefahr, daß die Erdölvorräte der Welt sich bald erschöpfen. Allerdings wurden in letzter Zeit neue Erdölreserven z. B. in der Wüste Sahara, in der Nordsee und in Kanada entdeckt. Sie müssen zum Teil unter sehr schwierigen Bedingungen erschlossen werden.

• • •

Erdsatelliten heißen künstliche Flugkörper, die heute in großer Zahl die Erde umkreisen. Mittels mehrstufiger Raketen werden sie gestartet und auf eine Geschwindigkeit von mehr als sieben Kilometer pro Sekunde beschleunigt. Durch das Gleichgewicht zwischen Fliehkraft und Schwerkraft kreisen die Satelliten um die Erde. Bei allmählichem Absinken ihrer Flugbahn verglühen sie jedoch in der dichteren Atmosphäre.

Flugkörper, die über 10,2 km/sec beschleunigt werden, verlassen den Schwerebereich der Erde und fliegen in den Weltraum, bis sie durch die Schwerkraft der Sonne zum Umlauf gezwungen werden. Diese besondere Art der Satelliten nennt man Raumsonden.

Meßsatelliten werden zur Erforschung der Verhältnisse außerhalb der Lufthülle der Erde eingesetzt. Sie enthalten Meßgeräte, die sämtliche ermittelten Daten mit Hilfe eines Radiosenders zur Erde funken. Oft werden auch Erdsatelliten mit Tieren und Pflanzen gestartet; mit Hilfe der Meßgeräte werden die verschiedenen Wirkungen auf die Versuchsobjekte registriert, so z. B. die der starken Beschleunigung und die der Schwerelosigkeit.

Im militärischen Bereich werden Satelliten zur Beobachtung eingesetzt. Nachrichtensatelliten dienen der Übertragung von Rundfunk- und Fernsehsendungen. Meteorologische Satelliten können die Wetterverhältnisse aus großer Höhe melden.
Der erste Erdsatellit, »Sputnik I«, startete 1957. Der auf ihn folgende »Sputnik II« trug die Hündin Laika auf eine Bahn von 1670 Kilometer Höhe. 1958 schossen die Amerikaner ihren ersten Satelliten, »Explorer I«, in 2540 Kilometer Höhe auf eine Umlaufbahn. Dieser Satellit fliegt immer noch.
Erdsatelliten sollen in der Zukunft zu Außenstationen für die bemannte Raumfahrt entwickelt werden.
Erdwärme nennt man die Temperatur des Erdkörpers, die zum Mittelpunkt der Erde hin ständig zunimmt. Sie hat sich seit dem Erkalten der Erde als Restwärme erhalten. Es entsteht aber durch chemische sowie physikalische Vorgänge im Erdinnern auch ständig neue Erdwärme.
Erektion heißt bei Säugetieren und auch beim Menschen das Anschwellen und das Sichaufrichten des männlichen Glieds, des Penis, ebenso das des weiblichen Kitzlers, der Klitoris, die Teil des weiblichen Geschlechtsorgans ist. Die Erektion erfolgt durch verstärkten Blutzufluß in die Geschlechtsorgane.
Erfahrung sammelt man, wenn man sich mit Vorgängen, die man miterlebt oder beobachtet hat, auseinandersetzt. Die Erfahrung beruht auf Sachkenntnis und auf der Einsicht, die man aus ihr gewonnen hat. Einmal gemachte Erfahrungen schlagen sich bewußt oder unbewußt auf die Handlungsweise eines Menschen nieder.
Ältere Menschen besitzen infolge ihres langen Lebens oft mehr Erfahrung als jüngere.

Erfindungen
Forschung und Zufall

Der Zufall sei im Lauf der Geschichte der größte Erfinder gewesen, sagt man. Aber damit wäre vielen bekannten und unbekannten Forschern und Entdeckern unrecht getan, die durch ihr Denken und ihren Einsatz den Fortschritt der Menschheit gefördert haben. Während sie noch im vergangenen Jahrhundert meist als Einzelgänger ihre Ideen verwirklichten, sind es heute Teams von Wissenschaftlern und Spezialisten, die planmäßig den technischen und wissenschaftlichen Fortschritt fördern. Die Zeit der großen, genialen Einzelgänger, wie z. B. Edison, der Erfinder der Glühlampe, scheint vorüber zu sein. Zu den entscheidendsten Erfindungen gehören der Gebrauch des Feuers in grauer Vorzeit, die Erfindung des Rads und des Pflugs. Mit diesen drei Dingen begann die menschliche Kultur. Zu den bedeutendsten Erfindungen der Neuzeit gehört die friedliche Nutzung der Atomkraft.

TABELLE DER WICHTIGSTEN ERFINDUNGEN

v. Chr.
4000 Hölzernes Wagenrad   Sumer 
4000 Hölzerner Pflug   Ägypten 
3800 Schmelzen von Kupfer, Silber und Gold   Ägypten
3000 Papyrus als Schreibmaterial   Ägypten
2500 Zinn und Bronze   Ägypten
1600 Rad mit Speichen   Kleinasien
1400 Schweißeisen   Armenien
 312 Römische Wasserleitung   Appius Claudius Caecus
 250 Flaschenzug, Hebel, Auftriebsgesetz, Schwerpunkt   Archimedes
  80 Warmluft- und Warmwasserheizung   Rom
  46 Julianischer Kalender   Cäsar

n. Chr.
 105 Papier in China   Tsai Lun
10. Jahrhundert: Windmühlen   Persien
1041 Druck mit beweglichen Lettern   China
1200 Magnetnadel als Seeweiser   Europa
13. Jahrhundert: Brille   Europa 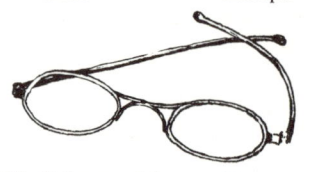
1320 Pulvergeschütze   Europa
1445 Druck mit beweglichen Metalllettern   Gutenberg
1500 Taschenuhr   Henlein
1543 Heliozentrisches Weltsystem   Kopernikus
1590 Mikroskop   Janssen
1608 Fernrohr   Lapprey
1611 Astronomisches Fernrohr   Kepler
1718 Quecksilberthermometer   Fahrenheit
1742 100-Grad-Einteilung beim Thermometer   Celsius
1752 Blitzableiter   Franklin
1778 Dampfmaschine   Watt

Erfi

1807	Dampfer von New York nach Albany		Fulton
1814	Dampflokomotive		Stephenson
1820	Elektromagnetismus		Oersted
1822	Photographie		Niepce
1827	Schiffsschraube		Ressel
1827	Reibzündholz		Walker
1831	Chloroform		Soubeiran, v. Liebig, Guthrie
1837	Telegraph		Morse
1850	Tauchboot		Bauer
1861	Telephon		Reis
1865–1869	Vererbungsregeln		Mendel
1866	Dynamit		Nobel
1866	Dynamomaschine		Siemens
1866	Schreibmaschine		Mitterhofer
1875	Benzinkraftwagen		Marcus
1879	Kohlefaden-Glühlampe mit Schraubsockel		Edison
1884	Dampfturbine		Parsons
1884	Rollfilm		Eastman
1885	Kraftwagen mit schnellaufendem Benzinmotor		Benz, Daimler, Maybach
1887	Schallplatte und Sprechmaschine		Berliner
1895	Röntgenstrahlen		Röntgen
1895	Kinematograph		Lumière
1897	Drahtlose Telegraphie		Marconi
1897	Dieselmotor		Diesel
1904	Elektronenröhre		Fleming
1905	Relativitätstheorie		Einstein
1915	Ganzmetallflugzeug		Junkers
1919	Künstliche Atomumwandlung		Rutherford
1919	Tonfilm		Vogt, Engl, Massolle
1928	Penicillin		Fleming
1929	Fernsehen		Karolus (Telefunken)
1930	Strahltriebwerk		Schmidt
1935	Sulfonamide		Domagk
1938	Künstliche Kernspaltung		Hahn, Straßmann
1938	Perlonfaser		Schlack
1938	Nylonfaser		Carothers
1942	Fernrakete		von Braun
1942	Kernreaktor		Fermi
1942	Elektronische Rechenmaschine		Mauchly, Eckert

Erfr

1952	Wasserstoffbombe	USA
1956	Erstes Atomkraftwerk	Großbritannien
1957	Erster Erdsatellit	UdSSR
1958	Unterquerung des Nordpols	USA
1959	Erster künstlicher Planet	UdSSR
1959	Mondlandung einer Rakete, Mondumrundung durch eine Rakete, Fotos von der Mondrückseite	UdSSR
1960	Lichtverstärker (Laser)	USA
1961	Erster bemannter Raumflug	UdSSR
1965	Zum erstenmal schwebt ein Mensch frei im Weltraum	UdSSR
1966	Erste weiche Mondlandung einer Raumkapsel	UdSSR
1967	Erste Herz-Transplantation am Menschen	Barnard
1969	Der erste Mensch betritt den Mond	USA

• • •

Erfrieren kann ein Mensch, wenn die Bluttemperatur von normal 36 Grad Celsius auf 27 Grad absinkt. Er spürt zunächst ein Frösteln, er wird müde und fällt schließlich in Ohnmacht. Erfrierungsanzeichen an Gliedmaßen können durch Wasserbäder behandelt werden, die dem Körper Wärme zuführen. Je nach ihrer Schwere werden Erfrierungen in Grade eingeteilt. Erfrierungen dritten Grades sind bereits mit dem Absterben der betroffenen Stellen verbunden und bedürfen schnellster ärztlicher Hilfe.

Erfurt, die Hauptstadt des gleichnamigen Bezirks der DDR, der aus Teilen der früheren Länder Thüringen und Sachsen-Anhalt besteht, hat 202 000 Einwohner und ist die größte, wirtschaftlich bedeutendste Stadt Thüringens. Es befinden sich dort ein bekanntes Volkskundemuseum, Rundfunk- und Maschinenfabriken sowie große Produktionsstätten für Schuhe und Textilien. 1970 kam es in Erfurt zum ersten innerdeutschen Gespräch, zum Treffen des damaligen Bundeskanzlers der Bundesrepublik Deutschland, Willy Brandt, und des Ministerpräsidenten der DDR, Willi Stoph.

Erhard, Ludwig, wurde 1897 in Fürth (Bayern) geboren. Er ist ein führender Politiker der CDU. Von 1949 bis 1963 war er Bundeswirtschaftsminister; durch seine Initiative wurde der wirtschaftliche Aufschwung der Bundesrepublik Deutschland eingeleitet. Als Nachfolger Konrad Adenauers war Erhard von 1963 bis 1966 Bundeskanzler.

Erholung nennt man die Ruhe oder die Betätigung, die zur Kräftigung eines abgespannten Menschen dient. Ein Mensch, der körperliche Arbeit leistet, erholt sich am besten durch Ruhe. Menschen, die bei ihrer Arbeit viel sitzen müssen, brauchen

Bewegung am besten durch Sport. Der Schlaf ist die natürliche Erholung eines jeden Menschen. Als Erholung bezeichnet man auch die Ferien und den Urlaub.

Eriesee [ihri-] heißt der südlichste der fünf »Großen Seen« Nordamerikas. Er ist 402 Kilometer lang, bis 92 Kilometer breit und über 25 000 Quadratkilometer groß. An seiner tiefsten Stelle mißt er 64 Meter.

Erikazeen oder Heidekrautgewächse heißt eine immergrüne Pflanzenfamilie, die beinahe über die ganze Welt verbreitet ist. Die Sträucher sind von unterschiedlicher Größe. Am bekanntesten ist bei uns das Heidekraut (Erika).

Erik der Rote, ein norwegischer Wikinger, wurde etwa 950 geboren und starb 1007. Er war der Entdecker Grönlands. Sein Sohn, Leif Eriksson, entdeckte von Grönland aus etwa um das Jahr 1000 die Küste der nordamerikanischen Halbinsel Labrador, der er den Namen »Vinland« gab. Er war, fast 500 Jahre vor Kolumbus, der erste Entdecker Amerikas.

Eriwan heißt die Hauptstadt der Armenischen Sozialistischen Sowjetrepublik, die am Nordrand der vom Ararat überragten Arasebene liegt. Eriwan hat 843 000 Einwohner, eine Universität, Akademien, technische und landwirtschaftliche Hochschulen sowie viele wissenschaftliche Institute. Auch als Industriestadt, vor allem für Elektro- und chemische Erzeugnisse, gewinnt Eriwan immer mehr an Bedeutung.

Erkältung nennt man eine Erkrankung, die man sich besonders bei naßkaltem Wetter zuzieht. Durch die Kälteeinwirkung ziehen sich die Hautgefäße zusammen und stören dadurch den Blutkreislauf. Das begünstigt die Ausbreitung der dort befindlichen Krankheitserreger. Erkältungen schwächen den Körper und damit seine Abwehrbereitschaft gegenüber Krankheiten. Die häufigsten Erkältungskrankheiten, entstanden infolge von Durchnässung, durch Zugluft oder mangelnde Abhärtung, sind Schnupfen und Husten, aber auch eine Lungenentzündung kann durch eine Erkältung ausgelöst werden.

Erkennungsdienst ist die Bezeichnung einer Dienststelle der Kriminalpolizei, die mit Hilfe technischer Hilfsmittel, wie z. B. Fingerabdruckkartei und Steckbriefe, für den Fahndungsdienst die Identität gesuchter Personen, Verbrecher oder unbekannter Toter feststellt.

Erlangen, die bekannte Universitätsstadt in Mittelfranken (Bayern), hat 99 000 Einwohner. Diese sind zum großen Teil in der dort ansässigen elektrotechnischen, optischen und chemischen Industrie tätig.

Erlen sind Holzpflanzen, die zu den Birkengewächsen gehören. Die männlichen Blüten sind herabhängende Kätzchen, die weiblichen unscheinbare Zäpfchen. Bekannt ist bei uns vor allem die Schwarzerle, ein Baum, der sich an Europas See- und Flußufern oder am Rande von Flachmooren findet.

Ernährung
Betriebsstoff des Lebens

Ernährung nennt man die Aufnahme von festen, flüssigen oder – bei Pflanzen – auch gasförmigen Stoffen, ohne die kein Lebewesen der Erde existieren kann. Manche Tiere oder Pflanzen können es ziemlich lange ohne Nahrungszufuhr aushalten, z. B. fressen Winterschläfer während der ganzen Wintermonate wenig oder überhaupt nichts. Menschen verhungern nach etwa 3–4 Wochen, auch wenn sie genügend Wasser bekommen.

Pflanzen können anorganische Stoffe zu Nahrung verarbeiten: Sie bauen aus Stickstoff und anderen Bestandteilen des Bodens organische Substanzen auf. Dadurch ermöglichen sie erst das Leben der Tiere sowie der Menschen, denn diese können sich nur durch organische Stoffe ernähren: Sie brauchen Pflanzen- oder Fleischnahrung, um sich am Leben erhalten zu können. Diese enthalten in der Hauptsache folgende Nährstoffe: Eiweiß, Fett, Kohlehydrate und wichtige Vitamine, Wasser und Mineralsalze.

Das Eiweiß wird vom Körper hauptsächlich zum Aufbau neuer Zellen verwendet, es ist daher ein »Baustoff«. Fett und Kohlehydrate werden im Organismus durch Verbrennung in Energie umgesetzt. Sie sind also »Betriebsstoffe«. Je mehr sich beispielsweise ein Bergsteiger anstrengen muß, desto mehr Energie verbraucht er, desto mehr Fett und Kohlehydrate muß er zu sich nehmen. Gleichzeitig werden jedoch in seinem Körper auch ständig neue Muskelzellen gebildet, denn der Körper spürt das Schwachwerden der Muskeln und verstärkt sie. Die Nahrung eines Bergsteigers muß daher sowohl aus Betriebsstoffen als auch aus Baustoffen bestehen.

Genauso unentbehrlich wie die Bestandteile der Nahrung, die als Bau- oder Betriebsstoffe benötigt werden, sind die Vitamine. Sie kommen nur in sehr kleinen Mengen vor, doch führt ihr Fehlen im Körperhaushalt zu schweren bis lebensgefährlichen Mangelkrankheiten. So kommt es beim Fehlen des vor allem in Zitrusfrüchten enthaltenen Vitamins C zu einer Schwächung der Abwehrkräfte des Körpers gegen Krankheiten. Demzufolge muß die Ernährung auch vitaminreich sein. Die meisten Vitamine sind in frischen Nahrungsmitteln, besonders in Obst und Gemüse, enthalten.

Die Ausgewogenheit der Nahrungszusammensetzung ist für die Gesundheit eines jeden Menschen besonders wichtig. Dabei sind ein Zuviel oder Zuwenig gleichermaßen gefährlich. Jedes Gramm Fett oder Kohlehydrat, das wegen mangelnder körperlicher Anstrengung nicht verbrannt wird, ergibt eine Zunahme des Körpergewichts. Hierdurch werden das Herz und der gesamte Kreislauf stark überlastet.

• • •

Welternteafel

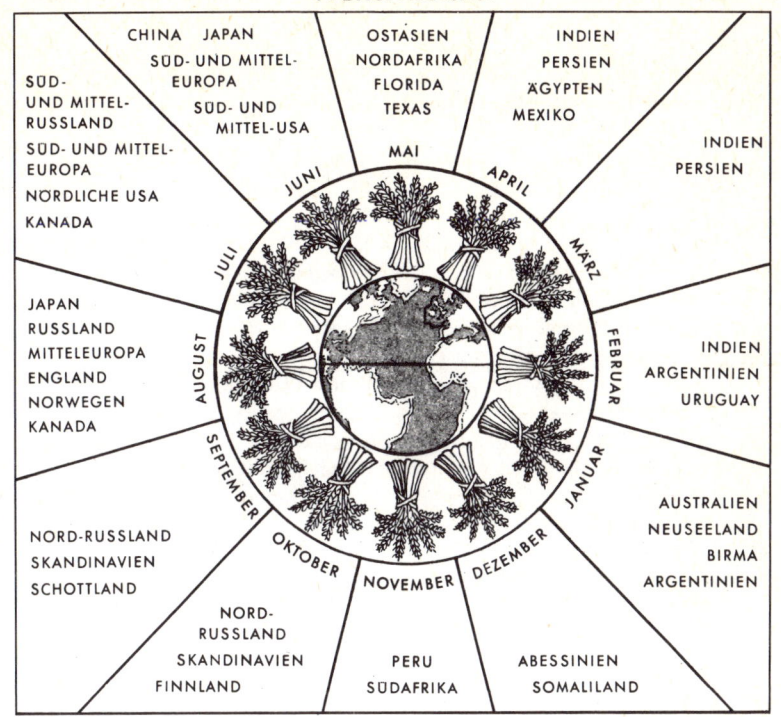

JUNI	CHINA JAPAN / SÜD- UND MITTELEUROPA / SÜD- UND MITTEL-USA
	SÜD- UND MITTEL-RUSSLAND / SÜD- UND MITTELEUROPA / NÖRDLICHE USA / KANADA
MAI	OSTASIEN / NORDAFRIKA / FLORIDA / TEXAS
APRIL	INDIEN / PERSIEN / ÄGYPTEN / MEXIKO
MÄRZ	INDIEN / PERSIEN
JULI	JAPAN / RUSSLAND / MITTELEUROPA / ENGLAND / NORWEGEN / KANADA
FEBRUAR	INDIEN / ARGENTINIEN / URUGUAY
AUGUST	
SEPTEMBER	NORD-RUSSLAND / SKANDINAVIEN / SCHOTTLAND
JANUAR	AUSTRALIEN / NEUSEELAND / BIRMA / ARGENTINIEN
OKTOBER	NORD-RUSSLAND / SKANDINAVIEN / FINNLAND
NOVEMBER	PERU / SÜDAFRIKA
DEZEMBER	ABESSINIEN / SOMALILAND

Das Grundnahrungsmittel der Menschen ist der Weizen. Rund 276 Millionen Tonnen werden davon auf der Erde jährlich geerntet. Über alle Monate des Jahres verteilt, reift das Getreide nacheinander in allen Ländern der Erde. Nach dem Weizen ist der Reis das am meisten benötigte Grundnahrungsmittel.

Ernte wird in der Landwirtschaft das Abernten und Einbringen von Feldfrüchten genannt. Die Ernte hat von jeher die bäuerliche Bevölkerung zu Dankgottesdiensten und Erntedankfesten veranlaßt. Daraus haben sich in den einzelnen Landstrichen eigene Erntebräuche entwickelt.

Eroberungen nannte man in früherer Zeit kriegerische Überfälle, die zur Besetzung fremden Landes führten. Auch in der neueren Geschichte gab und gibt es solche Angriffskriege, die das Völkerrecht als unrechtmäßig verurteilt. Die Besetzung fremden Staatsgebiets bedeutet keinen rechtmäßigen Besitzanspruch.

Eros hieß bei den alten Griechen der Gott der Liebe, den die Römer Amor oder Cupido nannten. Die Griechen feierten Eros als einen der mächtigsten Götter. Sie stellten ihn

Eros

in ihrer Kunst als knabenhaften Jüngling dar.

Erosion stammt aus dem Lateinischen und bedeutet Ausnagung. Man versteht darunter die immerwährende Erdabtragung durch das Wasser, das Eis und den Wind. Hierdurch wurden im Laufe von Jahrmillionen Täler ausgefurcht und ganze Gebirge zu Sandkörnern zernagt.

Erotik, dieser Begriff, mit dem man den gefühlsmäßigen seelischen Kontakt einer Liebesbeziehung zwischen Menschen bezeichnet, steht im Gegensatz zur Sexualität, dem sinnlich-sexuellen Kontakt.

Erpel, auch Enterich, heißt die männliche Ente. Man erkennt den Erpel bei den meisten Entenarten leicht an seinem bunteren Federkleid.

Erpressung ist ein Verbrechen. Es besteht darin, daß jemand eine Person durch Drohung oder Gewalt zu einer bestimmten Handlung nötigt, um sich an ihr zu bereichern. Der Erpresser fordert meistens Geld für sein Versprechen, eine bestimmte, zumeist peinliche Information über den Genötigten nicht auszuplaudern. Erpressungen werden streng bestraft.

Erröten kann man aus Angst, vor Freude oder aus Beschämung. Das Erröten beruht auf einer Erweiterung der feinen Blutgefäße unter der Gesichtshaut.

Erstarrung nennt man den Übergang eines Körpers vom flüssigen Zustand in den festen (Aggregatzustand). Sie tritt beim Unterschreiten der Erstarrungstemperatur ein. Bei dieser Abkühlung werden manche Stoffe, wie Wachs oder Eisen, zuerst zähflüssig, dann plastisch und schließlich fest. Das Gegenteil von Erstarren ist Schmelzen.

Erstarrungsgesteine (Magmatite) nennt man die aus feuerflüssigem Material, dem Magma, entstandenen Gesteine, so zum Beispiel den Basalt.

Erste Hilfe nennt man Maßnahmen, die bei Unglücksfällen bis zur Ankunft eines Arztes getroffen werden können und zu leisten sind.

Erster Offizier heißt an Bord eines Schiffs der nach dem Kapitän ranghöchste Seemann. Auf Kriegs- und Handelsschiffen ist er für den gesamten inneren Dienst sowie für die Ausbildung der Matrosen und Kadetten verantwortlich.

Erstkommunion wird in der katholischen Kirche die erste feierliche Teilnahme an der Eucharistie, dem Altarsakrament, genannt. Im Alter von acht oder neun Jahren empfangen die Kinder die Erstkommunion.

Ertrinken nennt man den Tod im Wasser. Er kann entweder durch eine Lähmung des Gehirns infolge von Blutüberfüllung eintreten, die entsteht, wenn man überhitzt ins Wasser springt, oder dadurch, daß Wasser in die Lungen eindringt. In diesem Fall ist das Ertrinken gleichbedeutend mit Ersticken.

Eruption ist der aus dem Lateinischen stammende Fachausdruck dür den Ausbruch von festen, flüssigen oder gasförmigen Stoffen aus dem Erdinnern. Eruptionen ereignen sich in Vulkanen und Geysiren.

ERSTE HILFE

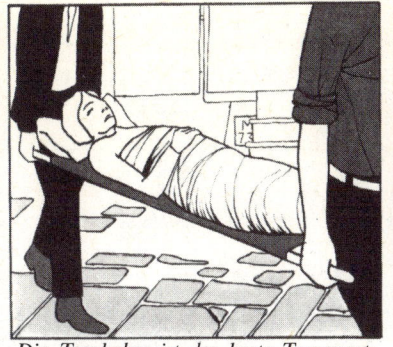

Die Tragbahre ist das beste Transportmittel für Verletzte. Erschütterungen vermeiden.

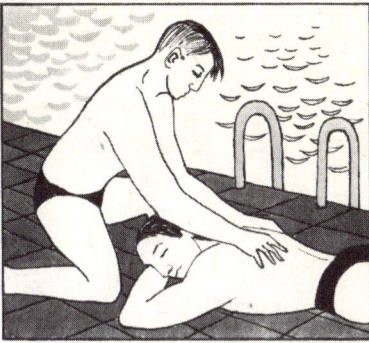

Künstliche Beatmung bei Ertrinkenden: in der Bauchlage durch Betätigung der Arme.

Der Bergrettungsdienst hilft verunglückten Bergsteigern und Wanderern.

Die Mund-zu-Mund-Beatmung hilft bei Atemstillstand.

Bergen Verletzter. Den Ohnmächtigen erfrischen und vor Kälte, Nässe oder Hitze schützen.

Der Lebensretter ergreift den bereits bewegungslosen Ertrinkenden mit dem Armgriff.

Erwa

Bei Armbrüchen Armschlinge anlegen, am besten Schiene oder Brettchen einlegen.

Schiene oder Brett bei gebrochenem Bein mit Binden oder Taschentüchern befestigen.

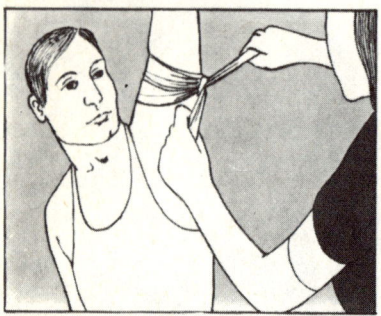

Verletzungen an der Schlagader müssen abgebunden werden. Sofort einen Arzt holen.

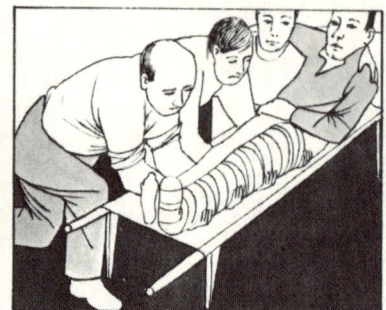

Heben des Verletzten auf die Tragbahre: Drei Helfer verteilen gleichmäßig die Körperlast.

Erwachsenenbildung beruht auf der Erkenntnis, daß heutzutage fast jeder Mensch im Laufe seines Berufslebens mehrere Male wird umlernen müssen. Das wirtschaftliche Leben verändert sich ständig durch die Automatisierung. Sie ersetzt ganze Berufsgruppen, die man an anderer Stelle dringend braucht. Um auf dem laufenden zu bleiben, muß der Betroffene also umlernen. Die Grundlage eines jeden Umlernens ist die Allgemeinbildung. Deshalb ist heute die Ausbildung beim Verlassen der Schule noch lange nicht abgeschlossen. Es gibt zahlreiche Einrichtungen für die Erwachsenenbildung, z. B. die Volkshochschule, das Ländliche Volksbildungswerk, auch Einrichtungen von Kirchen und Gewerkschaften sowie die Kurse, die von der Industrie für ihre Mitarbeiter veranstaltet werden. Die Zahl der Abendschulen mit einem Abschluß wie dem der mittleren Reife oder dem des Abiturs steigt ständig. Berufstätige, die sich weiterbilden wollen, erhalten von den Arbeitsämtern die Kosten der Kurse nach erfolgreichem Abschluß zurückerstattet. Einen neuen Bildungsweg beschreitet auch das Fernsehen mit seinem »Telekolleg«.

Erwerbsunfähigkeit tritt ein, wenn jemand nicht mehr fähig ist, seinen Lebensunterhalt selbst zu verdienen. Hiergegen ist jeder Arbeitnehmer in der Bundesrepublik Deutschland und in vielen anderen Staaten vorsorglich pflichtversichert. Diese Pflichtversicherung übernimmt bei Erwerbsunfähigkeit die Zahlung einer Rente. Bei Invalidität durch Unfall tritt die Unfallversicherung in Kraft.

Erze sind metallhaltige Minerale, die als »gediegene Erze« fast nur aus reinem Metall bestehen. In sulfidischen Erzen ist das Metall an Schwefel gebunden, in oxydischen Erzen an Sauerstoff. Das erzhaltige Gestein wird vom nichterzhaltigen (tauben) Gestein durch chemische Prozesse oder Schmelzvorgänge getrennt. Erzvorkommen gibt es als Ablagerungen unter der Erdoberfläche, zumeist in Gebirgen.

Erzählende Dichtung, auch epische Dichtung, nennt man Verserzählungen oder Prosa, die in künstlerischer Form Begebenheiten als vergangen und abgeschlossen darstellt. Zur Form der erzählenden Dichtung gehören die Erzählung, das Epos, der Roman, die Novelle, die Fabel, die Kurzgeschichte sowie das Märchen.

Erzbischof ist der Amtstitel eines regierenden Bischofs, den der Papst verleiht.

Erzengel heißen im Alten und Neuen Testament die vier höheren Engel: Michael, Gabriel, Raphael und Uriel.

Erzgebirge wird ein deutsches Mittelgebirge genannt, das sich als Sächsisches Erzgebirge vom Elstergebirge in nordöstlicher Richtung bis zum Elbsandsteingebirge erstreckt. Es ist etwa 150 Kilometer lang und 40 Kilometer breit. Die höchsten Erhebungen des Erzgebirges sind der Keilberg (1243 m) und der Fichtelberg (1214 m). Das Erzgebirge besteht aus Gneis und Granit; darin eingebettet sind Porphyr- und Basaltstöcke.

Außer dem Sächsischen Erzgebirge gibt es noch den böhmischen Teil des Erzgebirges, das Siebenbürgische, das Slowakische und das Bosnische Erzgebirge. Früher baute man dort Silber, Kobalt, Nickel, Kupfer, Zinn und Eisen ab.

Erziehung nennt man die planmäßige Beeinflussung der körperlichen, seelischen, geistigen und charakterlichen Entwicklung von Kindern und Jugendlichen. Die Erziehungstätigkeit, die den Eltern, den Lehrern usw. verantwortlich übertragen ist, soll die Veranlagung eines Kindes positiv entfalten helfen und somit einen günstigen Einfluß der Umwelt bewirken.

Unter antiautoritärer Erziehung versteht man die Bestrebung, dem

Esbj

Aus Eis- und Firnblöcken errichten die Eskimos kreisrunde Schneehäuser, die Iglus.

Früher betrieben die Eskimos die Seehundjagd mit der Harpune. Heute benutzen sie dazu die Flinte und das Schießsegel, das sie tarnt.

Eskimomädchen aus Grönland in Nationaltracht.

Kind weitgehend eigene Entscheidungsmöglichkeiten zu überlassen.

Esbjerg, eine Stadt an der Westküste Jütlands mit 76 000 Einwohnern, ist Dänemarks größter Fischereihafen und gleichzeitig ein wichtiger Ausfuhrhafen für Fisch-, Fleisch- und Molkereiprodukte.

Eschen gehören zur Gattung der Ölbaumgewächse. Von den europäischen Eschen wächst die bekannteste, die Gemeine Esche, meist in feuchten Niederungen. Das harte Holz der Esche eignet sich zum Wagenbau sowie zur Herstellung von Möbeln und Sportgeräten.

Escorial heißt ein berühmtes Schloß und Kloster Spaniens, das am Südhang der Sierra de Guadarrama liegt. Der Escorial wurde 1563–1586 als Residenz König Philipps II. erbaut. Er ist die Begräbnisstätte der spanischen Könige und der größte Palast der Erde.

Eskalation bedeutet die stufenweise Steigerung, die Ausweitung eines z. B. politischen oder militärischen Konflikts.

Eskimos sind ein arktisches Volk, das im nördlichsten Nordamerika und auf Grönland lebt. Auf indianisch bedeutet das Wort Eskimo

»Rohfleischesser«. Sich selbst haben die Eskimos den Namen »Inuit« gegeben, was soviel wie Menschen heißt. Es gibt heute nur noch ungefähr 70 000 Angehörige dieser Rasse. Eskimos sind mittelgroße Mongolen mit gelbbrauner Haut und schwarzem Haar. Sie leben von Jagd und Fischfang. Seehunde und Walrosse, Fische und Vögel werden von ihnen mit Harpune, Lanze, Angelhaken, Netz oder Bogen erlegt. Seit Ende des 19. Jahrhunderts sind die Eskimos auch Rentierzüchter. Im Sommer wohnen sie in kuppelförmigen Fellzelten, im Winter in runden Schneehütten, den Iglus. Ihre Kleidung besteht aus Fellen. Sie fahren ihre Lasten zu Lande mit dem Hundeschlitten und auf dem Wasser mit dem Kajak, einem schmalen, wendigen Paddelboot, durch die unwegsame Eislandschaft. Die Sprache der Eskimos ist mit der indianischen verwandt.

Diese Eskimofamilie lebt im Sommer in einer Hütte aus Holz, Stein und Rasenstücken.

Eskorte nennt man eine Begleitmannschaft von Soldaten oder Polizisten, die z. B. ein Staatsmann bei einem Staatsbesuch zur Verfügung gestellt bekommt. Die Eskorte ist eine Ehrenbezeigung, sie dient aber auch dem sicheren Geleit.

Essay, ein aus dem Englischen stammendes Wort, bedeutet soviel wie Versuch. Man versteht darunter eine Abhandlung, die von einem Schriftsteller in anregender, geistvoller Weise über ein bestimmtes Thema verfaßt wurde.

Essen ist mit 679 000 Einwohnern die zweitgrößte Stadt im deutschen Bundesland Nordrhein-Westfalen. Als wichtiger Eisenbahn- und Straßenknotenpunkt bildet Essen den wirtschaftlichen und kulturellen Mittelpunkt des Ruhrgebiets. Die Stadt beherbergt eine Gesamthochschule sowie das Museum Folkwang, und sie ist immer wieder Ort bedeutender Kunstausstellungen.

Essenzen sind hochkonzentrierte Lösungen von Geschmacks- oder Geruchsstoffen zur Aromatisierung von Lebensmitteln.

Essex heißt eine Grafschaft im Südosten Englands mit 1,3 Millionen Einwohnern. Die Hauptstadt von Essex ist Chelmsford.

Essig, ein saures Würz- und Frischhaltungsmittel, enthält im wesentlichen Essigsäure. Essig wird aus Wein, Obstwein oder verdünntem Branntwein hergestellt. Die sich bildenden Essigbakterien lassen Alkohol zur Essigsäure oxydieren. Speise- oder Tafelessig enthält 5–10 Prozent Essigsäure, Weinessig 7–10 Prozent, und Essigessenz wird durch Verdünnen von 100prozentiger Essigsäure auf einen Säuregehalt von 60–80 Prozent vermindert. Den Essig kannten schon die Ägypter, die Babylonier, die Griechen, die Römer und die Germanen. Vermutlich hat man durch Zufall entdeckt, daß sich alkoholische Getränke durch längeres Lagern in Essig verwandeln. Essig wurde außer zur Bereitung von sauren Speisen vor allem zum Haltbarmachen von Fleisch und Gemüse, als Arzneimittel und, mit Wasser verdünnt, als durststillendes Getränk verwendet.

Establishment [eßtäbblischment] ist ein aus dem Englischen kommendes Schlagwort für die herrschende Ordnung, ihre Einrichtungen und Vertreter.

Estancia, das spanische Wort für Gehöft, ist die Bezeichnung für ein südamerikanisches Landgut mit oft riesigen Ausmaßen, auf dem besonders Viehzucht betrieben wird.

Estland, ein Gebiet im Baltikum, war von 1918 bis 1940 eine unabhängige Republik mit der Hauptstadt Reval. Heute ist das Land als Estnische Sozialistische Sowjetrepublik in die Sowjetunion eingegliedert. Estland liegt am Finnischen Meerbusen, es erstreckt sich zwischen Peipussee und Rigaer Bucht und umfaßt 45 100 Quadratkilometer, auf denen 1,4 Millionen Einwohner leben. Es ist ein wald- und seenreiches Flach- und Hügelland, in dem sich viele Moore befinden. Die Bevölkerung lebt hauptsächlich in der kollektivierten Landwirtschaft vom Anbau von Roggen, Gerste, Kartoffeln, Zuckerrüben, Flachs sowie von der Schweine- und Rinderzucht. An den Küsten und auf den Seen bringt die Fischerei gute Erträge.

Estrich heißt ein Fußbodenbelag, der aus einer weich aufgetragenen Masse besteht, die nach dem Erhärten eine fugenlose Fläche bildet. Der Estrich kann aus Lehm, Kalkmörtel, Gips, Zement, Asphalt oder Steinholz aufgegossen werden.

Etappe nennt man einen Abschnitt. Bei einer Radrennfahrt wird die zurückgelegte Strecke als Etappe bezeichnet. Auch eine Arbeit kann man etappenweise (stückweise) ausführen. Im Krieg nannte man das Gebiet zwischen Kampfgebiet und Heimat ebenfalls Etappe.

Etappenrennen sind Straßenrennen beim Radsport, die sich über Tage oder Wochen erstrecken, z. B. die »Tour de France«.

Ethik ist ein Teilgebiet der Philosophie, das sich mit den menschlichen Handlungen, der Gesinnung und der sittlichen Haltung auseinandersetzt. Sie sucht die Frage zu beantworten, wie der Mensch handeln soll, damit sein Tun der sittlichen Wertvorstellung (Familie, Rechtsordnung, Staat) entspricht. Mit den Fragen der Ethik setzten sich zu allen Zeiten in allen Kulturen die bedeutendsten Philosophen auseinander.

Eton [ihtn], eine Stadt westlich von London, hat 4000 Einwohner und beherbergt die berühmte, 1440 von Heinrich VI. gegründete Schule, das Eton-College.

Etrusker hieß ein antiker Volksstamm, der wahrscheinlich aus Vorderasien stammte und im 8. Jahrhundert v. Chr. nach Italien einwanderte. Die Etrusker gründeten im alten Italien in der Landschaft Etrurien, etwa in der heutigen Toskana, zwölf Städte und beherrschten lange Zeit auch die Stadt Rom. Sie waren geschickte Handwerker, tüchtige Kaufleute und erfahrene Seefahrer.

500 Jahre vor Christi Geburt entstand diese kleine etruskische Bronzeplastik.

Nach dem 5. Jahrhundert v. Chr. wurden sie in blutigen Kämpfen von den Römern unterworfen. Von der etruskischen Kunst zeugen heute noch die in großer Zahl vorhandenen Grabanlagen. Vieles, was die römische Zivilisation auszeichnete, übernahm sie von den Etruskern, zum Beispiel den Straßen- und Tempelbau, auch den Bau der großen Wasserleitungen.

Etsch (italienisch Adige [ahdidsche]) heißt der Hauptfluß Südtirols. Die Etsch entspringt am Reschenscheideck und mündet nach 415 Kilometern südlich von Chioggia in die Adria.

Etymologie ist die Lehre von der Herkunft der Wörter und der Wortfamilien.

Die Etymologie hat die Aufgabe, die ursprüngliche Bedeutung der Wörter zu erkennen und Veränderungen oder abweichende Verwendungen festzustellen.

Etzel heißt der Hunnenkönig Attila in der deutschen Heldensage. König Etzel herrscht im Nibelungenlied als zweiter Gatte Kriemhilds in der Etzelburg.

Euböa, die zweitgrößte Insel Griechenlands, liegt im Ägäischen Meer. Sie hat 165 000 Bewohner, ihre Hauptstadt heißt Chalkis. Die Insel ist durch eine Brücke mit dem Festland verbunden.

Eucharistie bedeutet in der katholischen Lehre das Altarsakrament: Leib und Blut Christi stehen in Gestalt von Brot und Wein im Mittelpunkt des vom Priester vollzogenen Meßopfers.

Eugen, Prinz von Savoyen, lebte von 1663 bis 1736 und wurde schon zu Lebzeiten als der »edle Ritter« gefeiert. Volkslieder haben bis heute seinen Ruhm erhalten, denn Prinz Eugen war einer der größten Feldherren der österreich-ungarischen Monarchie. Er stammte aus einem

Euge

alten savoyischen Adelsgeschlecht und trat in die Dienste Österreichs, da ihn Frankreichs König Ludwig XIV. abgewiesen hatte. Prinz Eugen diente dem Kaiser in vielen Feldzügen, vor allem gegen die Türken. Im Spanischen Erbfolgekrieg kämpfte er gegen Frankreich. Am bekanntesten wurde er durch die Eroberung Belgrads im Krieg gegen die Türken im Jahre 1717. Der Prinz war ein großer Förderer von Kunst und Wissenschaft, er beschäftigte die bedeutendsten Baumeister seiner Zeit. Sein Schloß Belvedere in Wien zählt zu den schönsten Bauten des Barocks. Nicht nur als Feldherr, sondern auch als politischer Ratgeber seines Kaisers zeigte Prinz Eugen sein großes staatsmännisches Können. Als ihm Zar Peter der Große sogar die polnische Krone anbot, lehnte Prinz Eugen ab.

Eugenik nennt man die Erbgesundheitslehre. Diese Wissenschaft befaßt sich mit der Erforschung und Pflege der menschlichen Erbgesundheit. Eugenik soll die Auswirkungen krankhafter Erbanlagen einschränken und die Entwicklung gesunder fördern.

Eukalyptus heißt eine Gattung der Myrtengewächse, die in Australien beheimatet ist. Die raschwüchsigen immergrünen Bäume haben lederartige, sichelförmige Blätter. Sie werden bis über 150 Meter hoch und sind damit die höchsten Bäume der Erde. Ihre Stämme können einen Umfang bis zu 30 Meter erreichen. Wegen des starken Wasserverbrauchs pflanzt man Eukalyptus dort an, wo man dem Boden zuviel vorhandenes Wasser entziehen möchte. Das ätherische Öl, das in den Blättern und im Holz vorhanden ist, wird zu Heilzwecken verwendet. Eukalyptussaft hat hustenstillende Eigenschaften.

Euklid war ein berühmter griechischer Mathematiker, der um 300 v. Chr. in der ägyptischen Stadt Alexandria lebte. Er faßte die Lehren der früheren griechischen Mathematiker in einem umfangreichen Werk zusammen. Seine geometrischen Erkenntnisse bilden noch heute die Grundlage der Geometrie.

Eulen sind Vögel, die in der Dämmerung und nachts auf Raub ausgehen. Ihr weiches und lockeres Gefieder läßt ihren Flug dabei fast völlig geräuschlos sein. Der kurze Hakenschnabel und die scharfen Sichelkrallen lassen die Eulen ihr Opfer im Flug packen. Die unbeweglichen, nach vorn gerichteten Augen sind oft von einem Federkranz, dem Schleier, umgeben, der den Vögeln ihren typischen Eulenblick verleiht.

Zu den Eulenvögeln gehören die Schleiereule, die Waldohreule und der Steinkauz. Die größte europäische Eule ist der Uhu. Er ist bei uns leider nahezu ausgerottet. Man erkennt den Uhu an seinen Ohrfedern. Es gibt rund 145 verschiedene Arten der über die ganze Erde verbreiteten Eulen. Von jeher galt die Eule im Volksglauben als Glücks- oder Unglücksbringer.

Eulengebirge heißt ein Teil des Sudetengebirges. Das Eulengebirge ist ein langgestreckter, bewaldeter Gneisrücken, der zwischen Weistritz und der Glatzer Neiße liegt.

Eulenschmetterling ist ein Nachtfalter, der auf den Vorderflügeln eine dunkle »Eulenzeichnung« trägt. Die Raupen dieser Schmetterlinge sind schädlich, da sie Gemüsepflanzen befallen.

Eulenspiegel, Till, soll 1350 in Mölln, wo man seinen Grabstein zeigt, gestorben sein. Die Streiche des niederdeutschen bäuerlichen

Dieser historische Stich zeigt den berühmten Schelm mit seinen Wahrzeichen, der Eule und der Schelmenkappe.

»Schalksnarren« wurden im 15. Jahrhundert zusammengetragen, niedergeschrieben und in einem Volksbuch aufgezeichnet.

Eunuchen waren die durch Kastration zeugungsunfähig gemachten Männer, die am byzantinischen Kaiserhof, im Kaiserpalast zu Peking wie auch in den Palästen der Sultane und Paschas im Vorderen Orient zur Bewachung der Frauengemächer, also des Harems, verwendet wurden. Am byzantinischen und chinesischen Hof erlangten die Eunuchen oft einflußreiche politische Stellungen. Durch das Fehlen der Hoden bedingt, veränderte sich die Konstitution dieser Menschen. Der Körper wurde füllig und nahm weibliche Formen an. Die Stimme war hoch. Ähnliche Anzeichen entstehen auch

Euph

infolge verminderter Keimdrüsentätigkeit bei Knaben und Männern. Die Ursache liegt in einem Entwicklungsmangel.

Euphorie ist die Bezeichnung für eine Hochstimmung, für besondere Wohlgestimmtheit. Eine Euphorie kann auch durch Alkohol, Kaffee, Tee oder Drogen künstlich erzielt werden. Es gibt auch die sogenannte hochgradige Euphorie, die ein Zeichen für die Erkrankung des Gehirns ist. Das Wort stammt aus dem Griechischen.

Euphrat heißt der größte Strom Vorderasiens. Er entspringt in der östlichen Türkei und ist 2700 Kilometer lang. Mit dem Tigris umschließt er das Zwischenstromland Mesopotamien. Die beiden Ströme vereinigen sich zum Schatt el-Arab. Dieser mündet in zwei Armen in den Persischen Golf.

Eurasien wird die größte zusammenhängende Landmasse der Erde genannt, die aus Europa und Asien besteht.

Eurasier oder Anglo-Inder heißen die Nachkommen von Europäern und Inderinnen.

EURATOM ist die Abkürzung für die Europäische Atomgemeinschaft.

Euripides lebte von 480 bis 406 v. Chr. Er war neben Aischylos und Sophokles der größte griechische Tragödiendichter. Von seinen 92 Dramen sind bis in unsere Zeit 19 erhalten. Am bekanntesten sind die Trauerspiele ›Medea‹, ›Elektra‹ und ›Iphigenie in Aulis‹.

Europa
Die Alte Welt

Europa ist mit 10 Millionen Quadratkilometern der zweitkleinste Kontinent der Erde. Europa befindet sich mit Asien zusammen auf einem Kontinentalsockel, deshalb werden sie auch kurz als Eurasien bezeichnet. Europa hat 650 Millionen Einwohner und ist damit von allen Erdteilen, gemessen an seiner Fläche, am dichtesten besiedelt.

Die Grenze zu Asien bilden das Uralgebirge und der Uralfluß. Im Norden, Westen und Süden wird der Kontinent durch den Atlantischen Ozean mit seinen Nebenmeeren begrenzt.

In Nord- und Mitteleuropa befinden sich große Gebirgszüge, von den die Alpen die höchsten Erhebungen aufweisen (4807 Meter). In Westeuropa wechseln sich Bergländer und Flußebenen ab, in Osteuropa gibt es weite Tiefebenen. Die durch Ruß-

Euro

land fließende Wolga ist der größte europäische Strom (3688 Kilometer lang). An zweiter Stelle mit 2850 Kilometern steht die Donau, die vom Schwarzwald bis ins Schwarze Meer fließt.

Europas Klima ist durch den warmen Golfstrom vom Meer her beeinflußt. In West- und Mitteleuropa, dem größten Teil Europas, ist es deshalb mild und feucht. Südeuropa ist im Gegensatz dazu heiß und trocken. In Nord- und Osteuropa gibt es besonders kalte Winter.

Früher lebten in den meist immergrünen Wäldern, die zum größten Teil Europa bedeckten, Luchs, Wolf, Bär und Wildschwein. Diese Tiere kommen heute in Freiheit nur noch selten vor. Heute gibt es in unseren Wäldern Hirsche, Rehe, Füchse und Hasen.

Die Menschen, die in Europa leben, kann man zwar als Europäer bezeichnen, sie bilden aber keine einheitliche Rasse, und sie sprechen viele Sprachen (über 70). 25 Prozent der europäischen Bevölkerung gehören zu den romanischen Völkern (Franzosen, Spanier, Italiener, Portugiesen, Rumänen), 30 Prozent bilden die germanischen Völker (Skandinavier, Niederländer, Deutsche und Engländer), 35 Prozent sind Slawen (Polen, Tschechen, Slowaken, Serben, Kroaten, Bulgaren, Weißrussen und Ukrainer). Außerdem leben in Europa kleinere Völker, wie die Kelten (Schotten, Iren, Waliser), die Finnen (Finnen, Esten, Lappen), die Madjaren (Ungarn). Die europäische Kultur hat bedeutenden Einfluß ausgeübt auf: Amerika, Australien, aber auch auf den Norden Asiens sowie Teile Afrikas. Schon im Altertum wurden weite Teile Europas durch die griechisch-römische Kultur geprägt; sie ermöglichte auch die Ausbreitung des Christentums in Europa. Nach dem Zusammenbruch des römischen Weltreiches unter dem Ansturm der Völkerwanderung im 5. Jahrhundert nach Chr. entstanden die mächtigen Reiche des christlichen Abendlands. Auf Entdeckungsfahrten im 15. und 16. Jahrhundert eroberten die europäischen Herrscher zahlreiche Kolonien, die sich rund um den Erdball ausdehnten. Jahrhundertelang war diese Macht ungebrochen.

Revolutionen und Kriege aber erschütterten schließlich auch Europa. Nach dem zweiten Weltkrieg, der Europa in weiten Teilen verwüstete, gelang der Wiederaufbau, der Europas Industrienationen wieder eine führende Stellung auf dem Weltmarkt verschaffte.

Während es in Westeuropa eine freie Wirtschaft gibt, wird in den osteuropäischen Ländern seit 1945 Planwirtschaft betrieben.

Der Europagedanke will erreichen, die europäischen Länder zu einem »Vereinten Europa« zusammenzuschließen, damit die großen Aufgaben und Probleme der Zukunft von allen Europäern gemeinsam gemeistert werden können.

• • •

Euro

Europabewegung nennt sich eine politische Organisation, die als ihr Ziel die Gründung der Vereinigten Staaten von Europa anstrebt. Sie wurde 1923 von dem Österreicher Graf Coudenhove-Kalergi gegründet und nach dem 2. Weltkrieg auf Anregung Winston Churchills 1948 wieder ins Leben gerufen. Die Europabewegung führte zur Gründung des Europarats.

Europäische Atomgemeinschaft, abgekürzt EURATOM, heißt ein Zusammenschluß der Mitgliedsstaaten der Europäischen Wirtschaftsgemeinschaft zwecks friedlicher Nutzung der Atomenergie. EURATOM führt ein umfangreiches Forschungsprogramm durch. Siehe auch Stichwort »Europäische Gemeinschaften«.

Europäische Freihandelsgemeinschaft (European Free Trade Association, abgekürzt EFTA) ist die Bezeichnung für den wirtschaftlichen Zusammenschluß der Länder Finnland (assoziiert), Island, Norwegen, Österreich, Portugal, Schweden und Schweiz. Die EFTA hat im wesentlichen den Abbau der Zölle und der Einfuhrbeschränkungen unter den Mitgliedsländern herbeigeführt. Ursprünglich gehörten auch Dänemark, Großbritannien und Irland zur EFTA. Seit ihrem Beitritt zu den Europäischen Gemeinschaften (EG) am 1. 1. 1973 spricht man von den verbleibenden EFTA-Ländern auch als »Rest-EFTA«.

Europäische Gemeinschaften, abgekürzt EG, ist die zusammenfassende Bezeichnung für die Europäische Wirtschaftsgemeinschaft, die Montanunion und die Europäische Atomgemeinschaft. Gemeinsame Organe sind das Europäische Parlament in Straßburg und der Europäische Gerichtshof in Luxemburg; seit 1967 gibt es auch eine gemeinsame Kommission in Brüssel und einen gemeinsamen Ministerrat, der abwechselnd in Brüssel oder Luxemburg tagt. Ziel der EG ist es, über die wirtschaftliche Zusammenarbeit schließlich auch die politische Vereinigung Europas zu erreichen. Mitglieder der EG sind Belgien, die Bundesrepublik Deutschland, Frankreich, Italien, Luxemburg und die Niederlande, seit dem 1. 1. 1973 auch Dänemark, Großbritannien und Irland.

Europäische Gemeinschaft für Kohle und Stahl, abgekürzt EGKS, siehe unter dem Stichwort »Montanunion«.

Europäisches Nordmeer ist die Bezeichnung des nördlichsten Teils des

Die Flagge des Europarats (goldene Sterne auf blauem Grund) ist das Symbol der Bemühungen um den Zusammenschluß der europäischen Staaten auf demokratischer Grundlage zu einem »Vereinten Europa«.

Die »Europaflagge« zeigt ein grünes E auf weißem Grund.

Atlantischen Ozeans, der zwischen Grönland und der Polarschwelle von Spitzbergen liegt. Es ist etwa 2,75 Millionen Quadratkilometer groß, im Durchschnitt 1800 Meter tief, an der tiefsten Stelle etwa 4000 Meter. Im Europäischen Nordmeer gibt es wichtige Fanggründe für Fische (Kabeljaus und Heringe) sowie Jagdgebiete für Robben.

Europäisches Parlament heißt eine Versammlung von Vertretern der in den Europäischen Gemeinschaften zusammengeschlossenen Staaten. Sitz des Europäischen Parlaments ist Straßburg. Die Befugnisse des Europaparlaments sind noch gering.

Europäische Wirtschaftsgemeinschaft ist die Bezeichnung für den wirtschaftlichen Zusammenschluß der Bundesrepublik Deutschland mit Dänemark, Frankreich, Großbritannien, Irland, Italien und den drei Beneluxstaaten. Ziel der EWG ist die Schaffung eines gemeinsamen Markts; die gemeinsame Zollgrenze wurde 1968 erreicht. Siehe auch Stichwort »Europäische Gemeinschaften«.

Europarat wird eine Organisation genannt, die die politische, wirtschaftliche und kulturelle Zusammenarbeit europäischer Staaten zum Ziel hat. Mitgliedsländer sind Belgien, Dänemark, die Bundesrepublik Deutschland, Frankreich, Griechenland, Großbritannien, Irland, Island, Italien, Luxemburg, Malta, die Niederlande, Norwegen, Österreich, Schweden, die Türkei und Zypern. Diese Staaten haben die Europäische Konvention über die Menschenrechte und Grundfreiheiten unterzeichnet. Sitz der Organisation ist Straßburg.

Europid nennt man alle zum europäisch-südeurasischen Rassenkreis gehörenden Menschen. Es wird heute zwischen der nordischen, mediterranen, alpinen, dinarischen und osteuropiden Rasse unterschieden. Diese einzelnen Rassen und ihre Randformen sind nicht nur durch körperliche Merkmale, wie zum Beispiel Haarfarbe, Kopf- und Gesichtsform, verschieden, auch im Wesen zeigen sich Unterschiede. So sind die südländischen Menschen temperamentvoll und begeisterungsfähig, die Nordeuropäer dagegen mehr zurückhaltend oder sogar verschlossen.

Eurovision ist ein Kurzwort, das aus den Wörtern europäisch und Television zusammengezogen wurde. Diese Organisation ist ein Zusammenschluß von Rundfunkgesellschaften Westeuropas und Nordamerikas zum Austausch von Fernsehprogrammen. Sie wurde 1954 zum Zwecke der Kettenübertragung von Fernsehsendungen gegründet.

Euter heißt die 2–4zitzige, beutelförmige Milchdrüse eines weiblichen Hornviehs. Das Euter enthält ein

Kuheuter im Querschnitt
1 Milchgänge
2 Milchgänge
3 Zitzenkanal
4 Milchzisterne
5 Drüsenlappen

Drüsengewebe, das die Milch absondert, außerdem Milchkanäle, Sammelräume und Stützgewebe. An den Ausgängen befinden sich die Zitzen (Saugwarzen), die durch einen Schließmuskel verschlossen sind. Dieser Schließmuskel öffnet sich erst beim Säugen des Jungtiers oder beim Melken. Kühe haben auf jeder Seite des Euters zwei, Schafe und Ziegen auf beiden Seiten nur je eine Zitze.

Euthanasie bedeutet »schöner Tod«. Das Wort stammt aus dem Griechischen. Man versteht darunter die Erleichterung für einen Sterbenden, zum Beispiel durch bewußtseinslähmende Mittel. Die Euthanasie ist rechtlich nur dann zulässig, wenn damit keine Abkürzung des Lebens verbunden ist. Ein Arzt darf den Tod nicht herbeiführen, selbst dann nicht, wenn ihn der Sterbende ausdrücklich darum bittet.
Mißbräuchlich wurde der Begriff Euthanasie im Dritten Reich für die Tötung von Geisteskranken verwendet.

Evakuieren nennt man das Räumen eines Gebiets aus Sicherheitsgründen. Die Bevölkerung kann evakuiert werden bei drohenden Kampfhandlungen, aus erdbebengefährdeten Gebieten und bei Verseuchung durch Gifte oder radioaktive Strahlung, ebenso natürlich bei Brand- oder Überschwemmungsgefahr. Die Evakuierung eines Gebiets wird von den dafür zuständigen Behörden angeordnet.
Unter Evakuierung versteht man auch das Auspumpen eines Gefäßes zur Schaffung eines luftleeren Raums.

Evangelische Kirche in Deutschland (abgekürzt EKD oder EKiD) ist der offizielle Name der Vereinigung der deutschen evangelischen Christenheit. Die EKD ist ein Bund der lutherischen, reformierten und unierten Kirchen. Ihre Aufgabe ist es, sich um die Vertiefung der Gemeinschaft zwischen den einzelnen Gliedkirchen zu bemühen sowie die gesamtkirchliche Arbeit zu fördern. Die Gesamtzahl der in der EKD zusammengefaßten Gläubigen liegt bei 29 Millionen.

Evangelium ist in der christlichen Lehre »die Frohe Botschaft«, die Jesus Christus als Heiland im Auftrag von Gottvater den Menschen verheißt. Evangelien nennt man auch die Schriften der vier Evangelisten Matthäus, Markus, Lukas und Johannes. Diese Schriften sind die ersten vier Bücher des Neuen Testaments.

Evans, Sir Arthur [äwnß], war ein englischer Archäologe, der von 1851 bis 1941 lebte. Seine Forschungen auf Kreta, die er auf eigene Kosten unternahm, führten zur Entdeckung des Palastes von Knossos aus dem 2. Jahrtausend v. Chr. Seither wissen wir, daß Kreta das Zentrum der hochstehenden minoischen Kultur war.

Eventuell bedeutet gegebenenfalls, möglicherweise eintretend, unter Umständen.

Everest oder Mount Everest [maunt äwereßt], auf tibetisch Tschomolungma, heißt der höchste Berg der

EVOLUTION

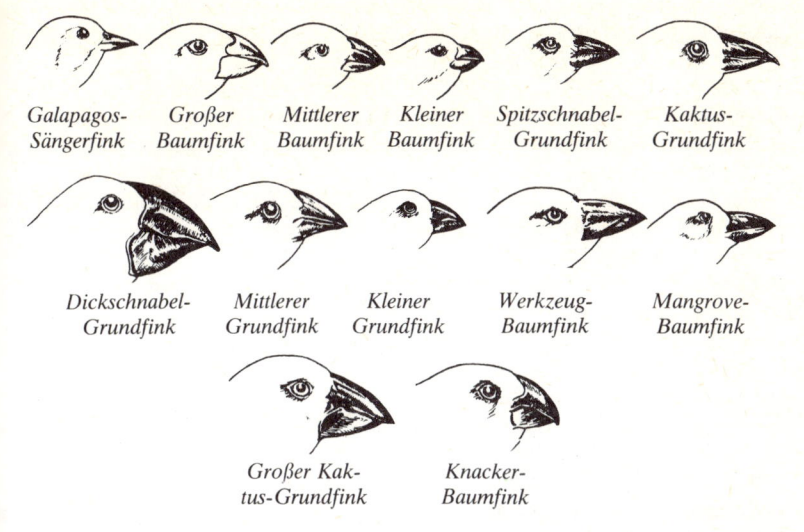

Galapagos-Sängerfink — *Großer Baumfink* — *Mittlerer Baumfink* — *Kleiner Baumfink* — *Spitzschnabel-Grundfink* — *Kaktus-Grundfink* — *Dickschnabel-Grundfink* — *Mittlerer Grundfink* — *Kleiner Grundfink* — *Werkzeug-Baumfink* — *Mangrove-Baumfink* — *Großer Kaktus-Grundfink* — *Knacker-Baumfink*

Alle Finkenarten der Galapagosinseln, die diese Skizze zeigt, stammen von einer einzigen Art ab, die einmal vor Tausenden von Jahren vom amerikanischen Kontinent herüberkam. Ihre Nachkommen nutzten alle Lebensmöglichkeiten aus, die ihnen ihre neue Heimat bot. Jeder einzelne Vogel konnte sich durch Anpassung an die Nahrungsverhältnisse weiterentwickeln. Die entstandenen Finkenarten unterscheiden sich durch die Schnäbel: Die einen entwickelten sich zu Körnerfressern, die anderen vertilgen Insekten, die sie mit spitzem Schnabel aus der Rinde der Bäume holen.

Erde. Er ragt im östlichen Himalaja 8848 Meter empor. Seit 1921 wurde seine Besteigung immer wieder versucht. Sie glückte erstmals 1953 dem Neuseeländer Hillary und dem Nepalesen Tensing.

Evergreen [äwagrihn] ist das englische Wort für immergrün. Unter Evergreens versteht man Stücke der Unterhaltungs- und Tanzmusik, die viele Jahre lang beim Publikum beliebt sind.

Evolution [ehwo-] heißt das aus dem Lateinischen stammende Wort für Entwicklung. Es bedeutet im Geschichtsablauf die friedliche Fortentwicklung der Menschen. Im Gegensatz dazu steht der gewaltsame Entwicklungseingriff, die Revolution.

In der Biologie ist Evolution die stammesgeschichtliche Entwicklung der heutigen Formenvielfalt in der Natur, die auf einfache Lebewesen zurückgeht. Die Ursachen der Evolution, zum Beispiel bei den Tieren, sind die besonderen Eigenschaften, die sich beim Überlebenskampf herausgebildet haben.

EWG ist die Abkürzung für Europäische Wirtschaftsgemeinschaft.

Exaltiert wird ein Mensch genannt,

Exam

der stets überspannt oder überreizt ist. Das Wort kommt aus dem Lateinischen.

Examen ist eine Prüfung. Die Mehrzahl heißt Examina. Der Prüfer ist der Examinator, der Prüfling der Examinand.

Exekution nennt man die Eintreibung einer Schuld auf Grund einer gerichtlichen Anordnung, also eine Pfändung. Unter Exekution versteht man auch die Hinrichtung eines zum Tode Verurteilten.

Exekutive ist das lateinische Wort für Vollziehung. Die Exekutive verkörpert die vollziehende Gewalt. Das sind die mit der Durchführung der erlassenen Gesetze beauftragten Behörden. Zur Exekutive gehört also ein Ministerpräsident ebenso wie ein Polizist. Der Exekutive stehen die gesetzgebende Staatsgewalt (Legislative) und die richterliche Gewalt gegenüber.

Exemplar (nach dem lateinischen Wort für »Beispiel«) ist das Einzelstück einer in Vielzahl vorkommenden Sache oder Art.

Exerzieren nannte man früher die Ausbildung der Soldaten durch verschiedene körperliche Übungen.

Exhibitionismus, ein Fremdwort aus dem Lateinischen, bedeutet vorführen, etwas zur Schau stellen. Unter Exhibitionismus versteht man eine sexuelle Triebstörung bei Erwachsenen, die vor allem bei Männern auftritt. Oft sind diese Menschen in Wirklichkeit schüchtern und ängstlich. Vielfach sind sie schon durch Kindheitseindrücke und -erlebnisse seelisch krank geworden. Exhibitionisten empfinden eine sexuelle Befriedigung dabei, wenn sie sich vor anderen entblößen, ihre Geschlechtsteile (Genitalien) vorzeigen und damit Frauen und Kinder erschrecken.

Wer auf einen Exhibitionisten trifft, sollte schnell weglaufen und den nächsten Erwachsenen oder gleich die Polizei auf den nackten Mann aufmerksam machen. Im allgemeinen sind diese Menschen ungefährlich, ihre Krankheit kann durch Psychotherapie geheilt werden. Exhibitionismus wird wegen Erregung öffentlichen Ärgernisses bestraft.

Exil ist das aus dem Lateinischen stammende Wort für die Verbannung und gleichzeitig auch für den Verbannungsort. Man kann auch freiwillig ins Exil gehen, wenn einem aus politischen Gründen Verfolgung droht.

In der Weltgeschichte gab es immer wieder sogenannte Exilregierungen, die von politischen Flüchtlingen im Exil gegen die tatsächlich machthabende Regierung im Heimatstaat aufgestellt wurden.

Existentialphilosophie oder Existentialismus nennt man eine Richtung der Philosophie im 20. Jahrhundert, die fragt, wie sich der Mensch ohne Bezug zum Jenseits, allein auf sich gestellt, in der menschlichen Gesellschaft verwirklichen kann. Der Existentialismus hat auch die Literatur beeinflußt. Die Hauptvertreter dieser Philosophie sind die Philosophen Heidegger, Jaspers sowie die französischen Schriftsteller Sartre und Camus.

Exklave nennt man einen Gebietsteil des eigenen Staats, der von fremdem Staatsgebiet umschlossen ist. – Gegensatz: Enklave.

Exkommunikation ist die schwerste Strafe, die die katholische Kirche über einen Gläubigen verhängen kann. Sie wird ausgesprochen, wenn sich ein Katholik gegen die Gesetze der Kirche stellt. Diese Strafe bedeutet den Ausschluß von allen kirchlichen Sakramenten.

Exkremente oder Fäkalien werden die vom menschlichen oder tierischen Körper nicht mehr verwertbaren Stoffe genannt, die durch den Darm als Kot ausgeschieden werden.

Exkursion nennt man einen zu Lehrzwecken unternommenen Ausflug, etwa eine Wanderung oder eine Besichtigung mit fachkundiger Führung.

Exlibris wurden früher in die Bücher vieler Privatbibliotheken geklebt. Das Exlibris ist ein Zettel mit dem Namen des Eigentümers, der in die Innenseiten des Buchdeckels geklebt wurde. Diese Bücherzeichen wurden viele Jahrhunderte hindurch kunstvoll ausgeschmückt und besitzen heute sowohl künstlerischen wie auch kulturhistorischen Wert.

Exoten ist die Gesamtbezeichnung für Menschenrassen, Tiere oder Pflanzen, die aus einem fremdländischen, besonders aus einem tropischen Gebiet stammen. Das fremdartige Aussehen dieser Lebewesen wird als exotisch bezeichnet.

Expansion – ein Wort aus dem Lateinischen – bedeutet in der Politik die Ausweitung des politischen Einflusses, des Machtbereichs. In der Wirtschaft bedeutet das gleiche Wort eine steigende Konjunktur, also eine Steigerung von Produktion und Verkauf. In der Physik versteht man unter Expansion die Ausdehnung von Gasen, verbunden mit einer Druckminderung.

Expedition kommt aus dem Lateinischen und bedeutet eine Forschungsreise in noch unerforschte oder wenig erforschte Gebiete. Eine Expedition kann der geographischen Erkundung oder Erforschung von Tieren, Pflanzen oder auch fremden Volksstämmen dienen. Unter Expedition versteht man aber auch das Befördern und Versenden von Ware durch die Versandabteilung eines Unternehmens.

Experiment wird ein planmäßig durchgeführter wissenschaftlicher, unter Umständen gefährlicher Versuch genannt. Das Wort kommt aus dem Lateinischen.

Experte ist ein Sachverständiger, der sich durch Ausbildung und Erfahrung auf einem bestimmten Gebiet ein überdurchschnittliches Wissen erworben hat. Der Experte wird auch als Gutachter zugezogen oder gehört. Experten können unter Umständen bei einer Gerichtsverhandlung ein Gutachten abgeben. Experten, die auf die Begutachtung von Kunstwerken spezialisiert sind, stellen Gutachten (Expertisen) aus, die die Echtheit eines Gemäldes belegen sollen.

Explosionen ereignen sich durch das plötzliche Freiwerden großer Mengen von Verbrennungsgasen infolge

Expo

schlagartiger Entzündung. Die dabei entstehende große Druckwelle verursacht einen heftigen Knall. Explosionen können zerstörende Wirkung haben. Sie werden bei Geschossen aller Art, aber auch bei den Explosionsmotoren, wie dem Diesel- und Benzinmotor, gezielt eingesetzt.

Export nennt man die Ausfuhr von Waren, also den Außenhandel eines Landes. Das Gegenteil von Export, also die Einfuhr von Waren, heißt Import.

Expreß wird im Eisenbahnverkehr ein Fernschnellzug genannt. Expreßgut nennt man Stückgut, das im Packwagen von Personen- oder Schnellzügen befördert wird, damit es schnellstmöglich an seinen Bestimmungsort gelangt.

Expressionismus (Ausdruckskunst) heißt eine Kunstrichtung im ersten Viertel des 20. Jahrhunderts. Expressionistische Maler, Bildhauer und Dichter beabsichtigten, seelischen Empfindungen überdeutlichen Ausdruck in Wort oder Bild zu verleihen.

Der Expressionismus war eine europäische Bewegung. Er lehnte es ab, Kunst zu machen, die nur dem ästhetischen Genuß gerecht werden konnte. Die Werke dieser Bewegung sind deshalb leidenschaftliche Aussagen oder Anklagen, die in grellen Farben, bizarren Formen und im Theater lautstark die Wirklichkeit zu gestalten versuchen. Bedeutende Expressionisten waren in der Malerei Kirchner, Nolde, Marc, Kokoschka und Beckmann, in der Plastik Barlach und Lehmbruck, in der Dichtung Benn, Trakl und Brecht.

Exquisit ist das aus dem Lateinischen stammende Fremdwort für auserlesen. Ein Festessen z. B. kann exquisit sein.

Extemporale nennt man an Oberschulen eine schriftliche Prüfungsarbeit ohne Hilfsmittel, die vom Lehrer – leider – nicht angekündigt wird.

Exterritorialität, ein Begriff, der vom lateinischen »extra territorium« stammt, bedeutet »außerhalb des Staatsgebiets«. Man versteht darunter einen Status, nach dem die Grundstücke, Gebäude sowie Autos der Botschaften und Gesandtschaften fremder Staaten nicht den Gesetzen des Gastlands unterworfen sind. In ihnen kann daher beispielsweise auch politischen Flüchtlingen Asyl gewährt werden, ohne daß die Polizei des Gastlands dort eindringen darf.

Extrakte sind durch Kochen eingedickte Obst- oder Pflanzensäfte. Es gibt auch Extrakte anderer Nahrungsmittel (Malz- und Fleischextrakte). Ein Extrakt aus fleischigen Früchten, wie Beeren oder Wurzeln, wird Mus genannt. Auch aus Fichtennadeln stellt man einen Extrakt her, der wegen seines würzigen Dufts als Badewasserzusatz beliebt ist.

Extravagant nennt man einen ungewöhnlich erscheinenden, ausgefallenen oder überspannten Geschmack, besonders in der Mode.

Extravertiert (extrovertiert) ist ein aufgeschlossener, an vielen Dingen des Lebens interessierter Mensch, der sich gern tatkräftig für etwas einsetzt. Im Gegensatz dazu steht der

SÜSSWASSERFISCHE

Hecht

Forelle

Karpfen

Barbe

Zander

Schlei

Barsch

Wels

FLAGGEN I

Afghanistan N	Ägypten K, ohne Anker H und N	Algerien N	Argentinien K, ohne Sonne H	Äthiopien
Australien N, mit rotem Grund H	Belgien D, ohne Abz. N und H	Birma N	Bolivien N	Brasilien N, K und H
Bulgarien N und H	Ceylon N 1)	Chile N, K und H	China (Volksrepublik) N	Costa Rica K, ohne W:H
Dänemark K, ohne Spitzen N und H	Deutschland: Bundesrep. Dtl. D 2)	Dominikanische Rep. K, ohne W:H	Finnland K, ohne Spitzen u. W:N u. H	Frankreich N, K und H
Ghana N 3)	Griechenland K, ohne Krone:H 4)	Großbritannien und Commonwealth N	Guatemala K, ohne W:H	Guinea N
Haiti K, ohne Wappenfeld H	Honduras N	Indien N	Indonesien N	Iran K, ohne W:N und H
Irland N, K und H	Island N und H	Israel N	Italien K, ohne Krone H, ohne W:N	Japan N und H
Jordanien N	Jugoslawien N und H	Kanada N und H, mit blauem Grund D	Kolumbien H, ohne Abz. N, mit W:K	Korea (Süd) N
Korea (Nord) N	Kuba N, K und H	Libanon N	Liberia N, K und H	Madagaskar N

FLAGGEN II

Marokko N und H	Mexiko K, ohne W:H	Niederlande N, K und H	Nigeria N und H	Norwegen K, ohne Spitzen N und H
Österreich N und H	Pakistan N 5)	Panama N	Paraguay N, K und H	Peru K, ohne W:H
Philippinen N	Polen K, ohne Spitzen: H, H ohne W:N	Portugal N, K und H	Rumänien N, ohne W:H	Saudi-Arabien N
Schweden K, ohne Spitzen N und H	Schweiz H, quadratisch:N	Sowjetunion N und H	Spanien K, ohne W:N und H	Südafrika N und H
Taiwan H, ohne Streifen N und K	Thailand K, ohne Abz. N und H	Tschechoslowakei K, ohne Abz. N und H	Tunesien N	Türkei N, K und H
Ungarn N und H	Uruguay N, K und H	Vatikanstadt	Venezuela K, ohne W:H	Vereinigte Staaten N, K und H
Zaire N				

N = Nationalflagge
H = Handelsflagge
L = Landesflagge
K = Kriegsflagge
D = Dienstflagge
W = Wappen

Anmerkungen:

1. *Ceylon* H und K: wie Indien H und K mit Oberecke Ceylon N. 2) *Deutschland:* mit Einschnitt wie Polen K: D der Schiffe der Bundeswehr. Die gleichen Farben werden in der DDR geführt, aber mit dem dortigen Wappen in der Mitte als N, in der Oberecke als H; N mit Kranz um das Wappen: D der Nationalen Volksarmee; dieses ganze Emblem auf schwarz-rot-goldenen Streifen in rotem Grund: D der Volksmarine. 3) *Ghana* H: wie Indien H mit Oberecke Ghana N. 4) *Griechenland:* an Land wird als N nur ein weißes Kreuz auf blauem Grund geführt. 5) *Pakistan* H: wie Indien H mit Oberecke Pakistan N. *Ecuador:* wie Kolumbien, ohne Abzeichen: H, mit anderem W: K; *Monaco:* wie Indonesien.

MEERESFISCHE

Hai

Hering

Stör

Thunfisch

Schellfisch

Scholle

introvertierte Mensch, der verschlossen, ganz in sich versponnen seinen Gedanken lebt.

Extrem bedeutet äußerst, auch übertrieben oder maßlos. Man spricht von extremen Temperaturschwankungen, wenn die Nächte sehr kalt und die Tage überdurchschnittlich heiß sind. Extreme Ansichten kann man beispielsweise in der Politik vertreten.

Extremitäten sind die Gliedmaßen, also Arme und Beine.

Exzellenz ist ein Ehrentitel. In Deutschland und Österreich ist er seit 1919 abgeschafft, in anderen Ländern steht er hohen Regierungsbeamten zu. Im diplomatischen Verkehr werden Botschafter und Gesandte als Exzellenzen bezeichnet, in der katholischen Kirche die Bischöfe.

Exzentriker werden Menschen mit ungewöhnlichen, überspannten Neigungen genannt. Im Zirkus versteht man unter diesem Begriff einen akrobatischen Clown.

Exzeß nennt man eine Maßlosigkeit, eine Ausschreitung. Man kann etwas bis zum Exzeß treiben, z. B. das Trinken von Alkohol. Das Wort kommt aus dem Lateinischen.

Eyck, Jan van, war ein berühmter niederländischer Maler, der von 1390 bis 1441 lebte. Sein bedeutendstes Werk ist der »Genter Altar«. Mit diesem Altarbild begann die neue realistische Malerei nördlich der Alpen. Jan van Eyck gilt als der Erfinder der Ölmalerei. Sein künstlerischer Ruhm war schon zu seinen Lebzeiten weit verbreitet. Generationen von Nachfolgern in ganz Europa wurde er zum Vorbild. Die niederländische Malerfamilie der van Eycks hat im 15. Jahrhundert weitere berühmte Künstler hervorgebracht.

F

Fabeln sind kurze Geschichten oder Gedichte, die durch Gleichnisse belehren sollen. Die Hauptpersonen in Fabeln sind oft Tiere, die wie Menschen reden und handeln, so daß dadurch die menschlichen Schwächen aufgezeigt werden. Bedeutende Fabeldichter waren der Grieche Äsop, der Franzose Lafontaine sowie die deutschen Dichter Gellert und Lessing.

Fabeltiere nennt man Phantasiegeschöpfe in Märchen und Sagen, so z. B. den Drachen, das Einhorn und den Vogel Greif.

Fabrik ist die Bezeichnung für einen größeren Produktionsbetrieb, in dem unter Zuhilfenahme von Maschinen Massengüter hergestellt werden. Typisches Kennzeichen einer Fabrik ist die Fließbandarbeit.

Facette heißt eine eckig geschliffene Fläche bei Edelsteinen oder Glas. Eine Facette hat oft fünf, sechs oder mehr Ecken.

Aus Facetten setzt sich auch die Oberfläche der meisten Insektenaugen zusammen. Dabei bildet jede dieser Flächen die Lichteintrittsöffnung eines der vielen Einzelaugen, aus denen das Facettenauge besteht.

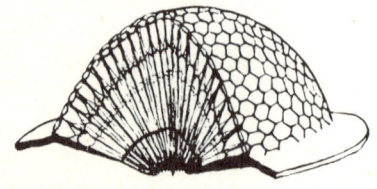

Angeschnittenes Facettenauge eines Insekts

Facharbeiter nennt man einen durch berufliche Lehre speziell ausgebildeten Arbeiter.

Facharzt darf sich ein Arzt nennen, wenn er sich auf einem Gebiet spezialisiert hat. Es gibt zum Beispiel Fachärzte für Kinderkrankheiten, für Hals-, Nasen- und Ohrenkrankheiten sowie für psychische Leiden usw.

Fachschulen heißen Tages- oder Abendschulen, die auf den allgemeinbildenden Schulen aufbauen und ein vertieftes Berufswissen vermitteln. Es gibt landwirtschaftliche, gewerbliche und Wirtschafts-Fachschulen.

Fachwerk heißt die Bauweise, bei der zuerst ein Gerüst für die Wände errichtet wird. Dieses bestand früher aus Holz, heute wird es aus Stahl oder aus Stahlbeton gebaut. Die Zwischenräume, die »Fächer«, werden anschließend mit Ziegelsteinen oder Beton ausgefüllt. Bei den Fachwerkbauten früherer Zeiten verwendete man dazu Lehm; die Balken wurden nicht verputzt, sie gliederten die Fassaden und waren oft mit Schnitzereien reich verziert.

Fackeln bestehen meist aus Holzstäben, die mit groben Gewebe umwickelt sind, das mit Wachs, Harz oder Teer getränkt ist. Wenn man sie anzündet, leuchten sie mit hellodernder Flamme. Es gibt Fackeln, die Magnesium enthalten und daher sogar unter Wasser sehr hell brennen. Die Fackel bildete bis ins frühe Mittelalter hinein das Hauptbeleuchtungsmittel. Heute werden Fackeln noch bei der Erforschung von Höhlen verwendet.

Fadenmoleküle werden Moleküle genannt, in denen zwischen 1000 und 1 000 000 000 Atome fadenartig hintereinandergereiht sind. Fadenmoleküle finden sich in Kautschuk und Wolle, in Seide und Zellulose. Sie lassen sich auch synthetisch, also künstlich, aufbauen; deshalb gibt es die Kunstfasern.

Fadenwürmer heißt eine Klasse runder Schlauchwürmer, die bis zu einem Meter lang und bis zu zwölf Millimeter dick werden können. Meistens sind sie jedoch unter einem Zentimeter lang. Sie besitzen nur Längsmuskeln und können sich daher bloß schlängelnd fortbewegen. Sie leben entweder frei oder schmarotzen im Körper von Mensch, Tier und Pflanze. Hier werden sie zu gefährlichen Krankheitserregern. Zu den Fadenwürmern gehören der Spulwurm und die Trichine.

Fähre ist die Bezeichnung für ein Wasserfahrzeug, das Personen oder Fahrzeuge über Flüsse, Seen oder Meeresarme befördert. Fähren wurden früher mit Tier- oder Menschenkraft betrieben, heutzutage sind sie fast alle motorisiert. Bei Flußfähren wird allerdings oft auch die Strömung als Antriebskraft ausgenutzt. Es gibt Fähren, auf denen ganze Eisenbahnzüge transportiert werden.

Fährte werden die im weichen Boden oder im Schnee erkennbaren, hintereinanderliegenden Fußabdrücke von Tieren genannt. Die

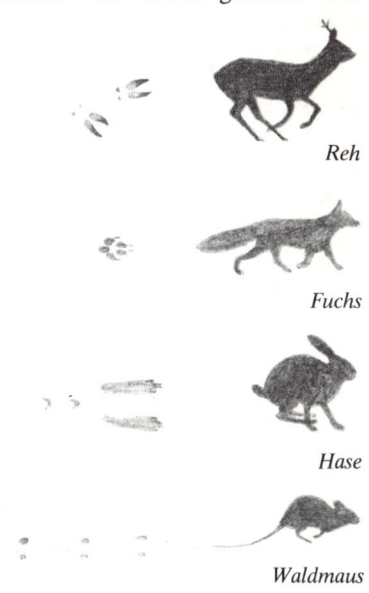

Reh

Fuchs

Hase

Waldmaus

Fährte gibt dem Jäger Aufschluß über die Wildart, das Fluchttempo sowie eine mögliche Verwundung.

Fäkalien nennt man die menschlichen Darmausscheidungen, Sie werden auch als Stuhl, Exkremente oder Kot bezeichnet.

Fälligkeit ist die Bezeichnung für den

Fäls

Zeitpunkt, zu dem ein Gläubiger sein Geld vom Schuldner zurückverlangen kann. Die Fälligkeit ist meist vertraglich geregelt.

Fälschung wird eine zu betrügerischen Zwecken vorgenommene Nachbildung oder Veränderung eines Gegenstands genannt. So werden z. B. Gemälde berühmter Maler kopiert und mit Hilfe verschiedener Mittel künstlich gealtert, um sie als »Originale« zu hohen Preisen verkaufen zu können. Fälschungen gelten als Betrug und sind strafbar.

Färberei heißt ein Betrieb, der durch technische Verfahren Farbstoffe auf Textilgewebe überträgt. Es gibt zwei Arten von Färbereiverfahren: Bei der Beizfärbung wird eine Farblösung verwendet, aus der das Farbgut sofort in seiner endgültigen Farbe herauskommt, bei der Küpenfärbung dagegen entwickelt sich die Farbe erst beim Trocknen des Farbguts unter dem Einfluß des Sauerstoffs der Luft. Besonders lichtecht sind die sogenannten Indanthrenfarben. Dem Färben geht ein Reinigen, oft sogar ein Bleichen voraus.

Färöer ist das dänische Wort für Schafinseln. Die Färöer sind eine dänische Inselgruppe zwischen Island und Schottland. Sie bestehen aus 18 bewohnten Inseln und zahlreichen unbewohnten Klippen. Die Hauptstadt der Färöer heißt Thorshavn. Auf den Färöer wohnen etwa 37 000 Färinger. Sie bilden eine Volksgruppe, deren Vorfahren zur Zeit der Wikinger aus Norwegen eingewandert sind. Die Färinger leben hauptsächlich vom Fischfang, von der Schafzucht und der Wollverarbeitung.

Fäulnis wird die bakterielle Zersetzung stickstoffhaltiger organischer Stoffe genannt. Häufig entstehen dabei stinkende Gase, wie z. B. Ammoniak oder Schwefelwasserstoff. Fäulnis entsteht nur bei Abwesenheit von Sauerstoff, anderenfalls verwest der Körper.

Fagott heißt ein Holzinstrument mit sehr tiefer Stimmlage. Das Fagott ist das Baßinstrument unter den Holzblasinstrumenten des Orchesters.

Fahndung nennt man die Verfolgung einer gesuchten Person durch die Kriminalpolizei. Die Fahndung nach einem Verbrecher oder einem Verdächtigen wird auch mit Hilfe des Fahndungsblatts sowie der vom Bundeskriminalamt oder von den Landeskriminalämtern herausgegebenen Suchaufrufe betrieben.

Fahne wird ein Stück Tuch genannt, das an einer Stange befestigt ist. Dieses Fahnentuch trägt bestimmte Farben, Wahrzeichen oder Sinnbilder. Die Fahne war als Feldzeichen für Truppen bereits im Altertum bekannt. Seit dem 9. Jahrhundert wird sie von allen abendländischen Völkern verwendet. Sie ist das Sinnbild für die Einheit einer Nation oder für eine Gemeinschaft Gleichgesinnter.

Fahneneid heißt der Treueid des Soldaten, den er auf die Fahne seines Landes schwören muß. In der Bundeswehr wird der Fahneneid von Berufssoldaten und »Soldaten auf Zeit« geleistet. Wehrpflichtige geben nur ein feierliches Gelöbnis ihrer Pflicht ab.

Fahnenflucht begeht ein Soldat, der sich unerlaubt von seiner Truppe entfernt. In Friedenszeiten wird Fahnenflucht mit Freiheitsentzug, im Kriege mit Erschießen bestraft. Auch die Verleitung zur Fahnenflucht ist strafbar.

Fahrdienstleiter heißt der Beamte der Bundesbahn, der auf den Bahnhöfen den Zugverkehr regelt.

Fahrdraht ist die Bezeichnung für den über den Schienen einer Bahnstrecke angebrachten Draht. Der Fahrdraht versorgt die elektrisch betriebenen Zugfahrzeuge mit Strom.

Fahrendes Volk oder auch Fahrende hießen im Mittelalter die umherziehenden Gaukler, Taschenspieler, Possenreißer, Bärenführer und Sänger. Die Fahrenden genossen bis gegen Ende des Mittelalters bis auf wenige Ausnahmen nur geringes Ansehen.

Fahrenheit, Gabriel Daniel, war ein deutscher Physiker, der von 1686 bis 1736 lebte. Er führte das Quecksilberthermometer ein. Von ihm stammt auch die nach ihm benannte Temperaturskala, die in angelsächsischen Ländern gebräuchlich ist. Auf der Fahrenheitskala liegt der Gefrierpunkt (0 Grad C) bei 32 Grad F, der Siedepunkt des Wassers (100 Grad C) bei 212 Grad F.

Fahrerflucht begeht jemand, der an einem Verkehrsunfall beteiligt ist und sich entfernt, ohne auf das Eintreffen der Polizei zu warten. Auch ein Fußgänger kann also »Fahrerflucht« begehen. Fahrerflucht kann mit Freiheitsentzug bestraft werden.

Fahrlässigkeit nennt man das Unterlassen der pflichtgemäßen und zumutbaren Besonnenheit und Sorgfalt. Bergwanderer, die vor einem möglichen Unwetter gewarnt wurden und dennoch im Vertrauen darauf, es werde vorübergehen, weiterwandern, handeln bewußt fahrlässig. Es kann auch unbewußte Fahrlässigkeit vorliegen. In vielen Fällen ist fahrlässiges Handeln strafbar.

Fahrräder sind zweirädrige Fahrzeuge, die mit Muskelkraft durch Tretpedale angetrieben werden. Das Fahrzeug wird mit Hilfe der Vorderradgabel gelenkt. Das Gleichgewicht beim Fahren steuert der Fahrer durch Verlagerung des Körpergewichts aus.

Der Rahmen des Fahrrads ist aus nahtlosem Stahlrohr gezogen und hat bei Herrenrädern meist die Form eines Dreiecks. Beim Damenrad ist das waagerechte Rohr heruntergezogen und, um die Festigkeit zu erhöhen, durch Stege mit dem Unterrohr verbunden. Mit dem Rahmen ist die Vorderradgabel samt der Lenkstange drehbar verbunden. Auch das Tretlager und die Hinterradbefestigung gehören zum Rahmen. An den Naben der Räder sind die Speichen schräg zur Radebene befestigt. Die Felgen tragen Schlauch und Mantel der Bereifung. Das Hinterrad wird fast immer durch eine Kette angetrieben, die Übersetzung beträgt meist 1:2 bis 1:4. Das bedeutet, daß eine Umdrehung der Tretkurbel das Hinterrad zwei- bis viermal dreht.

Viele Fahrräder haben eine Gangschaltung zur Änderung des Über-

Fahr

Laufrad um 1817, nach dem Erfinder Karl von Drais Draisine genannt

Hochrad um 1880

Fahrrad um 1853

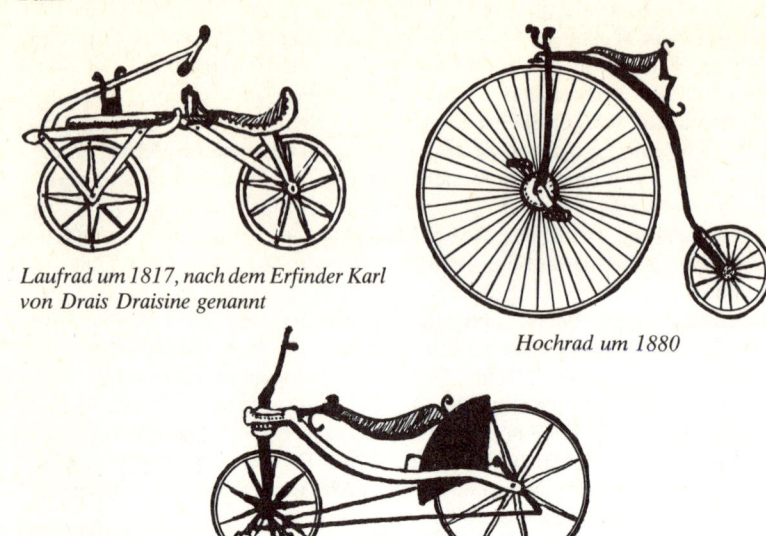

setzungsverhältnisses. Das Gangschaltungsgetriebe befindet sich heute meist in der Hinterradnabe und besteht aus Planetenzahnrädern. Ein Freilauf ermöglicht es, das Fahrrad ohne Bewegung der Tretkurbel laufen zu lassen.

Seit einiger Zeit gibt es zusammenlegbare Räder (Klappräder), die z. B. im Auto mitgenommen werden können.

Da Fahrräder am öffentlichen Straßenverkehr teilnehmen, bestehen gesetzliche Vorschriften für ihre Ausrüstung. Sie müssen mit einer helltönenden Glocke und zwei voneinander unabhängigen Bremsen ausgerüstet sein. Als Beleuchtung sind eine Lampe von höchstens drei Watt Leistungsaufnahme, eine rote Schlußleuchte sowie ein roter Rückstrahler vorgeschrieben; die Pedale müssen mit gelben Rückstrahlern versehen sein.

Fahrschule heißt ein gewerblicher Betrieb, in dem man das Führen von Kraftfahrzeugen erlernen kann. Der Fahrkurs umfaßt eine theoretische Ausbildung über die technischen Belange des Fahrzeugs und über die Verkehrszeichen, vor allem aber über richtiges Verhalten des Verkehrsteilnehmers im Straßenverkehr. Im praktischen Teil der Ausbildung wird das Fahren geübt. Neuerdings ist es auch Pflicht, einen Erste-Hilfe-Kurs zu absolvieren. Die Fahrschule schließt mit einer Prüfung vor einem staatlichen Sachverständigen ab. Nach bestandener Prüfung wird dem Fahrschüler der Führerschein ausgehändigt.

Fahrtenschreiber (Tachograph) sind Meßgeräte, die in allen Omnibussen,

Faki

Dieses Radrennen mit Hindernissen wurde im Jahre 1908 in Berlin abgehalten. Alle nur erdenklichen Schwierigkeiten stellten sich den Radlern in den Weg. Um sie zu bewältigen, mußte man nicht nur geübt im Treten sein, sondern auch im Tragen, Klettern, Springen und Laufen. Wasserscheue hatten keine Chance.

vielen Lastkraftwagen und schweren Zugmaschinen auf Grund gesetzlicher Vorschriften eingebaut sind. Sie zeichnen Geschwindigkeit sowie gefahrene Kilometer unverfälschbar auf.

Fahrwerk heißen bei Flugzeugen die Fahrgestelle, an denen die gummibereiften, bremsbaren Doppelräder befestigt sind. Das Fahrwerk besteht aus einem oder mehreren solcher Fahrgestelle, dazu kommen oft noch ein Spornrad am Heck und ein Bugradfahrgestell. Sehr schwere Flugzeuge haben bis zu acht Haupträder. Das Fahrwerk ist meist einziehbar.

Fair [fähr] kommt aus dem Englischen. Man nennt jemanden fair, der sich in einer Auseinandersetzung anderen gegenüber ehrenhaft und anständig verhält. Auch im Sport spricht man von einem fairen Spiel. Fair ist z. B. ein Rennfahrer, der seinen Konkurrenten vorbeiläßt, ohne ihn zu behindern, wenn sein eigenes Fahrzeug langsamer wird. Wenn er dagegen eine Kurve innen versperrt, verhält er sich unfair.

Fairbanks [fährbänks] heißt eine Stadt in Alaska mit 13 300 Einwohnern. In Fairbanks gibt es Gold- und Kohlenbergbau. Die Stadt bildet den Endpunkt der Alaskastraße.

Fakir war ursprünglich ein arabisches Wort für einen Bettler mohammedanischen Glaubens. Später

Faks

Noch spitzer könnten die Nägel gar nicht sein: Der indische Fakir sitzt völlig unbekleidet tagelang auf seinem Nagelbrett, ohne sich zu verletzen. Neben den Gauklern, die ihren Zuschauern nur etwas vormachen, gibt es auch Anhänger religiöser Kulte, die durch psychische und physische Körperbeherrschung absolut schmerzunempfindlich sind.

wurde Fakir die Bezeichnung für die hinduistischen Asketen in Indien, die heimat- und besitzlos umherziehen. Angeblich können Fakire ihren Körper schmerzunempfindlich machen, auf Nagelbrettern schlafen oder auch andere fast unglaubliche Zauberkunststücke ausführen. Sicher spielt dabei der Aberglaube in der einfachen indischen Bevölkerung eine wesentliche Rolle.

Faksimile nennt man die originalgetreue Wiedergabe einer Vorlage, z. B. einer Handschrift. Das Faksimile wird meist auf photomechanischem Wege hergestellt.

Faktoren werden Zahlen oder Größen genannt, die miteinander multipliziert werden. Ein »wichtiger Faktor« kann auch im übertragenen Sinne maßgebend eine Entscheidung beeinflussen. So ist z. B. die Höhe des Einkommens ein wichtiger Faktor bei der Überlegung, welches Auto man sich kaufen soll.

Faktum ist das aus dem Lateinischen stammende Fremdwort für eine feststehende Tatsache, für einen Tatbestand.

Fakultät heißt die fachliche Abteilung einer Hochschule. Es gibt beispielsweise eine naturwissenschaftliche, eine medizinische oder eine philosophische Fakultät der Universität München. Die Fakultät wird vom »Dekan« geleitet.

Falken sind eine Familie der Greifvögel. Ihr Körper ist schlank, ihre Flügel sind lang und spitz. Das Gefieder zeigt dunkle Flecken oder Streifen, die Bauchseite ist meist heller als der Rücken. Der Schnabel ist gebogen und besitzt Randzähne am Oberschnabel. Die Falken sind hervorragende Flieger und jagen Vögel, Hasen, Mäuse und Insekten. Sie nisten in verlassenen Nestern anderer Vögel, in Felsnischen oder auf dem Boden.

Seit der Frühantike wurden die Falken zur Falkenjagd (Falknerei oder Falkenbeize) abgerichtet. Die dressierten Tiere fingen Niederwild und brachten es dem Falkner. Auch heute noch wird die Falkenjagd vereinzelt als Hobby betrieben. Vor der Jagd werden den Vögeln Hauben über den Kopf gestülpt, damit sie nicht abgelenkt werden.

Falklandinseln heißt eine Gruppe von über 100 Inseln im Südatlantik. Sie sind eine britische Kolonie, haben eine Gesamtfläche von 12 000 Quadratkilometern und 2000 Einwohner. Die zwei größten Inseln, Ost- und Westfalkland, sind durch den breiten Falklandsund voneinander getrennt. Die bedeutendste Ansiedlung heißt Port Stanley. Die Insellandschaft ist bergig und hauptsächlich von mannshohem Tussok-Gras bewachsen. An Bäumen gibt es nur Weiden und Birken. Die Einwohner leben vom Feldbau, von der Schafzucht und der Fischerei.

Falklandstrom ist der Name einer kalten Meeresströmung zwischen Südamerika und den Falklandinseln in Richtung Norden.

Fall nennt man in der Physik die Bewegung eines frei beweglichen Körpers im Anziehungsfeld der Erde. Diese Bewegung erfolgt immer in Richtung auf den Erdmittelpunkt, und zwar mit ständig zunehmender Geschwindigkeit. Der freie Fall stellt also eine beschleunigte Bewegung dar. Die dabei auftretende »Fallbeschleunigung« beträgt 9,81 m/sec². In der Sprachlehre ist der Beugungsfall die Bezeichnung für die Formen, die ein Substantiv (Hauptwort) oder ein Pronomen (Fürwort) im Satz annehmen kann. Die Gesamtheit der Fallformen heißt Beugung. Im Deutschen kennen wir vier Fälle: den Werfall (Nominativ), den Wesfall (Genitiv), den Wemfall (Dativ) und den Wenfall (Akkusativ).

Fallada, Hans, war ein deutscher Schriftsteller, der eigentlich Rudolf Ditzen hieß und von 1893 bis 1947 lebte. Er schilderte sachlich genau und lebensnah das Schicksal der kleinen Leute in der Zeit zwischen den beiden Weltkriegen. Seine bekanntesten Romane heißen ›Kleiner Mann, was nun?‹ und ›Wer einmal aus dem Blechnapf frißt‹.

Fallschirm heißt ein Gerät, mit dem man von einem Luftfahrzeug abspringen oder Gegenstände zur Erde ablassen kann. Der Fallschirm besteht aus einem halbkugeligen Stoffschirm aus Seide, Baumwolle oder Chemiefasern, in dem sich beim Fallen die Luft fängt. Diese kann durch ein kleines Loch an der höchsten Stelle des Schirms entweichen. Dadurch werden Pendelbewegungen vermieden. Der Schirm wird, sorgfältig zusammengefaltet, in einem Verpackungssack getragen. Beim Absprung wird er entweder automatisch oder mit einer Reißleine geöffnet. Der Fallschirmspringer hängt in einem Gurtsystem, das durch Leinen mit dem Fallschirm verbunden ist. Der geöffnete Schirm sinkt in der Sekunde etwa fünf Meter. Da er zur völligen Entfaltung etwa drei Sekunden braucht, muß ein Fallschirmabsprung mindestens aus einer Höhe von 80 Metern erfolgen, damit die Abbremsung noch voll wirksam werden kann. Fallschirme werden auch bei der Landung schneller Flugzeuge oder Raumkapseln zum Abbremsen verwendet.

Fallsucht ist das deutsche Wort für Epilepsie, eine Krankheit, die mit plötzlichen Anfällen, Bewußtlosigkeit, Zuckungen und Krämpfen ver-

Fall

bunden ist. Dieses Leiden beruht meist auf Vererbung. Die Medizin verfügt bis jetzt nur über Medikamente, mit deren Hilfe sich die Häufigkeit der Anfälle stark herabsetzen läßt. Wenn ein Epileptiker einen Anfall erleidet, sorgt man am besten dafür, daß er sich nicht verletzen kann. Außerdem muß man ihn von beengenden Kleidern befreien und weich lagern.

Fallwinde nennt man abwärts gerichtete Winde, die besonders an Gebirgsrändern auftreten. Einer der bekanntesten Fallwinde ist der Föhn an der Alpennordseite.

Falmouth [fähmiß] heißt eine Stadt in der Grafschaft Cornwall an der Südwestküste Englands. Das Seebad hat 17 300 Einwohner.

Falschaussage ist die juristische Bezeichnung für die wissentlich falsche Aussage eines nicht vereidigten Zeugen oder Sachverständigen vor Gericht. Falschaussagen werden mit Freiheitsentzug bestraft.

Falscheid nennt man eine falsche Aussage unter Eid, die der Schwörende für wahr hält. Wenn jemand unter Eid wissentlich die Unwahrheit sagt, schwört er einen Meineid.

Falschgeld sind alle Geldscheine und Münzen, die gefälscht, also nicht von den dazu berechtigten staatlichen Anstalten hergestellt wurden. Herstellung und Vertrieb von Falschgeld werden streng bestraft. Wer in den Besitz von Falschgeld gelangt, sollte damit unbedingt zu einer Bank oder zur Polizei gehen.

Falster heißt eine dänische Ostseeinsel südlich von Seeland. Sie ist durch Brücken mit Lolland und Seeland verbunden. Die Insel ist 514 Quadratkilometer groß und von einer hügeligen, niedrig liegenden Moränenlandschaft bedeckt. Die rund 50 000 Bewohner leben von der Land- und Forstwirtschaft. Hauptorte der Insel sind Nyköbing und Gedser.

Faltengebirge (Tektonische Gebirge) werden Gebirge genannt, die durch Auffaltung der Erdkruste entstanden sind. Das beste Beispiel hierfür sind die Alpen. Die bei der Auffaltung zerbrochenen oder in die Höhe gestellten Schichten kann man dort häufig in den Felswänden erkennen.

Im Gegensatz zum Faltengebirge stehen die vulkanischen Gebirge, die durch das Hervorbrechen flüssiger Gesteinsmassen entstanden sind.

Faltungsbeben (Tektonisches Beben) nennt man ein Erdbeben, das durch Verschiebungen oder Brüche in der Erdkruste oder bei Gebirgsauffaltungen entsteht.

Falun ist die Hauptstadt der mittelschwedischen Provinz Kopparberg und ein wichtiger Bahnknotenpunkt. Falun hat 47 000 Einwohner, die zum großen Teil im Bergbau und in der Maschinenindustrie tätig sind. Früher gab es in Falun Kupferbergbau, heute werden nur noch Schwefelkies, Blei und Zinkerz abgebaut.

Falzaregopaß heißt ein 2117 Meter hoher Paß in den Dolomiten zwischen Andraz und Cortina d'Ampezzo. Über den Falzaregopaß führt die Dolomitenstraße.

Famagusta, eine Hafenstadt im

Osten der Insel Zypern, hat 42 000 Einwohner und bedeutende Bauwerke aus dem Altertum und Mittelalter.

Familie nennt man heute die auf einer Ehe beruhende Gemeinschaft der Eltern und Kinder. Die Familie ist die kleinste Einheit in der menschlichen Gesellschaftsordnung. Bei den alten Römern gehörten auch die Sklaven zur Familie, im Mittelalter die Hörigen und das Gesinde und bis weit in die Neuzeit hinein noch die Gesellen und Lehrlinge, die in der Werkstatt des Familienvaters arbeiteten.

Die Rechte und Pflichten der einzelnen Familienmitglieder sind im 4. Buch des BGB, des Bürgerlichen Gesetzbuchs, geregelt.

Als Familie bezeichnet man auch eine Einheit in der Biologie, in der bestimmte Tier- oder Pflanzengattungen zusammengefaßt werden, die näher miteinander verwandt sind.

Familienrecht umfaßt das Eherecht, das Verwandtschaftsrecht sowie das Vormundschaftsrecht. Die neue Änderung des Familienrechts in der Bundesrepublik Deutschland betrifft vor allem die Gleichstellung von Mann und Frau in allen Lebensbereichen, außerdem die Hebung der Stellung der Frau im Verhältnis zum minderjährigen Kind. Die elterliche Gewalt steht beiden Elternteilen in gleicher Weise zu. Das Familienrecht regelt, daß grundsätzlich der Name des Mannes auch der Familienname ist und daß beide Ehegatten einander sowie gegenüber den gemeinsamen Kindern unterhaltspflichtig sind. Die Gleichberechtigung der beiden Ehepartner beinhaltet jedoch auch verschiedenartige Rechte und Pflichten. So auch künftig die Haushaltsführung Recht und Pflicht der Frau. Sie leistet damit den ihr zukommenden Beitrag zum Familienunterhalt. Andererseits hat der Mann die Pflicht der Erwerbstätigkeit.

Fanatiker sind Menschen, die einer Sache oder einer Idee übereifrig anhängen. Ein Fanatiker ist blind vor Begeisterung und setzt sich hemmungs- und rücksichtslos für sein Ziel ein. Fanatismus gab es zu allen Zeiten, sowohl politischer als auch religiöser Art.

Fanfare nennt man eine langgestreckte Trompete ohne Ventile, aber auch ein Signal, das mit diesem Instrument beim Militär oder bei Eröffnung von Festspielen geblasen wird.

Fang ist die Bezeichnung für eine Beute. Außerdem werden der Hunde- oder Raubtiereckzahn, der Rachen von Fuchs, Wolf oder Jagdhund sowie die Kralle des Raubvogels als Fang bezeichnet.

Fangleine nennt der Seemann die an Bord eines Schiffes befestigte Leine, die einem längsseits kommenden Boot zum Festhalten zugeworfen wird.

Fano, eine italienische Hafenstadt an der Adria zwischen Rimini und Ancona, ist als Seebad sehr beliebt. Die 48 000 Einwohner arbeiten hauptsächlich in der Fischerei oder in der Hanf- und Seidenindustrie. Im Jahre 1513 ließ Papst Julius II. hier die er-

Fanö

ste Druckpresse mit arabischen Lettern aufstellen.
Fanö heißt eine dänische Nordseeinsel vor der Westküste Jütlands. Sie ist 56 Quadratkilometer groß. Ihre 3000 Einwohner leben vorwiegend von der Fischerei oder vom Fremdenverkehr.
Faraday, Michael [färedeh], war ein englischer Physiker und Chemiker, der von 1791 bis 1867 lebte. Er war der erste, der Chlor unter Druck verflüssigte und Benzol gewann. Bekannt jedoch wurde er durch seine Arbeiten auf dem Gebiet der Elektrizitätslehre. Faraday entdeckte die Grundgesetze der elektromagnetischen Induktion sowie der Elektrolyse. Der von ihm erfundene Faradaysche Käfig ist eine allseitig geschlossene Hülle aus Blech oder nur aus einzelnen Drähten. In ihn kann kein äußeres elektrisches Feld eindringen, so daß man darin also vor Stromschlägen sicher ist. Das gleiche Prinzip liegt beim Auto vor, das durch seine Hülle aus Blech die Insassen gegen Blitzschlag schützt.

Farben
Die schöne bunte Welt

Eine Welt, die nur aus Schwarz und Weiß mit den dazugehörigen Zwischentönen in Grau bestände, wäre auf die Dauer für uns Menschen kaum erträglich. Nicht »in Farben sehen zu können«, ist für das menschliche Auge ziemlich anstrengend. Das hat eine Untersuchung mit Schwarzweiß- und Farbfilmen eindeutig ergeben.
Farben sind Lichtempfindungen, die in unserm Auge entstehen, wenn die Lichtstrahlen eine Wellenlänge zwischen 400- und 700millionstel Millimeter haben. Infrarot z. B., das größere Wellenlängen hat, sehen wir genausowenig wie ultraviolettes Licht, das kürzere Wellenlängen aufweist.
Das Sonnenlicht erscheint uns weiß, obwohl es aus ganz verschiedenen Farben zusammengesetzt ist. Das können wir deutlich am Regenbogen beobachten, in dem das Sonnenlicht durch den Wasserdampf in seine farbigen Bestandteile, in die Spektralfarben, zerlegt wird. Mit einem Glasprisma kann man den gleichen Effekt erzielen. Die sieben Spektralfarben sind Rot, Orange, Gelb, Grün, Hellblau, Dunkelblau und Violett. Alle diese Farben zusammen ergeben weißes Licht. Jeder kann das selbst nachprüfen, wenn er sämtliche Spektralfarben auf eine runde Pappscheibe malt und diese dann schnell dreht. Der Farbeindruck bei einer bestimmten Umdrehungszahl: Die Scheibe zeigt sich in Weiß.
Ein Gegenstand erscheint uns farbig, wenn er nur einzelne Farben des auftreffenden Sonnenlichts zurückwirft, während er die anderen verschluckt oder, wie das Fremdwort dafür heißt, absorbiert. Verschluckt

er alle Farben, sehen wir den Gegenstand schwarz, reflektiert er sie alle, d. h., strahlt er sie alle zurück, so sehen wir ihn weiß. Durchsichtige Körper, beispielsweise Glas, erscheinen uns in der Farbe, die sie durchlassen. Farbloses Normalglas läßt alle Farben passieren.

Schon sehr früh in der menschlichen Geschichte schmückte man sich und seine Behausung mit Farben. Dazu benützte man die in der Natur vorkommenden Erdfarben. In den Steinzeithöhlen sind solche farbigen Wandbilder erhalten geblieben.

Farbstoffe werden aus den verschiedensten Materialien gewonnen. Mineralfarben erzeugt man durch Mahlen farbiger Mineralien, wie Kobalt, Rötel, Ocker, Zinnober und Umbra. Sie sind alle besonders dauerhaft.

Künstliche Mineralfarben sind u. a. Bleiweiß, Zinkweiß, Chromgrün und Berliner Blau.

Pflanzen- und Tierfarbstoffe wurden vor allem so lange verwendet, wie die Chemie noch keine synthetischen Farben lieferte. Zu den Pflanzenfarbstoffen gehören Indigo, Krapprot, Lackmus und Orseille. Aus farbigen Hölzern (Kampeche, Gelb- und Rotholz) gewinnt man ebenfalls Farben. Aus dem Tierreich stammen Koschenille und vor allem die Farbe der Purpurschnecke, die in der Antike nahezu mit Gold aufgewogen wurde. Purpur war deshalb die Farbe der Könige.

Die künstlichen Farbstoffe werden hauptsächlich aus Steinkohlenteer gewonnen. Man nennt sie deshalb zusammenfassend auch Teerfarbstoffe. Mit ihrer Erfindung, die in der Mitte des vergangenen Jahrhunderts in schneller Folge stattfand, ging die Bedeutung der natürlichen Farbstoffe schnell zurück.

Das Farbensehen ist nicht bei allen Menschen gleich gut entwickelt. Im Normalfall signalisieren die Zapfen der Netzhaut die richtige Farbe zum Gehirn, das uns wiederum »Rot« oder »Blau« zu verstehen gibt. Bei Farbenblindheit oder Farbenfehlsichtigkeit ist der Farbsinn gestört. Meistens sind diese Anomalien angeboren, sie können jedoch auch durch Krankheit oder durch Einnahme von Drogen entstehen. Vollkommen Farbenblinde sind nicht fähig, bunte Farben wahrzunehmen. Diese starke Form der Farbenblindheit ist jedoch ziemlich selten.

Bei Tieren ist der Farbensinn unterschiedlich entwickelt. Affen sehen Farben ähnlich wie wir, Hund, Pferd und Igel dagegen weniger gut. Vögel sind für Rot empfänglicher, für Blau und Grün jedoch weniger empfänglich als der Mensch. Fische unterscheiden die Farben ähnlich wie wir und sehen noch zusätzlich Ultraviolett, das für uns unsichtbar ist. Bienen sind rotblind, sehen aber auch Ultraviolett. Will man das Farbensehen bei Tieren erforschen, füttert man sie auf einer bestimmten Farbunterlage, während andere Unterlagen andere Farben tragen. So stellt man fest, ob sie die richtige Farbe ohne langes Suchen finden, jene nämlich, auf der sie schon seit längerer Zeit ihre Nahrung bekommen

Farb

haben. In der Natur haben sich die Farben der Blüten offenbar der Farbsichtigkeit der Insekten angepaßt. Insekten sehen Rot nicht. Deshalb gibt es so wenig scharlachrote Blütenblätter bei Pflanzen, die von Insekten bestäubt werden. Tropenblumen, die von Vögeln bestäubt werden, haben hingegen häufig scharlachrote Blüten, da Vögel auf diese Farbe ganz besonders ansprechen.

• • •

Farbendruck nennt man den Druck von Bildern in mehreren Farben. Beim Farbendruck, den man als Mehrfarben- oder Buntdruck bezeichnet, liegen die Farben teils über-, teils nebeneinander. Für jede zu druckende Farbe wird bei diesem Verfahren eine eigene Druckplatte verwendet, beim Dreifarbendruck je eine für Gelb, Rot und Blau. Durch das Übereinanderdrucken dieser drei Farben lassen sich sämtliche Zwischentöne, wie z. B. Orange oder Grün, erzielen. Beim Vierfarbendruck wird noch eine Schwarzplatte aufgedruckt, die die Tiefenwirkung verstärkt.

Farbendynamik ist der Fachausdruck für die Wirkung der einzelnen Farben auf die Psyche des Menschen. Entsprechende Untersuchungen haben dazu geführt, daß man heutzutage in Krankenhäusern immer weniger die Farbe Weiß verwendet, sondern mehr und mehr eine beruhigende Grüntönung.

Farbfilter sind durchsichtige, gefärbte Gläser. Sie können auch geschliffen sein, sie werden zur Veränderung oder Schwächung einer Strahlung benützt. Die Farbfilter dienen beim Fotografieren zur Veränderung, Aufhellung oder Verdunklung von Farben. In Sonnenbrillen finden sie als Gläser Verwendung. Beim Fotografieren mit Farbfilmen benützt man meistens keine Filter, höchstens ultraviolette, die das sehr starke Licht im Hochgebirge oder an der See dämpfen sollen. Eine besondere Art des Farbfilters ist der Polarisationsfilter, der nur für Licht einer bestimmten Schwingungsebene durchlässig ist.

Farbfotografie nennt man die fotografische Abbildung eines Objekts in seinen natürlichen Farben. Hierbei macht man sich die Erkenntnis zunutze, daß sich fast alle Farben aus den drei Grundfarben Blau, Grün und Rot zusammensetzen. Deshalb verwendet man Filme mit drei verschiedenen Emulsionsschichten. Je eine Schicht ist für Rot, Blau und Grün empfindlich. Bei der Entwicklung des Films bilden sich durch die Zugabe besonderer Farbkuppler die angestrebten Farbstoffe, und zwar entwickeln sich in der blauempfindlichen Schicht Gelb, in der grünempfindlichen Purpur, in der rotempfindlichen Blaugrün. Das Negativ zeigt also die Komplementärfarben des Originals. Es kann auf Farbfilm oder Farbpapier kopiert werden. Das fertige Positiv zeigt dann die richtigen Farben.

Farbgläser werden ausschließlich

Farn

wegen ihrer Farbwirkung hergestellt. Es gibt bunte Glasvasen, farbige Fenstergläser usw. Im Mittelalter war Venedig wegen seiner Farbglasherstellung berühmt.

Farbige ist in den USA die Bezeichnung für Neger und Mischlinge. Im europäischen Sprachgebrauch wird dieses Wort für alle Nichtweißen verwendet, also für Neger, Chinesen, Inder usw.

Farbwechsel wird die Fähigkeit mancher Tiere genannt, ihre Hautfarbe der jeweiligen Umgebung anzupassen. Besonders einige wechselwarme Tiere (Fische und Kriechtiere), so z. B. das Chamäleon, können ihre Hautfarbe beliebig verändern. Ihre Haut enthält Farbstoffzellen (Pigmentzellen), die sich auf bestimmte Reize hin so ausbreiten, daß die Farbe deutlich hervortritt. Wenn sich die Zellen dagegen zu einem winzigen Punkt zusammenziehen, wird von der Farbe nur wenig sichtbar. Der Farbwechsel dient den Tieren zum Schutz vor ihren Feinden.

Bei gleichwarmen Tieren findet ein Farbwechsel im Lauf der Jahreszeiten statt (z. B. Sommer- und Winterkleid des Wiesels).

Farm lautet die englische Bezeichnung für einen landwirtschaftlichen Betrieb, der bei uns Bauernhof heißt. In Deutschland versteht man unter einer Farm einen Betrieb, in dem nur eine bestimmte Nutztierart gezüchtet wird, z. B. Hühner oder Pelztiere.

Farne sind krautartige, in den feuchten tropischen Urwäldern sogar

Diese armen Hennen haben kein Hühnerleben mehr. Eingesperrt in Käfigen, die gerade noch so groß sind wie sie selber, dienen sie der laufenden Eierproduktion. Automatisch erfolgt die Fütterung, natürlich mit legeförderndem Spezialfutter. Mist und Eier verlassen die Gefängnisse ebenfalls automatisch. Ein Nest kennen diese Hennen nicht, und bis zu ihrem Tode bleiben sie, zu Tausenden aneinandergereiht, am Fließband gefangen.

baumhohe Pflanzen. Die Farne bilden keine Blüten aus. Sie sind verborgenblütige Sporenpflanzen mit einem Generationswechsel. An der Unterseite ihrer reichgefiederten Blätter befinden sich die Behälter für die Sporen. Aus der reifen Spore entwickelt sich der pfenniggroße Vorkeim, an dem sich männliche und weibliche Geschlechtsorgane bilden. Nach der Verschmelzung von Ei- und Samenzelle entsteht die neue Farnpflanze. Bei uns vorkommende Farne heißen Hirschzunge, Tüpfel- und Adlerfarn. In der Vorzeit der Erdgeschichte war die Erde von großen Farnwäldern bedeckt, aus denen teilweise die Steinkohle entstanden ist.

Fasane bilden mit fast 50 Arten eine auf der ganzen Welt verbreitete Gruppe großer Hühnervögel, die aus Asien stammen. Die Fasane sind meist Bodenvögel. Die Männchen haben ein prächtiges Gefieder, oft auch stark verlängerte Schwanzfedern. In Deutschland ist am bekanntesten der Jagdfasan, der als Wildvogel in unseren Wäldern lebt. Er wurde um 1250 erstmals eingeführt. In Tiergärten gibt es auch die Gold- und Silberfasane zu sehen. Gegen Ende des 17. Jahrhunderts entstanden die Fasanerien, die die Aufzucht und Haltung von Fasanen betreiben.

Fasching nennt man in Süddeutschland wie in Österreich die Wochen, insbesondere die letzten Tage vor der Fastenzeit. Im Fasching ziehen die Leute maskiert durch die Straßen, besuchen Faschingsveranstaltungen und Bälle: Sie feiern die »närrische Zeit«. Die Faschingsbräuche gehen auf alte heidnische Frühlingsfeiern zurück, bei denen man symbolisch den Winter austrieb. Sie wurden unter anderer Sinngebung vom Katholizismus übernommen. In anderen Gegenden wird der Fasching Fastnacht oder Karneval genannt.

Faschismus wurde ursprünglich die 1917 in Italien aufkommende politische Bewegung genannt. Benito Mussolini gründete 1919 den ersten »Kampfbund«.

Hierbei handelte es sich um eine Staatslehre, die von dem Individuum, dem Einzelmenschen, verlangte, sich vorbehaltlos den Bedürfnissen des Staats zu unterwerfen. Die Freiheit des einzelnen war durch Unterordnung und unbedingten Gehorsam gegenüber dem Willen eines Führers aufgehoben. Der italienische Faschismus übte starken Einfluß auf den Nationalsozialismus in Deutschland aus, er wurde andererseits aber auch von diesem geformt, wie zum Beispiel in der Rassenfrage, die in Italien zuerst keine Rolle spielte. Erst nach deutschem Muster wurden in Italien Judenverfolgungen betrieben, ohne daß diese allerdings zu Massenmorden wie im Dritten Reich führten. Ebenso wie der deutsche Nationalsozialismus wurde der italienische Faschismus durch die Niederlage der deutschen und italienischen Truppen im zweiten Weltkrieg zerschlagen.

Es gab und gibt immer wieder faschistische Regierungen. Heute versteht man zusammenfassend unter Faschismus totalitäre Staaten, also Diktaturen, die sich durch eine Reihe von Gemeinsamkeiten auszeichnen. Häufig sind in solchen Staaten faschistische Strömungen an die Macht gekommen, in denen wirtschaftliche Mißstände, politische und gesellschaftliche Korruption die breiten Massen in Unzufriedenheit gestürzt hatten.

Aus Angst vor revolutionären Tendenzen sperrt sich eine faschistische Gesellschaft gegen jede Art von Reformen. Da alle Macht und jede Karriere nur von einer Partei ausgehen, kommt es bald erneut zu Benachteiligungen und zu Korruption.

Gibt es nur eine Einheitspartei und keine wirklich freien Wahlen, dann kann sich der Staatsbürger nicht zwischen verschiedenen politischen Programmen entscheiden. Die Staatspartei hat überall den entscheidenden Einfluß.
Das gilt ebenfalls für die sozialistischen Diktaturen.
Der Faschismus ist ein antidemokratisches und antiparlamentarisches System. Wo es in diktatorisch regierten Staaten noch Parlamente gibt, haben sie keine wirkliche gesetzgeberische und kontrollierende Funktion gegenüber der Regierung. Alle wichtigen politischen Beschlüsse werden vom Diktator selbst oder von seiner engeren, ihm ergebenen Umgebung gefaßt.
Ein weiteres Kennzeichen faschistischer Staaten ist die Unterdrückung der Presse. Die Zeitungen werden zensiert, das heißt, jeder Artikel muß vor Drucklegung von einem Beamten der Regierung gebilligt werden.
Gegen politische Gegner geht die Staatspolizei rigoros vor. In den faschistischen Ländern gibt es oft viele politische Gefangene. Ohne Gerichtsurteil oder nach einem Schauprozeß, bei dem die Angeklagten nicht die Möglichkeit hatten, sich ungehindert zu verteidigen, werden sie wie Verbrecher eingekerkert.
Häufig verbünden sich faschistische Diktatoren auch mit anderen konservativen oder reaktionären Organisationen bzw. Gruppen, wie etwa den Großgrundbesitzern oder dem Großkapital.

Verbündet sich der Faschismus mit der Kirche, so spricht man von Klerikal-Faschismus. Der beste Schutz gegen den Faschismus sind eine gebildete, aufgeklärte Bevölkerung sowie starke politische Gegenkräfte in Form von demokratischen Parteien.

Faserstoffe nennt man Spinnfasern und Fäden, die zu Textilien verarbeitet werden. Es gibt pflanzliche Faserstoffe, wie Baumwolle und Flachs, und tierische Faserstoffe, wie Wolle und Naturseide. Außerdem kennen wir noch anorganische Faserstoffe, beispielsweise die Basaltwolle und die Glasfaser. Die größte wirtschaftliche Rolle spielen heute die Chemiefasern. Zu diesen synthetischen Faserstoffen gehören u. a. Nylon und Perlon.

Faß ist die Bezeichnung für ein aus hölzernen Dauben zusammengesetztes Gefäß, das oben und unten durch je einen Boden geschlossen und durch Reifen zusammengehalten wird. Heute stellt man Fässer auch aus Stahl oder Aluminium her. In ihnen werden Flüssigkeiten gelagert oder transportiert.
Eines der größten Fässer befindet sich im Heidelberger Schloß. Es faßt 221 726 Liter.

Fassade, ein aus dem Französischen stammendes Fremdwort, bedeutet Vorderfront eines Gebäudes. Das Wort wird im übertragenen Sinne auch für eine prächtige Aufmachung gebraucht, hinter der eigentlich nichts steckt.

Fassatal heißt das Tal des linken Etschzuflusses Avisio in den Dolo-

Fass

Auch Häuserfassaden können etwas vom Lebensstil ihrer Bewohner verraten. Das alte Patrizierhaus in Bremen strahlt die vornehme Verspieltheit des Rokokos aus. Die Fassade aus der Zeit der Jahrhundertwende zeigt die Nachahmung von einem Baustil der Vergangenheit. Die moderne Fassade eines Hotels unserer Zeit ist nüchtern, sachlich und zweckentsprechend.

miten. Es zieht sich vom Rosengarten bis zur Marmolata hin. Die Hauptorte darin heißen Vigo di Fassa, Campitello und Canazei.

Fassung ist ein Wort mit mehrfacher Bedeutung. Man bezeichnet damit die Metallumrahmung von Edelsteinen. Außerdem heißt bei elektrischen Leuchten der Teil, in den die Glühlampe eingeschraubt wird, Fassung. Das Wort bedeutet auch soviel wie geistige Beherrschtheit oder Gelassenheit eines Menschen. Den Wortlaut eines Schriftstücks kann man ebenfalls als Fassung bezeichnen. Es gibt z. B. zwei Fassungen von Goethes ›Faust‹, die im Wortlaut voneinander abweichen.

Fasten bedeutet in der kirchlichen Lehre, an bestimmten Tagen auf Nahrung zu verzichten. Fasten kann auch die Enthaltung von bestimmten Speisen bedeuten.

Fastnacht nennt man den Abend und die Nacht vor Aschermittwoch.

Faszination bedeutet Bezauberung oder Verblendung. Faszinierend kann etwas sein, das gleichermaßen anzieht wie abstößt.

Fatal kommt aus dem Lateinischen und bedeutet vom Schicksal bestimmt, verhängnisvoll.

Fatalismus wird der Glaube genannt, das Schicksal sei von einer höheren Macht vorherbestimmt und deshalb vom Menschen nicht beeinflußbar. Die Mohammedaner unterwerfen sich z. B. dem Schicksal, denn ihr »Kismet« ist die völlige Ergebenheit in den Willen Allahs.

Fata Morgana nennt man eine Luftspiegelung. Sie tritt besonders in Wüstengebieten auf, weil dort die unteren Luftschichten durch den heißen Sand stark erhitzt und ausgedehnt werden, so daß die darüberliegenden dichteren Luftschichten die Lichtstrahlen wie ein Spiegel zurückwerfen. So sieht man Gegenstände, die hinter einer Anhöhe oder hinter dem Horizont liegen, in scheinbarer Nähe.

Fata Morgana, wie sie in der ungarischen Pußta fotografiert wurde. Die im Vordergrund stehenden Männer mit den Kühen sind wirklich, das im Hintergrund als Silhouette erkennbare Bild mit Reitern, Bäumen und einem Ziehbrunnen ist eine Luftspiegelung. Die Luftschichten, die diese Fata Morgana hervorriefen, wurden vom Wind bewegt, weshalb wir das Bild als leicht »verwackelt« empfinden.

Faulhaber, Michael von, lebte von 1869 bis 1952. Er war ein deutscher Kardinal und Erzbischof von München und Freising. Der katholische Würdenträger wandte sich im Dritten Reich besonders gegen den Rassismus der Nationalsozialisten.

Faulschlamm setzt sich auf sauerstoffarmen Gewässerböden ab. Er ist ein an organischer Substanz und Schwefelwasserstoff reicher Absatzstoff, der das biologische Gleichgewicht des Gewässers erheblich stören kann.

Faultiere heißt eine Säugetierfamilie, die im tropischen Südamerika beheimatet ist. Die Tiere verbringen fast ihr ganzes Leben, mit dem Rücken nach unten hängend, in den Bäumen. An Armen und Beinen haben sie lange, sichelartige Krallen. Sie ernähren sich hauptsächlich von Blättern.

Fauna ist das lateinische Wort für die Tierwelt eines bestimmten Gebiets.

Faun (Faunus) nannten die alten Römer einen Fruchtbarkeits-, Feld- und Waldgott, der die Hirten und Bauern sowie Herden und Äcker beschützte.

Faust, Dr. Johannes (wahrscheinlich aber Georg F. Faust), wurde um 1480 geboren und starb um 1538. Er zog als Arzt und Gelehrter in Deutschland umher, erregte aber besonders als Zauberkünstler und Horoskopsteller großes Aufsehen. Schon zu Lebzeiten gingen viele Gerüchte über seine Zauberkünste und vermeintlichen Teufelsbündnisse um. Ein Volksbuch über Faust wurde zum erstenmal 1587 verfaßt. Seither ist das Leben des Mannes, der seine Seele dem Teufel verschrieb, oftmals in der Dichtung behandelt worden. Die bekannteste Fassung der Faustgeschichte (›Faust‹ – der Tragödie 1. und 2. Teil) stammt von Goethe. Er stellte Faust als einen Menschen dar, der rastlos nach Erkenntnis strebt und dafür den Bund mit dem Teufel schließt.

Faustball wird von zwei Mannschaften zu je fünf Spielern gespielt. Sie stehen sich auf einem 50 Meter langen und 25 Meter breiten Spielfeld gegenüber, das durch eine zwei Meter über der Mittellinie gespannte Schnur in zwei Hälften geteilt ist. Ein Lederhohlball von 22 Zentimeter Durchmesser mit einem Gewicht von 300 Gramm muß mit der Faust oder dem Unterarm möglichst so in das gegnerische Feld gespielt werden, daß dem Gegner ein Zurückschlagen unmöglich ist. Ein Spiel dauert zweimal 15 Minuten. Die Wertung erfolgt nach Punkten. Jeder Fehler bringt der gegnerischen Mannschaft einen Punkt. Als Fehler gelten das Berühren der Schnur durch Spieler oder Ball oder mehr als einmalige Bodenberührung des Balls, ohne daß ihn ein anderer Spieler schlägt. Außerdem gilt als Fehler, wenn der Ball unter der Leine hindurchgespielt wird, wenn er über die Spielfeldgrenze hinausgerät oder wenn er von mehr als drei Spielern der gleichen Mannschaft hintereinander geschlagen wird. Der Ball darf nur mit geschlossener Faust und nur mit einem Arm berührt werden. Sieger ist die Mannschaft mit den meisten Punkten.

Faustkeile waren in der älteren und mittleren Steinzeit zugleich Werkzeuge und Waffen. Sie bestanden meist aus Feuerstein, waren beidseitig kantig zugehauen und wurden zum Schlag oder Stoß in der Faust gehalten.

Faustpfand ist die juristische Bezeichnung für eine verpfändete Sache, die sich im Besitz des Gläubigers befindet.

Faustrecht war im Mittelalter eine Möglichkeit der Selbstverteidigung. Recht hatte der Stärkere, denn in unsicheren Zeiten konnte der Staat das Recht nicht schützen. Das Faustrecht war ein Mißbrauch des Fehderechts. Im Wilden Westen Amerikas war es lange Zeit das einzig wirksame Recht. Heute ist das Faustrecht nur noch in Ausnahmefällen, z. B. in einer Notwehrsituation, gestattet.

Fauves [fohw] ist das französische Wort für »Wilde«. Les Fauves nannte sich 1905 in Paris eine Gruppe von Malern, die im Gegensatz zu den Impressionisten den Ausdruck durch starke und reine Farben sowie durch die Betonung der Umrisse zu steigern suchten. Diese Kunstrichtung nennt man Fauvismus. Bekannte Vertreter des Fauvismus waren u. a. H. Matisse, G. Rouault, R. Dufy.

Fauxpas [fohpá] stammt aus dem Französischen. Ein Fauxpas ist eine Taktlosigkeit, ein Verstoß gegen die gute Form.

Favorit wird ein bevorzugter Mensch, ein besonderer Liebling genannt. Könige hatten ihre Favoriten, orientalische Paschas in ihren Harems Favoritinnen. Als Favorit wird auch der aussichtsreichste Teilnehmer an einem sportlichen Wettkampf bezeichnet.

Fayencen [fajäßen] sind feine Tonwaren, also Gefäße, Teller, Vasen usw., mit bemalter Blei- oder Zinnglasur. Sie sind nach der italienischen Stadt Faenza benannt. Besonders schöne Stücke gibt es aus der Zeit der Renaissance.

Fazenda kommt aus dem Portugiesischen und bedeutet Besitz. Mit diesem Ausdruck wird in Brasilien ein großes, vorwiegend landwirtschaftlich genutztes Gut bezeichnet.

FBI [äf-bi-ai] lautet die Abkürzung des Federal Bureau of Investigation [fädderel büro ow inweßtigehschn]. Das FBI ist die Bundeskriminalpolizei der USA. Sie wurde 1908 gegründet und greift in der Hauptsache bei Kapitalverbrechen, wie Kindesentführungen oder Mord, ein.

F.D.P. ist die Abkürzung für die Freie Demokratische Partei in der Bundesrepublik Deutschland. Die F.D.P. wurde 1948 gegründet. Ihr gehörte der verstorbene erste Bundespräsident Theodor Heuss an. Auch der jetzige Bundespräsident Walter Scheel gehört der F.D.P. an. Die Freie Demokratische Partei hat eine liberale Grundhaltung. Sie tritt für die Freiheit des einzelnen gegenüber Staat und Gesellschaft sowie für den Schutz des Privateigentums ein. Außerdem propagiert sie die persönliche Initiative.

Februar nannten schon die alten Römer nach der Einführung des Julianischen Kalenders den zweiten Monat des Jahres. Der Februar hat nur 28 Tage, in den Schaltjahren – alle vier Jahre – jedoch einen Tag mehr.

Fechten, ein Zweikampf, der mit Hieb-, Stich- und Stoßwaffen ausgeführt wird, ist heute nur noch eine Sportart. Es gibt drei Waffenarten: das leichte Florett, den etwas schwereren Degen und den noch schwereren Säbel. Beim Fechten folgen Angriff und Verteidigung (Parade) in raschem Wechsel aufeinander. Als Treffer gelten entsprechend den Regeln Berührungen bestimmter Körperteile. Kopf und Oberkörper werden durch Drahthauben bzw. wattierte Jacken geschützt. Diese Jakken besitzen beim Florett- und Degenfechten elektrische Kontakte. So werden die Treffer automatisch angezeigt.

Fedajapaß heißt ein Paß in den Südtiroler Dolomiten, der das Fassatal vom Cordevoletal trennt. Er ist 2057 Meter hoch.

Feder ist ein Wort mit mehrfacher Bedeutung. Vogelfedern bestehen aus verhornten, lufthaltigen Hautzellen. Sie entsprechen den Haaren der Säugetiere oder den Schuppen der Kriechtiere. Die Feder besteht aus dem Kiel und der Fahne. Der Grundteil des Kiels ist rund und hohl, er steckt in der Haut. Am oberen Teil, dem Schaft, ist die Fahne angeordnet. Sie besteht aus zu beiden Seiten des Schafts sitzenden Ästchen. Daran sitzen wieder zu beiden Seiten Strahlen, die untereinander durch Häkchen fest verbunden sind. Beim Vogelgefieder unterscheidet man die oben liegenden Deckfedern und die darunter befindlichen Daunen, die hauptsächlich der Wärmeisolation dienen. Die Deckfedern schützen vor Wasser oder werden für den Flug benötigt.

Als Feder wird auch eine Vorrich-

Fede

Vogelfedern können die seltsamsten Formen und Farben aufweisen. Das Bild zeigt eine Pfauenfeder und eine Straußenfeder. Die Feder als Schreibgerät war der Gänsekiel, heute werden Schreibfedern aus Metall verwendet. Stahlfedern dienen als Stoßdämpfer.

tung aus elastischem Material, meist aus Stahl, bezeichnet, die zum Abfangen von Stößen und Erschütterungen verwendet wird. Die gebräuchlichsten Federarten sind Blattfedern, Spiralfedern, Schraubenfedern und Drehstäbe. Im modernen Fahrzeugbau werden auch Luftpolster zur Federung benutzt. Metallfedern, die zum Antrieb von Uhrwerken oder ähnlichem dienen, heißen Triebfedern.

Außerdem gibt es noch die Schreibfedern, die sich als Schreibgeräte aus dem Gänsekiel entwickelt haben. Heute sind die Schreibfedern natürlich aus Metall. Teure Füllfederhalter haben sogar Goldfedern.

Federball heißt ein Spiel, das man zu zweit oder zu viert spielen kann. Zum Federballspiel werden leichte Schläger, dazu Kork- oder Kunststoffbälle mit einem Federkranz benötigt. Der Federball wird über eine Schnur oder ein Netz geschlagen, welches in einer Höhe von 1,5 Meter über der Mittellinie des Spielfelds hängt. Das Feld sollte 13 mal 5 Meter groß sein. Als Fehler gilt bei der einfachen Spielart nur das Verfehlen des Balls in der Luft. Die wettkampfmäßige Art des Spiels heißt Badminton [bädmintn].

Federbrett wird beim Turnen das abgefederte Sprungbrett zur Erhöhung des Schwungs beim Sprung über Bock oder Kasten genannt. Es besteht aus zwei Brettern, zwischen denen stählerne Blattfedern angebracht sind.

Federgewicht ist eine der Gewichtsklassen beim Boxen, Ringen und Gewichtheben. Der Federgewichtsboxer darf bis zu 57 Kilogramm schwer sein.

Federwaage nennt man eine Waage, bei der das Gewicht durch die ihm entsprechende Ausdehnung einer Feder gemessen wird. Sehr viele Haushaltswaagen sind Federwaagen.

Feen haben in vielen Märchen die

Macht, den Menschen Wünsche zu erfüllen. Die Vorstellung von Feen entstand schon in der Römerzeit und hat sich, immer wieder abgewandelt, in den Mythologien fast aller Völker erhalten.

Fehlergrenze nennt man den Spielraum, um den Meßgeräte von ihrem Sollwert abweichen dürfen, ohne als ungenau zu gelten. Das Tachometer eines Autos darf beispielsweise bis zu zehn Prozent falsch anzeigen, ohne daß es ausgewechselt werden muß.

Fehlgeburt wird der Abgang eines nicht lebensfähigen Embryos innerhalb der ersten 28 Schwangerschaftswochen genannt. Nach dieser Zeit wird der Ausdruck Frühgeburt verwendet.

Fehlhandlung heißt nach dem Psychoanalytiker Sigmund Freud eine bestimmte Art des Vergessens oder Versprechens. Eine Fehlhandlung kann sehr oft als Wirkung verdrängter Vorstellungen nachgewiesen werden. Ein ganz einfaches Beispiel: Wenn ein Schüler morgens an einem normalen Schultag seine Skischuhe anzieht, so ist die Ursache dafür wahrscheinlich der heimliche, unbewußte Wunsch, lieber Ski fahren gehen zu können.

Fehlzündung liegt vor, wenn die Explosion des Kraftstoffs beim Verbrennungsmotor nicht im Zylinder, sondern mit lautem Knall im Auspuffrohr erfolgt.

Fehmarn, eine flache, waldlose deutsche Ostseeinsel zwischen der Kieler und der Mecklenburger Bucht, ist 185 Quadratkilometer groß und hat 13 000 Bewohner. Ihr Hauptort ist die Stadt Burg. Auf der Insel wird Getreide angebaut. Zwischen Fehmarn und der schleswig-holsteinischen Küste verläuft der Fehmarnsund. Über diese etwa einen Kilometer breite Meeresstraße wurde eine Brücke der »Vogelfluglinie« gebaut.

Feiertag wird ein Gedenk- oder Festtag genannt. An gesetzlich festgelegten Feiertagen ruht die Arbeit. Arbeitnehmer erhalten dennoch den Tag als Arbeitstag bezahlt. Die regelmäßig wiederkehrenden Festtage sind meist aus kultischen oder religiösen Anlässen hervorgegangen. Es gibt auch Nationalfeiertage, die ein Volk im Gedenken an ein historisches Ereignis feiert. Die ältesten christlichen Feiertage sind Ostern und Pfingsten.

Feigenbäume gehören zu den Maul-

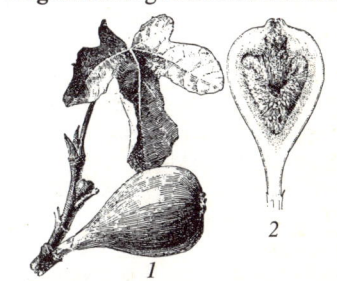

1 Blatt und Frucht
2 Längsschnitt durch eine Feige

beergewächsen. Sie gedeihen in den Tropen und auch in Mittelmeerländern. Ihre Früchte, die birnenförmigen grünen oder blauen Feigen, sind eßbar und sehr süß. Im Handel erhält man sie zumeist getrocknet.

Feile nennt man ein Werkzeug zur

Feinbearbeitung von Metallen, Holz oder Kunststoffen. Die Feile besteht aus gehärtetem Stahl mit zahlreichen kleinen Schneiden an ihrer Oberfläche. Diese Schneiden heben Späne von dem jeweiligen Werkstoff ab. Man unterscheidet je nach Ausführung Rund-, Dreikant-, Grob- und Schlichtfeilen.

Feingehalt oder Feinheit nennt man bei Gold- und Silbermünzen den Anteil des Edelmetalls an der Legierung. Der Feingehalt wird in Tausendsteln gemessen.

Feininger, Lyonel, war ein bedeutender amerikanischer Maler, der von 1871 bis 1956 lebte. Er lehrte zwischen 1919 und 1933 am »Bauhaus« in Weimar und Dessau. 1937 ging er in die USA zurück. Feininger malte Straßen, Kirchen und Meere, die aus prismatisch gebrochenen, in zarten Tönen sich überblendenden Formen komponiert sind.

Feinmechanik, ein Zweig der gewerblichen Technik, befaßt sich mit dem Bau feinster Geräte (Zähler, Meßinstrumente, Schreib- und Rechenmaschinen, Uhrwerke, Waagen, Fernrohre, Foto- und Filmapparate, Mikroskope usw.).

Feinmeßgeräte dienen der genauen Längen- und Winkelmessung, besonders bei der Metallverarbeitung. Sie sorgen für eine Genauigkeit von $^1/_{1000}$ Millimeter und darunter.

Felber Tauern heißt ein österreichischer Paß in den Hohen Tauern. Er liegt zwischen dem Venediger und der Glocknergruppe und verbindet den Pinzgau mit Osttirol. Die größte Höhe des Passes beträgt 2545 Meter. Die unter ihm hindurchführende Felber-Tauern-Straße mit dem 5,2 Kilometer langen Tunnel wurde 1967 fertiggestellt.

Felchen sind lachsartige Fische, die über die nördliche gemäßigte Zone der Erde verbreitet sind. Sie nähren sich von Kleintieren und sind als schmackhafte Speisefische sehr beliebt.

Feld heißt der physikalische Begriff für einen Raum, in dem eine Kraft wirksam ist. So heißt z. B. der Raum um die Pole eines Magneten das Magnetfeld.

Allgemein wird als Feld ein umgrenztes Gebiet bezeichnet, also ein Spielfeld oder ein Teil eines Spielbretts.

In der Landwirtschaft ist das Feld ein Stück Nutzboden, der zum Anbau von Gemüsen oder Feldfrüchten dient.

Feldhühner heißen die kurzschwänzigen Hühnervögel, die im offenen Gelände, also auf Wiesen und Feldern, wild leben. Die bei uns bekanntesten Feldhühner sind die Wachtel und das Rebhuhn. Sie sind standorttreu, leben in Familiengruppen und fressen wie unsere Haushühner Körner, Samen, grüne Pflanzenteile, aber auch Kerbtiere. Die Feldhühner nisten in Bodenmulden, ein Gelege umfaßt 10 bis 20 olivbraune Eier. Feldhühner werden als Niederjagdtiere bezeichnet.

Feldsalat, eine zu den Baldriangewächsen gehörende Pflanze, wächst in Europa auf trockenem Grasland wild. Zum Feldsalat gehören auch der Feldkropf und die Rapunzel. Die

Blattrosetten werden im Frühjahr als Salat sehr geschätzt.

Feldverweis erhält ein Sportler vom Schiedsrichter beim Handball, Fußball, Eishockey usw. für wiederholten Verstoß gegen die Regeln oder für unsportliches Verhalten. Darüber hinaus wird der Spieler von seinem zuständigen Sportverband für eine bestimmte Zeit gesperrt.

Felge nennt man einen Radkranz, z. B. beim Fahrrad, der die Bereifung trägt.

Felge kann aber auch eine Turnübung am Reck sein. Bei allen Arten von Felgen, z. B. beim Felgaufzug oder Felgumschwung, kommt es darauf an, den Körper aus dem Stand oder Hang in einer Kreisbewegung um die Reckstange herumzubringen.

Fellachen sind Ackerbauern in den arabischen Ländern. Sie leben meist in großer Armut und unterscheiden sich in ihrer Kultur und Lebensweise nur wenig von ihren Vorfahren zur Zeit der Pharaonen im alten Ägypten.

Felsbilder haben die Frühmenschen der Altsteinzeit auf die Felswände in den Höhlen gemalt. Die ältesten dieser Malereien stammen aus der jüngeren Altsteinzeit. Sie sind bedeutende vorgeschichtliche Funde, die von den religiösen Vorstellungen, den Jagd- und Fruchtbarkeitsriten der frühen Jäger zeugen. Die Malereien sind mit Pinsel und Farbstift ausgeführt. Berühmt sind die Höhlenmalereien von Altamira in Nordspanien und die von Lascaux in Frankreich.

Feluke nennt man ein offenes, zweimastiges Segelschiff an den Mittelmeerküsten.

Feme oder auch Femegericht hieß im Mittelalter ein öffentliches, später im geheimen abgehaltenes Strafgericht. Die Femegerichte urteilten ohne Gesetzbücher, sozusagen nach »ungeschriebenem Recht«. Als Urteile kamen nur Freispruch oder Tod in Frage. Wer einer Vorladung des Femegerichts nicht Folge leistete, wurde verfemt (geächtet). Er war damit vogelfrei, er durfte von jedermann aufgegriffen und getötet werden.

Femininum lautet die lateinische Bezeichnung für ein weibliches Hauptwort (Substantiv). Feminin bedeutet weiblich oder abwertend auch weibisch.

Fenchel ist eine Doldenpflanze, die besonders im Mittelmeergebiet wächst. Ihre Früchte enthalten ein ätherisches Öl, das zu einem Heilmittel gegen Husten verarbeitet wird. Der Fencheltee hilft gegen Magenverstimmung. Die ähnlich wie bei einer Zwiebel angeordneten Blattscheiben werden als Gemüse zubereitet.

Fender bestehen aus Tauwerk, Kork oder Holz. Es sind Puffer, die zwischen Schiffswand und Anlegestelle gehängt werden, um Beschädigungen zu vermeiden.

Fenster sind Öffnungen in den Hauswänden, die das Tageslicht ins Hausinnere hineinlassen, aber auch der Lüftung dienen. Lange Zeit hindurch hatten die Menschen fensterlose Häuser, nur eine Tür sorgte für Licht und Luft. Die ältesten Fenster

Fens

– es waren schlitzartige Öffnungen – fand man in der Lehmmauer eines Hauses im Iran, das ungefähr 6000 Jahre alt war. Erst die Römer erfanden zu Beginn unserer Zeitrechnung das verglaste Fenster.

Im Mittelalter kannte man zwar große Fensteröffnungen, aber nur selten Verglasung. Schutz vor der Kälte boten lediglich Fensterläden mit winzigen Öffnungen. In späterer Zeit wurden die Fensteröffnungen mit Pergamentpapier verschlossen, während die gotischen Dome bereits mit farbigen Glasfenstern ausgestaltet waren. Im 13. Jahrhundert waren Glasfenster noch eine Seltenheit. Die Fassaden der Häuser unserer Zeit bestehen oftmals nur aus Fensterfronten.

Fensterrose ist die Bezeichnung für ein großes, rundes Fenster, das sich meist über dem Portal spätromanischer und gotischer Kirchen befindet. Die Fensterrose ist mit Maßwerk ausgefüllt und mit Glasmalereien geschmückt.

Ferkel wird ein junges Schwein bis zum Alter von drei Monaten genannt. Wenn man einen Menschen mit Ferkel bezeichnet, bedeutet das im übertragenen Sinn, daß er unsauber ist oder sich schmutzig verhalten hat.

Fermente oder Enzyme bilden neben den Hormonen und den Vitaminen die dritte Gruppe der biologischen Katalysatoren im Organismus, d. h.: Die Fermente helfen, die Vielzahl der chemischen Reaktionen, wie sie sich in den einzelnen Organismen abspielen, zu steuern und zu regeln. Fermente bestehen im wesentlichen aus hochmolekularen Eiweißstoffen und werden von lebenden Zellen gebildet. Sie können aber auch außerhalb von Zellen ihre Wirkung ausüben. Die Zahl der Fermentarten geht in die Tausende. Ohne Fermente ist kein Leben möglich. Die Verdauungsfermente machen unsere Nahrung wasserlöslich, damit sie ins Blut eintreten kann. Gärungsfermente werden von Hefepilzen erzeugt. In Brauereien, Käsereien und in der Medizin werden Fermente verwendet.

Fermi ist eine kleine Längeneinheit in der Kernphysik, die nach dem italienischen Atomphysiker Enrico Fermi benannt wurde.

Fernando Póo heißt eine vulkanische Insel vor der Küste Kameruns im Golf von Guinea. Sie gehört zu Äquatorial-Guinea und ist 2017 Quadratkilometer groß. Von den rund 65 000 Einwohnern wohnt etwa die Hälfte in Santa Isabel, dem Haupthafen und Sitz der Regierung von Äquatorial-Guinea. Die Insel hat tropisches Klima und ist fast vollständig von Urwald bedeckt. Ihre Ureinwohner gehören einem Bantustamm an. In der Hauptsache werden Kakao, Kaffee und Holz ausgeführt.

Fernheizung spielt in Großstädten eine immer größere Rolle. Mehrere Gebäude oder ganze Stadtteile werden über Rohrleitungen von einem zentralen Heizwerk aus mit heißem Dampf oder Wasser versorgt. Häufig wird die Fernheizung von Elektrizitätswerken betrieben, die die anderweitig nicht mehr verwendbaren heißen Abdämpfe der Dampfturbinen als Heizmittel einsetzen.

Fassungslos starrt der Herr auf das führerlose Auto. Kein Mensch sitzt darin, doch es kann, wie durch Geisterhand bedient, stehenbleiben und weiterfahren. Des Rätsels Lösung: Die Steuerung erfolgt durch Funkwellen. Diese erste Versuchsvorführung fand im Jahre 1925 statt.

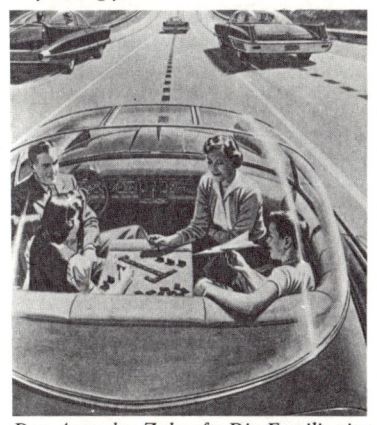

Das Auto der Zukunft: Die Familie sitzt auf Reisen unter dem kunstgläsernen Aussichtsdach, spielt Domino, schläft oder betrachtet die Landschaft. Das Auto fährt von selbst. Das Lenkrad ist nur dazu da, den Wagen zur Autobahn zu fahren. Dort wird das Auto an einen Leitstrahl angeschlossen, der es selbsttätig und sicher zu seinem Ziel bringt.

Fernlenkung nennt man die Steuerung von Fahrzeugen über Funkwellen. Besonders in der Kriegstechnik wird die Fernlenkung angewendet, vornehmlich zur Steuerung von unbemannten Flugzeugen sowie von sogenannten Fernlenkwaffen (Raketen).

Fernmessung führt man auf elektrischem Wege durch. Ein Beispiel hierfür ist die Messung der Kühlwassertemperatur im Kraftwagen. Das Ergebnis dieser Messung im Kühlwassertank kann man auf einem Instrument am Armaturenbrett ablesen.

Fernpaß heißt ein 1210 Meter hoher Paß in Nordtirol. Er verbindet das Lech- und Loisachtal mit dem Inntal bei Imst.

Fernrohr wird ein optisches Instrument genannt, mit dessen Hilfe entfernte Gegenstände unter einem größeren Gesichtswinkel betrachtet werden können. Sie erscheinen dadurch stark vergrößert. Das Prinzip des Fernrohrs besteht darin, daß durch Linsen oder Hohlspiegel ein Bild des betrachteten Gegenstands erzeugt wird, das man dann mit Hilfe eines weiteren Linsensystems wie durch eine Lupe betrachten kann. Die ersten Fernrohre wurden Anfang des 17. Jahrhunderts gebaut.

Fernschreiber sind Telegrafenapparate, die schriftliche Meldungen auf elektrischem Wege übermitteln. Ein Fernschreiber ähnelt einer Schreibmaschine. Diese ist mit vielen anderen »Schreibmaschinen« durch ein Leitungsnetz verbunden. Sender und Empfänger sind in jedem Gerät ver-

Fern

einigt. Der Empfänger wird wie beim Telefon über eine Wählscheibe angewählt. Schreibt man dann beispielsweise auf einem Gerät in München mit Hilfe der Tasten eine Mitteilung, so schreibt das angewählte Gerät, z. B. in Berlin, gleichzeitig dieselben Sätze. Bis zu 400 Zeichen in der Minute können auf diese Weise übermittelt werden.

Fernsehen
Das Kino im Wohnzimmer

Das Fernsehen ist das jüngste Kind der Unterhaltungsindustrie, wesentlich jünger als der Hörfunk, aus dem es hervorgegangen ist. 1843 wurde zwar schon erkannt, daß man Bilder drahtlos übertragen könne, aber es dauerte bis nach dem ersten Weltkrieg, bis ein brauchbares Ergebnis erzielt wurde. 1927 gelang es in den USA, die ersten 50zeiligen Fernsehbilder über 40 Kilometer drahtlos und gleichzeitig über eine 330 Kilometer lange Freileitung zu übermitteln. 1928 führte die Deutsche Reichspost den ersten Fernseher für 30 Zeilen der Öffentlichkeit vor; 1936 wurde der erste öffentliche Fernsehsprechdienst zwischen Berlin und Leipzig eröffnet, und 1938 konnte er bis nach München ausgedehnt werden. Das Berliner Fernseh-Rundfunkprogramm wurde von 1941 an über Kabel auch nach Hamburg übertragen. Während des zweiten Weltkriegs ruhten die Entwicklungsarbeiten am Fernsehen fast völlig. Nach dem Kriege wurden sie in den USA sowie in Großbritannien und Frankreich wiederaufgenommen. Die Bundesrepublik Deutschland hat sei 1952 wieder einen öffentlichen Fernsehdienst. 1954 wurde das Deutsche Fernsehen als Gemeinschaftsprogramm aus den Beiträgen der einzelnen Rundfunkgesellschaften, der »Arbeitsgemeinschaft der Öffentlich-rechtlichen Rundfunkanstalten der Bundesrepublik Deutschland« (ARD), gegründet. Das erste Werbefernsehen wurde in Bayern eingerichtet. Inzwischen gibt es ein »Zweites Deutsches Fernsehen« (ZDF), und mehrere Bundesländer haben ein regionales Drittes Programm. 1966 hatte sich die Zahl der Fernsehteilnehmer auf 12,5 Millionen ausgeweitet. Seit 1967 gibt es in der BRD auch Farbfernsehprogramme.

Schneller als jede Tageszeitung und informativer als der Hörfunk kann das Fernsehen dem Zuschauer Berichte von Geschehnissen liefern, die in derselben Zeit gerade irgendwo passieren. Die Live- oder Direkt-Übertragungen sind die große Stärke dieses Massenmediums. Das zeigte sich besonders deutlich während des Mondflugs von »Apollo 14«. Hunderte von Millionen Menschen konnten damals miterleben, wie Commander Shephard und sein Kopilot die Luke ihrer Mondfähre »Antares« öffneten und ihre Mondspaziergänge unternahmen. Durch das Fernsehen ist die Nachrichtentechnik auf eine vorher nie gekannte Höhe und Aktualität gebracht worden. Die Menschen können, wenn sie sich dafür interessieren, heute über alle Geschehnisse der Erde schnell und umfassend informiert sein.

Nun zur Technik: Wie beim Film muß auch beim Fernsehen eine bestimmte Anzahl von Einzelbildern pro Sekunde übermittelt werden, damit auf dem Bildschirm der Eindruck der Bewegung entsteht. Jedes Bild wird auf elektronischem Wege in einzelne Zeilen verwandelt. Diese wiederum werden in viele kleine Bildteilchen, in Punkte, zerlegt. Diese Punkte werden dann durch einen Elektronenstrahl abgetastet und als Stromstöße ausgesendet. Je nach dem Helligkeitsgrad der Bildteile ändert der Strahl seine Stärke. In der Braunschen Röhre, der Bildröhre des Empfängers, verwandeln sich die Stromstöße wieder in die einzelnen Lichtpunkte verschiedener Helligkeitsgrade. Der ganze Vorgang dauert nur etwa $1/25$ Sekunde für ein Bild.

Da sich die ultrakurzen Wellen, die man beim Fernsehen verwendet, geradlinig wie Lichtstrahlen ausbreiten, muß man die Sendeantennen auf Bergen oder Türmen aufstellen, um möglichst große Gebiete versorgen zu können. Trotzdem haben die Fernsehsender keine allzu große Reichweite. Deshalb baut man sogenannte Fernsehbrücken. Das sind Stationen, die durch Richtfunk miteinander in Verbindung stehen.

Beim Farbfernsehen wird das Originalbild in rote, grüne und blaue Bildpunkte zerlegt, die nacheinander oder ineinandergeschachtelt übertragen werden. Wir haben also wie beim Farbfilm oder beim Farbdruck den Beweis dafür, daß drei Farben genügen, um ein mehrfarbiges Bild herzustellen.

Das Fernsehen ist nicht nur als Heimkino zu unserer Unterhaltung da. Wissenschaft und Technik könnten heute ohne die Hilfe des Fernsehens nicht mehr auskommen. Mit Unterwasserkameras werden z. B. Meerestiefen erforscht; kombiniert man Fernsehkameras mit starken Scheinwerfern, kann man über Kabel Bilder aus dem Dunkel der Tiefsee erhalten.

In jedem modernen medizinischen Labor ist heutzutage ein Fernsehschirm mit dem Röntgengerät gekoppelt. Durch die Wiedergabe der Durchleuchtung mit mehr als tau-

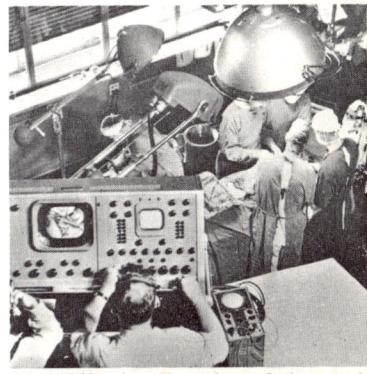

Mit Hilfe des Fernsehens haben viele Studenten die Möglichkeit, »mit dabeizusein«, und so können sie in aller Deutlichkeit die chirurgischen Eingriffe studieren.

Fern

Ein Computer stellt über den Bildschirm die Fragen, der Schüler tippt seine Antworten über ein Schreibgerät direkt ins Rechenzentrum. Ist die Antwort richtig, geht der Computer im Fragenprogramm weiter, ist sie falsch, erscheint ein Trainingsprogramm auf dem Bildschirm, und zwar so lange, bis der Schüler den erforderlichen Wissensstand erreicht hat.

sendfach verstärkter Helligkeit kann der Arzt viel bessere Untersuchungsergebnisse erzielen. Außerdem haben ganze Gruppen von Studenten Gelegenheit, dabei zuzusehen und erste Erfahrungen zu sammeln. Eine Miniaturkamera, die man in die Venen oder in die Körperhohlräume einführt, übermittelt Bilder aus dem Körperinnern. Die Übertragung durch Bildschirme hat für Patienten und Ärzte auch den erwünschten Nebeneffekt: Man benötigt eine wesentlich geringere Strahlendosis als beim Röntgenapparat.

Drehbare, automatische Fernsehkameras sind auf Beobachtungstürmen in den großen Waldgebieten der USA und Kanadas ständig in Aktion. Sie ermöglichen einen ununterbrochenen Rundblick per Bildschirm. Dadurch können Waldbrände sehr schnell entdeckt und der Löscheinsatz durch Hubschrauber von der Beobachtungsstation besser koordiniert werden: Der Bildschirm zeigt eine Rauchsäule, und Minuten später starten bereits Flugzeuge mit Löschmannschaften.

Auch für den Schulunterricht kann das Fernsehen als Unterstützung des Lehrers Bedeutung gewinnen.

Den Kriminalisten kann die Fernsehkamera ebenfalls die Arbeit erleichtern. Nicht nur Ladendiebe werden durch automatische Fernsehkameras sehr schnell entlarvt. In allen großen Banken existieren versteckte Fernsehaufnahmegeräte, die jeden Verdächtigen bald im Auge haben. Sollte dennoch ein Überfall gelingen, so hat die Polizei wenig später ein genaues Bild vom Hergang sowie ein Foto der Täter, das, als Fahndung über die Fernsehstationen ausgestrahlt, den Verbrechern die Flucht erschwert. Oft wird das Fernsehen dafür verantwortlich gemacht, daß die Menschen heute weniger aktiv seien als früher. Statt selbst Sport zu treiben, sitzen Millionen vor dem Bildschirm und schauen sich Sportveranstaltungen an. Früher, so heißt es, hätten Kinder z. B. etwas gebastelt, musiziert, gemalt oder gespielt, heute wollen sie nur noch ›Lassie‹ und ›Flipper‹ sehen oder wie all die anderen Serien heißen. Der gedankenlose Gebrauch des Mediums Fernsehen kann den Zuschauer leicht »abhängig« ma-

Fern

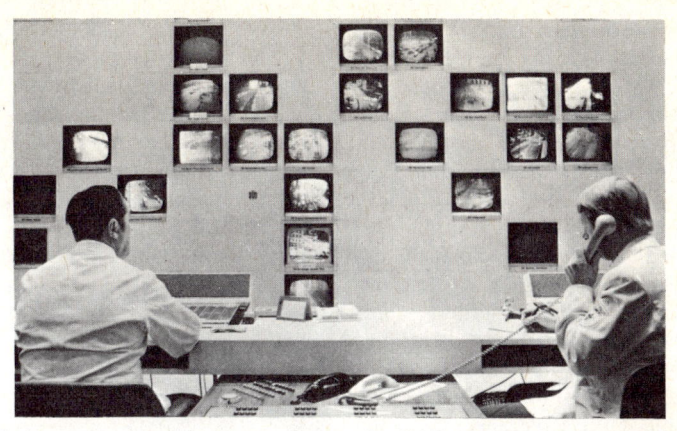

Auch die moderne Verkehrsüberwachung in den Großstädten kommt ohne Fernsehen nicht mehr aus. An verkehrsreichen Straßen und Plätzen sind Fernsehkameras angebracht, die das Straßenbild direkt in die Zentrale der Verkehrspolizei senden. Dort beobachten die Beamten die Vorgänge auf dem Bildschirm und schalten vom Steuerpult aus je nach der Verkehrsdichte das gesamte Verkehrsampelsystem der Stadt.

chen. Aber niemand ist gezwungen, sich an einem Abend wahllos hintereinander alle Sendungen anzusehen, ob es nun ›Das kleine Fernsehspiel‹, die ›Sportschau‹, eine Diskussion über landwirtschaftliche Probleme oder einen Western gibt. Eine gute, maßvolle Auswahl macht's eben.

• • •

Fernsprecher ist das deutsche Wort für das Telefon, jene Einrichtung, die es einem ermöglicht, über weite Entfernungen hinweg einen Teilnehmer anzuwählen und mit ihm eine persönliche Unterhaltung zu führen. Beim Fernsprecher werden die Schallwellen im Mikrofon in Stromschwingungen umgewandelt, die über eine elektrische Leitung zum Empfänger gelangen. Dort werden die Stromschwingungen im Fernhörer in Schallwellen zurückverwandelt. Der Fernsprechapparat enthält einen mit der Wählscheibe verbundenen Nummernschalter, einen Wechselstromwecker und den Gabelschalter. Beim Abheben des Hörers werden durch den Gabelschalter der Stromkreis der angeschlossenen Amtsleitung geschlossen und das Telefon mit Strom versorgt. Beim Wählen unterbricht der Kontakt den Strom entsprechend den einzelnen Ziffern; dadurch schaltet ein Relais im Fernsprechamt vollautomatisch die Leitung des gewünschten Teilnehmers an. In dessen Apparat läutet also der Wecker. Wenn er abhebt, schließt sich der Gesamtstromkreis, und das Gespräch kann beginnen.

Fern

Die erste brauchbare Übertragung von Sprache gelang Philipp Reis im Jahre 1861.

Fernstraßen oder Fernverkehrsstraßen verbinden heute die größeren Städte, Industriezentren und Ballungsräume miteinander. Diese Fernstraßen sind oft Autobahnen. Auch die nicht als Autobahnen ausgebauten Fernstraßen werden um Ortschaften herumgeführt und kreuzungsfrei gebaut. Fernverkehrsstraßen, die durch größere Teile Europas führen, tragen die Bezeichnung Europastraßen.

Fernunterricht, eine in den letzten Jahrzehnten stark in den Vordergrund getretene Form der Erwachsenenbildung, geschieht durch Lehrbriefe, die von »Fernlehrinstituten« übersandt werden. Den Lehrstoff muß sich der Fernschüler selbständig erarbeiten. Die an die »Schule« zurückgeschickten Aufgaben werden dort korrigiert und dem Schüler wieder zugesandt. Die Verpflichtung zu Fernlehrkursen sollte man genau überdenken; auch die Überprüfung der anbietenden Firma ist angebracht, da es bei den Fernlehrinstituten große Qualitätsunterschiede gibt.

Fernzüge nennt man Eisenbahnzüge, die große Strecken ohne wesentliche Fahrtunterbrechungen durchfahren. In Mitteleuropa gehören zu den Fernzügen z. B. die TEE-Züge (Trans-Europa-Express).

Ferrara heißt eine oberitalienische Provinz im Delta des Po. Die gleichnamige Hauptstadt war im Mittelalter ein kultureller Mittelpunkt Italiens. Heute leben ihre 154 000 Einwohner hauptsächlich von der Zucker- und der Glasindustrie.

Ferrum ist das lateinische Wort für Eisen. Daraus leitet sich auch sein chemisches Zeichen Fe ab. (Siehe auch Stichwort »Eisen«)

Fertigbauweise wird ein Bauverfah-

Wie aus dem Baukasten heraus kann man mit der Fertigbauweise innerhalb kurzer Zeit ganze Häuserblocks errichten. Die vorgefertigten Teile brauchen nur zusammengebaut und dann aufeinandergestellt zu werden.

ren genannt, bei dem die in einer Fabrik vorgefertigten Bauteile ohne Verwendung von Mörtel zusammengefügt werden. Die Fertigbauweise verkürzt die Bauzeit eines Hauses erheblich. Sie ermöglicht auch das Arbeiten bei ungünstiger Witterung. Außerdem sind die Kosten geringer, da Fertighäuser serienweise hergestellt werden können.

Fes [fähß] heißt eine Stadt im nördlichen Marokko. Sie hat 225 000 Einwohner, ist ein bedeutendes Handelszentrum und bildet auch den religiösen Mittelpunkt des Landes. Deshalb befinden sich in Fes zahlreiche Moscheen und eine islamische Universität.

Fes [fäß] oder Fez wird auch eine rotwollene Filzkappe mit schwarzer Quaste genannt, die früher in den orientalischen Ländern häufig getragen wurde.

Fessel nennt man den zum Knöchel überleitenden Teil des menschlichen Unterschenkels. Auch das Gelenk von Huftieren, das sich am Ende des Mittelfußes vor dem Ansatz der ersten Zehen befindet, wird Fessel genannt.

Unter Fessel versteht man außerdem einen Strick oder eine Kette, womit Gefangene festgebunden, also gefesselt werden.

Fesselballon ist die Bezeichnung für einen gasgefüllten, an einem Draht- oder Nylonseil befestigten Ballon, den man zu wissenschaftlichen Untersuchungen mit Meßinstrumenten in große Höhen aufsteigen läßt.

Festigkeit bedeutet die Widerstandskraft eines Körpers. Sie kann verschiedenartig sein. Es gibt schlag-, druck- und biegefeste Körper. Die Festigkeit wird in Kilopond pro Quadratzentimeter (kp/cm²) gemessen.

Festival [feßtiwel] ist das aus dem Englischen stammende Fremdwort für eine musikalische Festveranstaltung oder eine Festspielaufführung.

Festland wird der feste Teil der Erdoberfläche im Gegensatz zu den Meeren und den Inseln genannt.

Festmeter, ein in der Forstwirtschaft gebräuchliches Wort, ist ein Raummaß für Holz. Ein Festmeter (fm) ist ein Kubikmeter fester Holzmasse. Im Gegensatz dazu verwendet man die Maßeinheit Raummeter (rm) für einen Kubikmeter geschichteten Holzes unter Einschluß der Zwischenräume.

Festnahme bedeutet nicht Verhaftung. Sie ist eine durch die Polizei oder die Staatsanwaltschaft erfolgte vorläufige Freiheitsentziehung, die ohne Vorlage eines richterlichen Haftbefehls möglich ist. Durch diese Maßnahme soll z. B. bei einem gefaßten Einbrecher die Fluchtgefahr ausgeschlossen werden. Der Festgenommene muß jedoch spätestens am darauffolgenden Tage dem Untersuchungsrichter vorgeführt werden, der entweder einen Haftbefehl erläßt oder die Freilassung bis zum Gerichtstermin anordnet.

Festspiele nennt man die Aufführung von Theaterstücken, Opern oder Filmen in einem besonders festlichen Rahmen oder zu einem besonderen Anlaß. Bekannt sind z. B. die »Salzburger Festspiele« und die »Bayreuther Festspiele«.

Festung nannte man im Mittelalter eine Burg, die mit ihren Mauern den heranrückenden Feinden trotzte. Auch in späteren Zeiten gab es solche befestigten Orte, die vorwiegend als Stützpunkte der Heere Verwen-

Feti

dung fanden. Als Festung dienten auch unterirdische Gänge, Erdgräben sowie die Mauern der Basteien.

Fetische sind Gegenstände aus Stein, Holz, Horn oder ähnlichem, die bei Naturvölkern religiöse Verehrung genießen, weil ihnen magische, übernatürliche Kräfte zugeschrieben werden.

Fette bilden neben den Kohlehydraten und den Eiweißstoffen die dritte Gruppe der Hauptnahrungsmittel des Menschen. Sie sind tierischer oder pflanzlicher Herkunft und haben den höchsten Nährwert. Im Organismus werden Fette als Nahrungsmittelreserve gespeichert, außerdem dienen sie als Wärmeisolatoren. Feste und flüssige Fette werden zur Herstellung von Seifen, Cremes, Haarölen, Salben, Ölfarben, Lacken usw. verwendet.

Feuchtpflanzen wachsen hauptsächlich in tropischen Regenwäldern, in denen die Luft einen hohen Feuchtigkeitsgrad aufweist. Sie haben sich dem Leben dort gut angepaßt, indem sie das Wasser auch aus der Luft aufnehmen und durch Öffnungen wieder auspressen.

Feudalismus nannte man im Mittelalter eine Staatsordnung, in der ein König oder ein Reichsfürst an seine Gefolgsleute, die Vasallen, Grundbesitz für besondere Verdienste verlieh. Diese »Lehen« wurden später erblich. Zwischen dem Lehnsherrn und dem Lehnsträger bestand ein Treueverhältnis. Der Bruch dieser Treue galt als das schwerste Verbrechen. Die Lehnsträger waren verpflichtet, Kriegsdienste für ihren Lehnsherrn zu leisten, sie hatten dafür aber das Recht, in ihrem Lehen Steuern einzutreiben oder die Ländereien an andere weiterzugeben. Die Untertanen dieser adligen Oberschicht mußten für den Lebensstil ihrer Herren aufkommen und gerieten, wenn sie die geforderten Abgaben nicht aufbringen konnten, in Leibeigenschaft. Die sozialen und gesellschaftlichen Verhältnisse eines solchen Feudalstaates wurden erst im späten 18. und im 19. Jahrhundert beseitigt.

Feuer
Beginn der menschlichen Kultur

Feuer ist eine Form der Verbrennung, bei der Licht, Wärme und Flammen entstehen. Chemisch betrachtet, ist es eine schnelle, lebhafte Verbindung von Sauerstoff mit brennbaren Materialien.

Mit Sicherheit ist das Feuer die älteste Kulturerrungenschaft des Menschen. Entweder holte es sich der Urmensch aus dem brodelnden Auswurf eines Vulkans, oder ein flammender Blitz setzte einen Baum in Brand. Jahrtausendelang dürfte es gedauert haben, bis der Mensch das Feuer planmäßig nutzte und die schwierige Kunst des Feuermachens erlernte. Mit welchen Methoden der frühe Mensch sein Feuer entzündete, praktizieren die noch heute lebenden Naturvölker. Durch Reiben oder Bohren von Holz auf Holz entsteht Bohrmehl, das zum Glimmen und Brennen gebracht wird. In manchen Gegenden wurde Feuer durch Schlagen von Stein oder Eisen gegen Stein erzeugt. Dabei entstanden zuerst Funken, die – von Holzmehl oder getrocknetem Baumschwamm aufgefangen – leicht angefacht werden konnten.

Die großen Schwierigkeiten der Feuererzeugung, zu der viel Ausdauer und Geschicklichkeit gehörten, bedingten, daß ein einmal entfachtes Feuer möglichst nicht ausgehen durfte. Es war weniger schwierig, ständig für Brennholz zu sorgen, als immer wieder von neuem Feuer zu machen. Das Herdfeuer spielte auch eine große kultische Rolle im Leben der früheren Menschen. Es war die Aufgabe der Frauen, dafür zu sorgen, daß das Feuer nicht erlosch. Wir können vermuten, daß Frauen, die das Herdfeuer erlöschen ließen, mit strengen Strafen belegt wurden.

Bei allen Völkern hatte das Feuer auch kultisch-religiöse Bedeutung. Die Sagen erzählen von Göttern, die den Menschen das kostbare Gut schenkten, und vom Raub des Feuers (Prometheus). Das deutet darauf hin, daß der Gebrauch des Feuers nicht von den einzelnen Völkern neu entdeckt, sondern offensichtlich von Volk zu Volk weitergegeben wurde. Im Alten Testament ist das heilige Feuer des Tempels göttlichen Ursprungs, und Jahwe spricht zu Moses

Ein Sportler passiert, begleitet von einer Polizeieskorte, den Konstantinsbogen in Rom. Er läuft über das Kopfsteinpflaster der Heiligen Straße zum Forum Romanum. In seiner rechten Hand trägt der Läufer die Fackel. Das olympische Feuer brennt nicht, denn bei diesem Lauf sollte nur der Weg festgelegt werden, der bei Eröffnung der Olympischen Spiele 1960 tatsächlich zu laufen war.

aus dem brennenden Dornbusch. Im Neuen Testament kommt der Heilige Geist in Gestalt feuriger Zungen vom Himmel herab. In der Antike wurde es als olympisches Feuer geweiht.

Auch in unserem Industriezeitalter ist die Bedeutung des Feuers nicht geringer als in der alten Zeit. Es schmilzt Eisen, kocht Stahl, erzeugt elektrischen Strom, beheizt unsere Wohnungen und flammt unter den Retorten der Wissenschaftler ebenso wie unter den Heizkesseln der großen Dampfer. Es ist und wird es wohl bleiben: der größte Schatz der Menschen.

Feuerameise heißt eine zwei bis sechs Millimeter lange, stacheltragende Knotenameise. Sie ist in allen tropischen, aber auch subtropischen Gebieten verbreitet und gefürchtet. Ihr Stich ruft bei Menschen Erbrechen und Lähmungen, oder auch Ohnmachtsanfälle hervor.

Feuerbestattung nennt man die Leichenverbrennung (Einäscherung) sowie die Beisetzung der Asche, die sich in einer Urne befindet. Während die Toten in der Vorzeit und im Altertum auf Scheiterhaufen verbrannt wurden, baut man seit dem 19. Jahrhundert Krematorien für die Einäscherung. In ihnen wird die Feuerbestattung elektrisch durchgeführt. Möglicherweise wird die Einäscherung in Zukunft vor allem in Großstädten größere Bedeutung erlangen, da schon heute viele Friedhöfe unter zunehmendem Platzmangel leiden.

Feuerfest sind Baustoffe oder Gewebe, die nicht brennen, also selbst bei Entzündung nicht entflammen.

Feuerland heißt eine Inselgruppe an der Südspitze Südamerikas. Vom Kontinent ist sie durch die Magellanstraße getrennt. Der Ostteil gehört zu Argentinien, der Westteil zu Chile. Nur wenige Menschen bewohnen die gebirgigen Inseln, auf denen ein kaltfeuchtes, unwirtliches Klima herrscht. Sie leben vor allem von der Schafzucht und vom Robbenfang.

Die indianischen Urbewohner Feuerlands, die Feuerland-Indianer, sind nahezu ausgestorben.

Feuerlöschapparate dienen der Brandbekämpfung. Sie arbeiten nach dem Grundprinzip, einerseits das in Brand geratene Gut abzukühlen und andererseits den Zutritt von Sauerstoff zum Feuer zu verhindern. Das wird dadurch erreicht, daß Schaum oder Pulver durch ein Treibmittel aus dem Vorratsbehälter des Apparats auf den Brandherd gesprüht werden. Diese Apparate müssen in genau vorgeschriebenen Zeitabständen überprüft werden, damit sie im Ernstfall auch wirklich einsatzbereit sind.

Feuerlöschboote liegen in allen größeren Häfen. Sie bilden die schwimmende Feuerwehr. Mit sehr leistungsfähigen Pumpen saugen sie Wasser aus dem Hafenbecken und spritzen es mit hohem Druck auf brennende Schiffe oder Lagerhallen.

Feuermeldeanlagen gibt es überall dort, wo viele Menschen zusammenkommen, also in größeren Betrieben, öffentlichen Gebäuden, Warenhäusern usw. Automatische Feu-

Die Ureinwohner Feuerlands waren die Feuerland-Indianer. Diese Darstellung geht zurück auf die Zeichnung eines Expeditionsteilnehmers der »Beagle«, des Schiffs, das der Naturforscher Charles Darwin benutzte.

ermeldeanlagen reagieren auf Hitze oder Rauchentwicklung. Sie bemerken jeden Brand und melden ihn selbsttätig an die Feuerwehr weiter. Es gibt auch Feuermelder, die von Menschenhand durch Drücken eines Knopfs in Betrieb gesetzt werden.

Feuerschiffe liegen in den Meeren an bestimmten Stellen der Schiffahrtsstraßen verankert und dienen als Orientierungshilfe. Ein Feuerschiff hat meist ein Leuchtfeuer, Schallsignalanlagen und Radargeräte an Bord und ist oft gleichzeitig Lotsenstation.

Feuerstein oder Flint heißt ein sehr harter Stein, aus dem sich Funken schlagen lassen. In früheren Zeiten wurde er zum Feuermachen benutzt. Heute braucht man ihn in Feuerzeugen. Im Altertum verarbeitete man ihn zu Waffen und Geräten.

Feuerwehr heißt eine Einrichtung zur Brandbekämpfung sowie Rettung von Leben und Gut bei Bränden. Sie beruht auf beruflicher Verpflichtung oder freiwilliger Hilfeleistung. In allen größeren Städten gibt es Berufsfeuerwehren. Alle Feuerwehren arbeiten mit Motorspritzen, chemischen Löschmitteln, Fahrzeugen mit ausschiebbaren Leitern sowie Geräten zur Wiederbelebung und ersten Hilfeleistung. Die immer sofort abfahrtbereiten Feuerwehrmannschaften sind in Feuerwachen stationiert, wo sie telefonisch oder durch Feuermelder alarmiert werden können. Feuerwehrmänner müssen sportlich und technisch trainierte Männer sein. Sie tragen Uniformen, im Einsatz gegen Feuer auch feuerfeste Asbestanzüge und Helme. Die Feuerwehr eilt nicht nur bei Bränden zu Hilfe, sie wird ebenso bei Unfällen, Überschwemmungen oder anderen Katastrophen eingesetzt.

Feuerwerk wird das Abbrennen von Feuerwerkskörpern genannt. Diese bestehen meist aus dickwandigen Papphülsen, die mit brennbarem Pulver gefüllt sind. Verschiedene Zusätze, wie Mehl, Zucker, Metallspäne u. ä., rufen farbige Leuchterscheinungen, sprühende Funken oder einen Knall hervor.

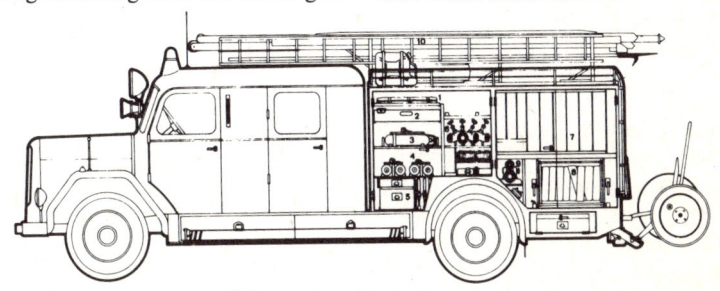

Schema eines Feuerwehrautos

1 Krankentrage 2 Handwerkskasten 3 Preßluftatmer 4 Starkstromgerätekasten 5 Äxte 6 Wasserverteiler 7 Druckschläuche 8 Tragbare Schlauchhaspel 9 Wasserstrahlpumpe 10 Ausschiebbare Leiter

Feuerwerker (Pyrotechniker) stellen Feuerwerkskörper her oder überwachen den Ablauf eines Feuerwerks. Im Altertum sollte das Feuerwerk heranrückende Feinde erschrecken, seit dem Mittelalter dient es bei festlichen Anlässen der Volksbelustigung.

Feuerzeug nennt man ein kleines, handliches Gerät, mit dem man Feuer erzeugen kann. Es besteht aus einem mit Benzin oder Gas gefüllten Behälter und einem Reibrädchen, das aus einem Feuerstein Funken schlägt, wenn man es mit dem Daumen ruckartig dreht. Der Funke entzündet den mit Benzin getränkten Docht bzw. das ausströmende Gas.

Feuilleton [föjtō] ist das aus dem Französischen stammende Fremdwort für den unterhaltenden, künstlerischen, meist literarischen Teil einer Zeitung. Das Feuilleton enthält Kurzgeschichten, Essays, Gedichte, Besprechungen von neuerschienenen Büchern und Schallplatten, Kritiken über Theateraufführungen sowie Filmen. Außerdem findet man im Feuilletonteil Nachrichten aus dem Kulturleben.

Unter Feuilleton versteht man auch einen Beitrag, in dem der Autor (Feuilletonist) Dinge oder Erlebnisse aus seiner eigenen Anschauung geistvoll formuliert.

Fiasko, ein aus dem Italienischen stammendes Fremdwort, bedeutet Mißerfolg. In der Theatersprache bedeutet ein Fiasko das Durchfallen eines Stückes, Schauspielers oder Sängers.

Fibel wird das Abc-Buch für Leseanfänger genannt. Das Wort wurde wahrscheinlich von dem Wort Bibel abgeleitet. In frühgeschichtlicher Zeit gab es eine andere Fibel. Das war eine Spange zum Zusammenhalten der Gewänder.

Fibrin ist ein unlöslicher Eiweißstoff, der als Fibrinogen im Blut gelöst enthalten ist. Das Fibrin bewirkt die Blutgerinnung.

Fichten sind Nadelhölzer, die in 20 verschiedenen Arten in den nördlichen gemäßigten Zonen vorkommen. An den Zweigen hängen Zapfen; aus deren Schuppen, die sich im Frühjahr im reifen Zustand öffnen, fallen die geflügelten Samen. Die meist vierkantigen Nadeln der Fichten stehen vom Zweig nach allen Seiten ab. Die »Gemeine Fichte« kann bis zu 60 Meter hoch, bis zwei Meter dick und 300 Jahre alt werden. Das Holz dieser Fichte wird in Nord- und Osteuropa als Bauholz gewonnen. Es dient außerdem als Rohstoff für die Zellwoll- und Papierfabrikation.

Fichtelgebirge heißt ein deutsches Mittelgebirge im Nordosten Bayerns. Es ist dicht bewaldet. Die höchste Erhebung ist der Schneeberg mit 1053 Meter. Die Bevölkerung dort lebt außer von der Glas-, Maschinen- und Porzellanindustrie auch vom Fremdenverkehr.

Fidschi-Inseln wird eine Inselgruppe im südwestlichen Pazifik genannt. Sie umfaßt etwa 320 Inseln. Die Inseln sind meist vulkanischen Ursprungs. Es gibt aber auch Koralleninseln. Nur 106 Inseln sind bewohnt. Etwa die Hälfte der 540 000 Bewohner sind Inder. Die Bevölkerung lebt vom Bananen- und Zuckerrohranbau. Die Fidschi-Inseln waren früher eine britische Kolonie und sind seit 1970 ein unabhängiger Staat.

Fieber nennt man die bei Krankheiten auftretende erhöhte Körpertemperatur des Menschen. Die Normaltemperatur liegt bei 37 Grad Celsius; höhere Temperaturen werden als Fieber bezeichnet.

Fieberbrunn ist der Name eines 788 Meter über dem Meeresspiegel liegenden Dorfs bei Kitzbühel in Tirol. Es ist als Sommerfrische und Wintersportort bekannt.

Fiebermücken (Malariamücken) sind eine Stechmückengattung, die besonders in warmen Ländern vorkommt. Diese Mücken sind deshalb so gefährlich, weil die Weibchen beim Blutsaugen das gefürchtete Wechselfieber, die Malaria, übertragen. Die Bekämpfung der Fiebermücke geschieht meist durch Beseitigung ihrer Brutplätze, also durch Trockenlegung der Sümpfe und Streuung von Insektenvernichtungsmitteln.

Fiktion heißt das Fremdwort für die angenommene Existenz einer Person oder eines Sachverhalts. Bei einem Roman, der das Leben in der Zukunft schildert, handelt es sich z. B. um eine fiktive Schilderung.

Filchner, Wilhelm, war ein deutscher Forschungsreisender, unter dessen Leitung in den Jahren 1911/12 die zweite deutsche Südpolarexpedition stattfand.

Filet [fileh] ist die Bezeichnung für ein Fleischstück. Beim Rind, Kalb und Schwein wird das Lendenstück so genannt, beim Geflügel das abgelöste Bruststück. Der grätenfreie Rücken der Fische wird unter der Bezeichnung Fischfilet angeboten.

Filigran wird ein Zierwerk aus feinen gezwirnten bzw. gekörnten Gold- oder Silberdrähten genannt. Schmuckstücke werden gern mit Filigranarbeit verziert.

Der Film
Wahrnehmung und Wirklichkeit

Im Film (Lichtspiel) gelingt es der Technik, eine Wirkung zu erzielen, die auf Sinnestäuschung beruht. Was der Zuschauer auf der Leinwand als Bewegung wahrnimmt, ist in Wirklichkeit nur der Ablauf schnell aufeinanderfolgender Einzelbilder.

Das Filmband liegt als langer Streifen in der Kamera, die viele Einzelbilder nacheinander aufnimmt. Da unser menschliches Auge schnell aufeinanderfolgende Lichteindrücke nicht trennen kann, sehen wir bei der Vorführung der aneinandergereihten Bilder einen lückenlosen Bewegungsablauf; wir sehen die Cowboys reiten, die Indianer anschleichen, die Läufer um die Aschenbahn kreisen. Die normale Bildfolge bei einem Film beträgt 24 Stück in der Sekunde.

Es ist technisch durchführbar, ein paar hundert Aufnahmen pro Sekunde zu machen. Nimmt man viele

Film

Bilder in sehr kurzer Zeit auf und läßt man den Film dann mit Normalgeschwindigkeit ablaufen, so nimmt z. B. ein Vorgang, der in Wirklichkeit eine Sekunde dauert, fast eine halbe Minute ein. Das nennen wir »Zeitlupe«. Man kann dabei sehr schnelle Bewegungen so sehr verlangsamen, daß man sie genau studieren kann. Die Zeitlupe ermöglicht es z. B., hinter die Technik erfolgreicher Sportler zu kommen oder auch den Flügelschlag von Vögeln zu untersuchen. Das Gegenteil, also Aufnahmen in größeren Zeiträumen gemacht und mit der Normalbildfolge von 24 in der Sekunde abgespielt, ergibt den »Zeitraffer«. Mit automatischen Kameras kann man das Aufblühen einer Blume, das in Wirklichkeit vielleicht zwei Tage dauert, auf fünf Minuten zusammendrängen und so als zusammenhängende einzige Bewegung sehen.

Ursprünglich war der Film stumm, d. h. es gab keine hörbaren Dialoge oder Geräusche. Die Dialogtexte wurden jeweils zwischen die Szenen eingeblendet. In der Filmgeschichte spricht man deshalb von der Stummfilmzeit. Sie wurde Ende der zwanziger Jahre durch den Tonfilm abgelöst.

Beim heutigen Tonfilm hat der Filmstreifen am Rande eine Tonspur, auf der wie etwa bei einem Tonbandgerät Gespräche, Musik oder Geräusche gespeichert werden. Der Ton kann mit den Bildaufnahmen (Originalton) oder auch nachträglich aufgenommen werden.

Die Täuschung des Auges wird beim Zeichentrickfilm besonders deutlich. Jedes einzelne Bild, d. h. jede Bewegungsänderung einer Figur, muß zunächst gezeichnet und dann auf dem Tricktisch fotografiert werden. Für einen abendfüllenden Trickfilm braucht man deshalb etwa 25 000 Zeichnungen.

Den Filmproduzenten wäre es zu teuer, immer in der Natur oder vor echten Schauplätzen zu filmen. Vieles, ganze Straßenzeilen, Landschaften und Häuser, kann man im Atelier

Im Filmatelier können ganze Städte naturgetreu nachgebaut werden. Im Film selbst merkt dann kein Zuschauer, daß es sich dabei nur um Nachbildungen handelt. Der Aufbau solcher Kulissen ist für die Filmproduktion oft billiger, als wenn der ganze technische und künstlerische Aufnahmestab, der aus vielen Personen besteht, zu den Außenaufnahmen verreisen müßte.

täuschend echt nachbauen. Es ist sogar möglich, auf eine lichtdurchlässige Bildwand einen Film von hinten zu projizieren und vor diesem Hintergrund eine Szene mit den Schauspielern aufzunehmen (Rückproverfahren). Beides zusammen ergibt Filmstreifen, die von echten Außenaufnahmen nur vom Fachmann zu unterscheiden sind.

Filt

Die Wiedergabe eines Tonfilms stellt den umgekehrten Vorgang der Aufnahmen dar. Was vorher auf dem Filmband an Licht und Ton gespeichert wurde, wird nun beim Abspielen wieder abgerufen. Im Vorführraum befinden sich die Bildwerfer (Projektoren). Der Film läuft durch, und die Bilder werden durch das Bildfenster mit starkem Licht auf die Leinwand geworfen. Der Ton wird über Verstärker in den Kinosaal gespielt. Im Kontrollautsprecher hört der Vorführer mit, und er schaltet den zweiten Projektor ein, wenn die erste Filmspule abgelaufen ist, so daß der Film ohne jede Unterbrechung ablaufen kann.

Wie entsteht nun eigentlich ein Film? Zunächst wird die Filmidee eines Autors oder eines Filmregisseurs mit der Produktionsfirma (Herstellungsfirma) und ihrem Dramaturgen besprochen. Dann wird sie in einem Exposé (Entwurf) kurz dargestellt und erneut vorgelegt. Gefällt das Exposé, wird ein Treatment angefertigt. Das ist eine etwas genauere Abfassung des Handlungsgerüstes von etwa 20 bis 50 Manuskriptseiten. Dann wird ein Drehbuch ausgearbeitet, in dem alle Einzelheiten, wie die Schauplätze, der Ton, die Geräusche und die Dialoge der Schauspieler genau festgelegt sind. Schließlich wird der Film von einem Team gedreht. Ein Produktionsleiter holt sich die notwendigen Mitarbeiter zusammen: den Regisseur als künstlerischen Leiter, die Schauspieler, den Kameramann, den Tonmeister und den Architekten. Der Produktionsleiter ist auch der kaufmännische Chef des Vorhabens. Viele junge, moderne Filmemacher lehnen ein Drehbuch ab. Sie diskutieren jede einzelne Einstellung mit ihren Schauspielern, ehe sie sie aufnehmen. Sie glauben, daß ein Film so direkter und lebendiger wird. Ist der Film fertig aufgenommen, bekommt ihn der »Cutter« (Schnittmeister). Seine Arbeit ist von großer Wichtigkeit, denn er gibt dem Film die endgültige Form. Er zerschneidet die einzelnen Aufnahmestreifen, wählt sie mit dem Regisseur zusammen aus und klebt sie in der richtigen Reihenfolge zusammen. Von dieser endgültigen Fassung werden für die Kinos Kopien hergestellt.

Die moderne Filmtechnik geht auf den Amerikaner Edison, den Franzosen Lumière und den Deutschen Meßter zurück.

• • •

Filter braucht man, wenn man feste Stoffe aus Flüssigkeiten oder Gasen absondern will. Sie bestehen aus besonderem Papier, aus Geweben, Drahtsieben usw. Filter benötigt man beispielsweise zur Wasserreini-

Filz

gung, auch zur Trennung von Kies und Sand sowie zur Aufsaugung bestimmter Bestandteile des sichtbaren Lichts.

In der Farbfotografie werden Farbfilter zur Dämpfung unerwünschter Strahlen verwendet. So wird z. B. das Ultraviolettfilter im Hochgebirge und am Meer benötigt, da die starke Strahlung dort die Farben auf den Bildern sonst verfälschen würde.

Filz, ein weiches, stoffartiges Material, besteht aus ineinander verschlungenen und zusammengepreßten, kurzen Tierhaaren oder Wollfasern. Der Filz wird hauptsächlich als Wärmeisoliermaterial verwendet.

Finale, dieses aus dem Italienischen stammende Fremdwort für Abschluß bezeichnet in der Musik den letzten Satz einer Symphonie oder einer Sonate, vor allem aber die Schlußnummer eines Opernaktes. Ein Finale kann aber auch der Endkampf, die letzte Runde eines sportlichen Ereignisses, sein.

Finanzpolitik ist die Bezeichnung für die Finanzwirtschaft eines Staats. Sie befaßt sich mit der Einnahme und Ausgabe von Steuergeldern im Interesse der Bevölkerung. Sie ist eng verknüpft mit der Wirtschafts- und der Sozialpolitik. Eine sinnvolle Finanzpolitik sorgt dafür, daß einerseits der Steuerzahler nicht übermäßig belastet wird, andererseits aber auch die Aufgaben des Staats zum Wohle aller erfüllt werden können. Dazu gehört auch, daß die Währung eines Landes nicht an Wert verliert, also stabil bleibt. Die Finanzpolitik hat durch die Staatsausgaben auch Einfluß auf das Lohn- und Preisgefüge.

Finderlohn kann jeder beanspruchen, der eine gefundene Sache beim Eigentümer oder bei der Polizei abgibt. Er beträgt beim Wert einer Fundsache bis zu 300 DM fünf Prozent. Bei größerem Wert kommt noch ein Prozent des Mehrbetrags hinzu. Für aufgefundene Tiere beträgt der gesetzlich festgelegte Finderlohn ein Prozent des Werts. Kein Finderlohn kann für Dinge gefordert werden, die in öffentlichen Gebäuden, in Schulen oder Straßenbahnen gefunden wurden.

Findlinge werden die schweren Felsblöcke genannt, die die Gletscher der Eiszeit einst von den Alpen bis weit nach Mitteleuropa hinein transportiert haben und die nach dem Abschmelzen des Eises dort zurückgeblieben sind.

Fingalshöhle heißt eine eigentümliche Grotte in Meereshöhe an der Südwestküste der schottischen Hebrideninsel Staffa. Diese Höhle ist 69 Meter lang und 20–35 Meter hoch. An den Wänden stehen sechseckige Basaltsäulen von sechs bis zwölf Meter Höhe.

Finger sind die vorderen Glieder der menschlichen Hand. Jeder Finger mit Ausnahme des nur zweigliedrigen Daumens besteht aus drei Fingerknochen.

Fingerabdruckverfahren ist die deutsche Bezeichnung für »Daktyloskopie«. Näheres darüber unter diesem Stichwort.

Fingerhut heißt eine zur Gattung der Rachenblütler gehörende Waldpflanze. Die bis 1,50 Meter hohen Stauden des Fingerhuts haben langröhrige Blüten, die wie Fingerhüte aussehen. Der giftige »Rote Fingerhut« wird als Heilpflanze verwendet, der ebenfalls giftige »Gelbe Fingerhut« steht unter Naturschutz. Fingerhut wird auch ein Fingerschutz aus Metall oder Kunststoff bei Nadelarbeiten genannt.

Fingersprache wurde im Mittelalter eine mönchische Geheimsprache genannt, mit der durch bestimmte Fingerstellungen Informationen vermittelt wurden. Um 1620 wurde die Fingersprache in den Taubstummenunterricht aufgenommen.

Finken sind eine Singvogelfamilie, die überall auf der Erde mit Ausnahme von Australien leben. Sie haben einen meist kurzen, kegelförmigen Schnabel mit kräftiger Spitze. Ihre Nahrung besteht aus Samen und Körnern, aber auch aus Würmern und Insekten. Die bekanntesten Finkenarten sind Buchfink, Gimpel, Hänfling, Kernbeißer, Stieglitz und Zeisig.

Finn-Dinghy ist die Bezeichnung für eine olympische Bootsklasse. Es ist ein Einmannboot mit einer Länge von 4,50 Meter und einer Segelfläche von 10 Quadratmeter.

Finnen nennt man die Larven einiger Bandwurmarten. Sie sehen blasenartig aus und können kindskopfgroß werden. Die Finnen des Schweine- und Rinderbandwurms, die sich meist im Gehirn oder Auge einnisten, werden dem Menschen gefährlich. Daher muß das Fleisch des Schlachtviehs durch öffentliche Fleischbeschau überprüft werden. Außerdem heißen die Einwohner Finnlands Finnen.

Finnischer Meerbusen heißt die Ostseebucht, die zwischen Finnland und Estland liegt.

Finnland (Suomi) ist eine 337 000 qkm große Republik in Nordosteuropa. Die Hauptstadt heißt Helsinki. Die 4,7 Millionen Einwohner des Landes leben hauptsächlich von der Landwirtschaft, vom Fischfang und von der bedeutenden Holz- und Papierindustrie. Die Bevölkerung besteht überwiegend aus Finnen, einigen Schweden und Lappen. Finnland ist reich an Seen, Wäldern und Mooren und hat ein kühles, feuchtes Klima.

Das Land wurde wahrscheinlich schon im 2. Jahrhundert n. Chr. von den Finnen besiedelt. Im 12. und 13. Jahrhundert eroberten es die Schweden, und seit Ende des 15. Jahrhunderts war es ständiger Kampfplatz zwischen Schweden und Rußland. 1917 wurde es unabhängig. Finnland ist Mitglied der Vereinten Nationen sowie der EFTA assoziiert.

Finnwale gehören zur Familie der Bartenwale. Diese Meeressäugetiere sind unter dem Stichwort »Wale« beschrieben.

Firma kommt von dem lateinischen Wort firmare, d. h. unterzeichnen. Firma ist der Handelsname eines Kaufmannes, unter dem er seine Unterschrift abgibt und sein Geschäft betreibt. Der Firmenname muß im Handelsregister eingetragen sein.

Firm

Firmament nennt man das Himmelsgewölbe, den sichtbaren Himmel. Die Sternbilder sind besonders in den Sommernächten am Firmament deutlich zu sehen.

Firmung heißt das zweite Sakrament der katholischen Kirche. Die Firmung dient der Festigung des Glaubens. Sie wird vom Bischof durch Handauflegen und Salbung der Stirn mit Öl erteilt. Seit dem Mittelalter kann sie dem katholischen Gläubigen ab dem 7. Lebensjahr erteilt werden.

Firn ist abgelagerter Schnee im Hochgebirge, der durch mehrmaliges Auftauen und erneutes Gefrieren der Oberfläche zu Eiskörnern wurde.

Firnis wird als Schutzanstrich für Gegenstände verwendet, die besonders dem Witterungseinfluß ausgesetzt sind. Er ist ein rasch trocknendes Öl, meist mit Lackbestandteilen versetzt.

First nennt man die oberste Dachkante, an der die schrägen Dachflächen aneinanderstoßen.

Fische sind Wirbeltiere, die im Wasser leben. Sie haben einen spindelförmigen, meist seitlich abgeplatteten Körper. Sie verfügen über paarige Brust- und Bauchflossen, unpaarige Rücken- und Afterflossen sowie eine Schwanzflosse. Alle diese Flossen dienen der Fortbewegung. Das Skelett der Fische ist bei den Knorpelfischen knorpelig, bei den Knochenfischen knöchern. Ihre Haut ist schleimig und mit Schuppen oder Knochenplatten bedeckt. Die Kiemen sind das Atmungsorgan. Die

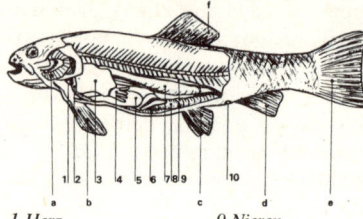

1 Herz
2 Zwerchfell
3 Leber
4 Magenschließmuskel
5 Magensack
6 Milz
7 Schwimmblase
8 Enddarm
9 Nieren
10 After
a Kiemen
b Brustflossenpaar
c Bauchflossenpaar
d Afterflosse
e Schwanzflosse
f Rückenflosse

meisten Fische legen Eier, die durch den ebenfalls ins Wasser entleerten Samen befruchtet werden. Einige wenige Arten sind jedoch lebendgebärende. (Siehe Farbtafeln Seite 88/89)

Fischerei
Das Brot des Meeres

Die Gewässer der Erde, vor allem aber die Ozeane, bieten dem Menschen einen ungeheuren Reichtum an Nahrung. Sobald der Mensch gelernt hatte, sich im schwankenden Einbaum in die Küstengewässer vorzuwagen, fing er mit Sicherheit auch bereits Fische. Vermutlich dürfte überhaupt die Absicht, Fische zu fangen, der Anreiz gewesen sein, auf das ungewisse Element hinauszufahren.

In der heutigen Zeit hat die Fischerei das Ausmaß einer Industrie ange-

Fisch

nommen. Die größten Fischereiländer sind Peru mit einem Jahresertrag von 10,6 Millionen Tonnen, Japan mit 9,9, die UdSSR mit 7,3 Millionen Tonnen. Die Bundesrepublik Deutschland hat einen Ertrag von 0,5 Millionen Tonnen pro Jahr. Die Fischdampferflotten Japans und die der Bundesrepublik gehören zu den modernsten.

Die deutsche Hochseefischerei hat ihre Fanggründe vorwiegend in der Nordsee (nördlich der Doggerbank in einer Tiefe von 60 bis 80 Meter und nordöstlich davon in Tiefen von weniger als 60 Meter), vor Island, vor Norwegens Küsten, in der Barentssee sowie bei der Bäreninsel.

Die nördliche Erdhalbkugel ist Hauptgebiet des Fischfangs. 1961 fing man dort 23,6 Millionen Tonnen, während die tropischen Meere 11,1 und die südliche Halbkugel 2,0 Millionen Tonnen Ertrag brachten.

Das Vorkommen der großen Fischschwärme hängt von der Dichte des Planktons ab. Plankton ist die Urnahrung des Meeres. Es sind mikroskopisch kleine, im Wasser schwebende Lebewesen. Sie bilden die Hauptnahrung vieler Fische, die in Nahrungsketten hinter dem Plankton herziehen: Der Hering schwimmt in Millionenschwärmen voraus, verfolgt vom Kabeljau, Rotbarsch und Schellfisch. Diesen wiederum ziehen Seehunde, Robben und Delphine nach, die ihrerseits den Haien und Schwertwalen zum Opfer fallen. Plankton kommt in großen Mengen nur in den kälteren Meeren vor.

Gefangen werden vor allem Hering, Kabeljau, Seelachs, Rotbarsch, und Schellfisch. Als Hauptgerät wird dabei das Grundschleppnetz verwendet. Die Heringsfischerei in der Nordsee wird von Mai bis Dezember mit dem Treibnetz durchgeführt. Auf den großen Loggern werden die Heringe sofort nach dem Fang zu Salzheringen verarbeitet.

Schon im Mittelalter war der Salzhering als Delikatesse sehr begehrt, und er wurde teuer bezahlt. Die Koggen (Handelsschiffe) der Hanse führten in ihren bauchigen Laderäumen vorwiegend Salzhering mit. Heringe waren es, die dazu beitrugen, daß die Hansestädte Hamburg, Bremen und Lübeck reich und mächtig wurden.

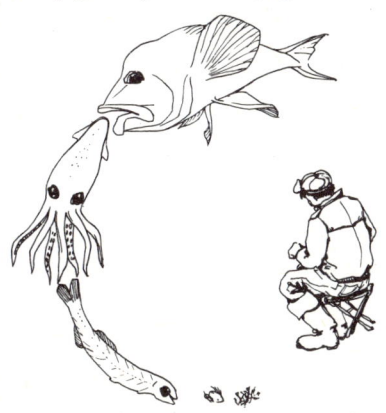

Nahrungskette des Meeres: Vom Plankton ernährt sich das Ruderfußkrebschen, dieses verzehrt der Junghering, dieser wird vom Tintenfisch erbeutet, den wiederum der Zackenbarsch verfolgt. Der Mensch fängt schließlich den großen Fisch. Abgestorbene Tiere verfaulen und werden wieder zu Plankton.

Fisch

Flußfischer aus dem 16. Jahrhundert. Er senkt sein Netz in die Tiefe. In der aus Weiden geflochtenen Reuse legt er Köder aus. Eingeschlüpfte Fische können nicht mehr zurück. Die Reuse ist neben der Angel das älteste Fischereigerät.

Die kleine Hochseefischerei arbeitet in Nord- und Ostsee sowie im Kattegat ausschließlich mit Hochseekuttern. Mit dem Schleppnetz fängt man hier Hering, Kabeljau, Schellfisch, Scholle, Steinbutt und Seebutt.

Heringsschwärme jagt man heute mit der Fischlupe, einem elektrischen Suchgerät, das auf dem gleichen Echolot-Prinzip beruht, mit dem man U-Boote ortet. Seit 1958 werden immer mehr Fang- und Fabrikschiffe benutzt. In der UdSSR wird derzeit eine große und moderne Flotte aufgebaut, deren Schiffe bereits auf See die Fische zu Konserven verarbeiten. Manche Länder, so zum Beispiel Japan, könnten ihre Bevölkerung ohne Seefischerei überhaupt nicht ernähren. Bei dem großen Umfang, den heute die Fischerei angenommen hat, und bei den ständig verfeinerten Fangbedingungen ist aber auch die Gefahr gegeben, daß die Fischbestände der Ozeane geschädigt werden.

Die Binnenfischerei befaßt sich ausschließlich mit Edelfischen, wie Aal, Hecht, Zander, Wels, Karpfen und Forelle.

Fischereiforschungsinstitute sorgen in allen Ländern für eine sachgerechte Pflege des Fischbestands. Die Verwaltung der Binnenfischerei liegt in den Händen der Landwirtschaftsministerien, die durch Aufsichtsbeamte mit polizeilichen Befugnissen für die Einhaltung der Gesetze sorgen. Die Fische haben eine Schonzeit wie das Wild; beim Fang ist auf eine Mindestgröße zu achten, und ohne Fischereischein zu fischen, ist Wilddieberei, die bestraft wird. Im offenen Meer kann im Gegensatz dazu jedermann den Fischen nachstellen, sofern nicht internationale Verträge Einschränkungen vorsehen.

Was die Fischbestände in den Binnengewässern am meisten gefährdet, ist die Verschmutzung durch industrielle Abwässer und ungereinigten Zufluß von Anrainergemeinden. Man hat festgestellt, daß zum Beispiel der Bodensee seit etwa 1900 um 20 000 Jahre biologisch gealtert ist. Das ununterbrochene Einfließen von gelösten Kunstdüngern, von Stickstoff usw. macht das Wasser zur Brutstätte für Algen und Bakterien, die viele Fische verdrängen, weil sie zuviel Sauerstoff verbrauchen. Erst in den letzten Jahren haben die Staaten die Gefahren dieser »Umweltverschmutzung« richtig erkannt, und

Fisch

Diese dalmatinischen Fischer fahren wie ihre Väter und Vorväter seit Jahrhunderten ihre Schwebenetze ins Meer hinaus.
Durch Korkstücke wird das Netz an der Wasseroberfläche gehalten. Steine wiederum ziehen es in die Tiefe und spannen es. Die Fischschwärme werden eingeschlossen und bleiben beim Heranziehen der Netze in den engen Maschen hängen.

sie treffen jetzt Maßnahmen, um die Gewässer gesund zu erhalten oder wieder gesund zu machen.
Auf den Meeren sind es vor allem die Tanker, die eine unerhörte Gefahr für das Leben im Wasser darstellen. Bei jedem Unglück, das einen Tanker leckschlägt, fließen Millionen von Litern Öl ins Wasser und ruinieren als Ölpest viele Quadratmeilen meist noch dazu flachen Gewässers, wo sich die bevorzugten Brutstätten der Fische befinden. Eine wirksame Bekämpfung der Ölpest gibt es bis jetzt noch nicht. Man bemüht sich zwar, die Ölschicht von Schiffen aufsaugen zu lassen oder sie mit Chemikalien zum Sinken zu bringen, aber alle diese Maßnahmen stecken noch im Versuchsstadium.

• • •

Fischereirecht nennt man das Recht, aus Gewässern Fische zu fangen. Die Fischereiberechtigung hat der Eigentümer des jeweiligen Gewässers, er kann sie jedoch verpachten. Unter Fischereirecht versteht man auch die Rechtsvorschriften über die Binnen- und Seefischerei. Diese Gesetze regeln z. B., für welche Fische Schonzeiten eingehalten werden oder welche Mindestgröße die gefangenen Fische haben müssen. Jeder, der Fischfang betreibt, muß einen von der zuständigen Behörde ausgestellten Fischereischein bei sich führen.
Fischer von Erlach, Johann Bernhard, war ein österreichischer Barockbaumeister, der von 1656 bis 1723 lebte. Er war kaiserlicher Hofarchitekt. Seine bekanntesten Bauwerke sind die Karlskirche und die Nationalbibliothek in Wien.

Fisch

Fischvergiftung äußert sich nach dem Genuß verdorbener Fische durch Symptome, die denen der Fleischvergiftung ähnlich sind: Brechdurchfall und Schwächezustände. Sofort den Arzt verständigen!

Fischwanderungen werden die ausgedehnten Wanderzüge genannt, die bestimmte Fischarten in großen Schwärmen zum Aufsuchen der Laichplätze oder zwecks Futtersuche

Die jährliche Wanderung der Lachse führt diese Fische vom Meer die Flüsse hinauf zu ihren Laichgründen. Stromschnellen und Stauwehre überwinden sie geschickt durch Sprünge.

unternehmen. So wandern die Aale zum Laichen von den Flüssen ins Meer, die Lachse dagegen aus dem Meer flußaufwärts.
Hinter Planktonschwärmen ziehen in einer sogenannten Nahrungskette Fische her, die wiederum anderen nachziehenden Fischzügen als Nahrung dienen. Auch der Wechsel der Wassertemperatur kann ein Anlaß für Fischwanderungen sein.

Fischwege legt man an Stauwehren an, damit den Wanderfischen, wie Lachsen oder Aalen, der Weg flußaufwärts ermöglicht wird. Solche Fischwege können z. B. Treppen oder Rinnen sein.

Fischzucht nennt man die künstliche Aufzucht von Fischen. Dabei wird die Vermehrung der Fische nicht dem Zufall überlassen. Die reifen Eier werden zur Laichzeit den weiblichen Fischen durch leichten Druck entnommen und mit der Samenflüssigkeit der männlichen Fische, die auf die gleiche Weise gewonnen wird, vermischt. Die so befruchteten Eier werden in einem Brutapparat mit gefiltertem Wasser weiterentwickelt. Die angebrüteten Eier oder die schon ausgeschlüpften Jungfische werden dann verschickt, in verschiedenen Gewässern ausgesetzt und künstlich ernährt, wenn die Natur nicht ausreichend Futter liefert.

Fistel ist die medizinische Bezeichnung für einen durch Krankheit entstandenen Kanal im menschlichen Körper. Eiterfisteln führen von einem Eiterherd im Körper zur Oberfläche, wo der Eiter austritt. Die Fistel heilt erst nach Beseitigung des Eiterherdes.

Fit ist jemand, der gut vorbereitet, gut trainiert und leistungsfähig ist. Das Wort kommt aus dem Englischen.

Fixieren bedeutet etwas festlegen oder festhalten. So kann man z. B. eine mündliche Abmachung fixieren, indem man sie schriftlich festhält. In der Fotografie bezeichnet man mit Fixieren das Haltbarmachen der belichteten Schicht eines Films.

Fixsterne werden Sterne genannt,

die ihre Stellung am Himmel scheinbar nicht ändern. Im Gegensatz zu den Fixsternen bewegen sich die Planeten auf teilweise sehr komplizierten Bahnen sichtbar am Firmament. Fixsterne bilden die bekannten Sternbilder.

Fjells nennt man in Norwegen und Schweden die weiten, baumlosen, rauhen Hochflächen.

Fjord ist das skandinavische Wort für eine weit ins Landesinnere reichende, schmale Meeresbucht, die von steilen Felswänden umschlossen ist. Die Fjorde sind durch zurückgehende Eiszeitgletscher entstanden. Sie haben Bedeutung als Schiffahrtsstraßen und bilden wegen ihrer Naturschönheit Anziehungspunkte für den Fremdenverkehr.

Flachs ist ein 30 bis 60 Zentimeter hohes Leingewächs, das jahrtausendelang den Menschen die Fasern für Fäden, Schnüre, Netze und Gewebe lieferte. Der Flachs hat himmelblaue oder weiße Blüten, aus seinem Samen gewinnt man das Leinöl. Die Stengel werden zu Flachsfasern und weiter zu Garn verarbeitet, dem Rohstoff für das Leinen. In neuerer Zeit ist der Flachsanbau zurückgegangen, denn die Baumwolle und vor allem die Kunstfasern verdrängen immer mehr das Leinen.

Flachsee nennt man eine See, die meist an ihrer tiefsten Stelle nicht mehr als 200 Meter mißt.

Fläche wird jedes geometrische Gebilde genannt, das nur zwei Ausdehnungen hat, nämlich Länge und Breite. Die Gerade hat nur eine Ausdehnung (Dimension), die Länge. Der Körper dagegen hat drei Dimensionen: Länge, Breite und Höhe. Man unterscheidet zwischen ebenen und gekrümmten Flächen, wie z. B. der Kugeloberfläche.

Flächeninhalte geben an, wie oft die Flächeneinheiten, also m^2, cm^2 oder mm^2, in einer Fläche enthalten sind. Der Flächeninhalt wird nach bestimmten Formeln berechnet.

Flächenmaße sind Maße, mit denen man die Größe von Flächen angeben kann. Die Grundfläche von Wohnungen wird z. B. in Quadratmetern (m^2) angegeben, landwirtschaftliche Grundstücke werden in Hektar (ha) gemessen. Das Hektar ist ein Quadrat mit einer Seitenlänge von 100 Meter.

Flagge nennt man das Hoheitszeichen eines Staats. Im Seeverkehr dient die Flagge auch als Erkennungs- und Verständigungsmittel. Der Unterschied zur Fahne besteht darin, daß eine Flagge nicht fest an einem Mast oder einer Stange befestigt ist, sondern mit der Flaggleine auf einem Flaggstock aufgezogen, also gehißt wird. (Siehe Farbtafeln Seite 88/89)

Flaggenparade wird das Hissen (Aufziehen) oder Niederholen der Flagge genannt. Sie wird bei Staatsempfängen, bei militärischen Anlässen oder bei Totenehrungen vorgenommen.

Flagrant kommt aus dem Lateinischen und heißt etwa offenkundig, auffallend. Man verwendet das Wort häufig in der Formulierung »in flagranti«, was soviel wie auf frischer Tat ertappt bedeutet.

Flam

Flamen nennt man ein germanisches Volk, das stammesmäßig und geschichtlich mit den Niederländern und den Niederdeutschen (Friesen, Sachsen und Niederfranken) verwandt ist. Die rund fünf Millionen Flamen bilden den größeren Teil der Bevölkerung Belgiens. Sie sprechen Flämisch und bewohnen vor allem die Provinzen West- und Ostflandern, Limburg, den nördlichen Teil von Brabant sowie Teile Nordostfrankreichs. Die Flamen besitzen eine eigene Baukultur. Berühmt sind die gotischen Gebäude in Brügge. Die Flamen sind auch weltberühmt für ihre Malerei. Der bekannteste flämische Maler war Peter Paul Rubens (1577–1640). Bedeutung erlangt hat zudem die flämische Literatur, die vor allem Felix Timmermans (1886–1947) mit seinen Erzählungen und Legenden geprägt hat.

Flamingo heißt ein rosarot und schwarz gefiederter Vogel, der eine eigene Vogelfamilie bildet. Seine langen Stelzbeine sind mit Schwimmhäuten versehen. Er ist nur in südlichen Gegenden zu Hause und brütet in Afrika und Südamerika. In Europa kommt der Flamingo in Spanien und in Südfrankreich vor. Der ausgewachsene Vogel wird bis zu 1,90 Meter groß. Sein kegelförmiges Nest baut er in unzugänglichen, seicht überfluteten Sumpfgegenden. Der abwärts geknickte Schnabel dient dem Flamingo als Sieb: Er filtert damit aus dem Wasser kleine frei schwimmende Krebse, Algen und Einzeller.

Das Gefieder der Flamingos hat eine rosarote bis leuchtendrote Farbe. Diese Farbe verliert sich in der Gefangenschaft im Zoo normalerweise in wenigen Jahren, sie kann jedoch erhalten werden, wenn man dem Futter gelbrote Karotinoide beimischt.

Flamme nennt man eine leuchtende Erscheinung, die beim Verbrennen von Gasen entsteht. Leuchtet eine Flamme stark, so bedeutet das, daß sie wenig Sauerstoff enthält und die unverbrannten Rußteilchen in ihr zu glühen beginnen. Reicht die Sauerstoffzufuhr aus, wird zwar die Hitze größer, aber die Flamme leuchtet weniger stark. Sie hat dann einen dunkleren Innen- und einen bläulichen Außenkegel.

Flammpunkt ist der Wärmegrad, bei dem sich die durch Hitzezufuhr entwickelnden Dämpfe flüssiger Brennstoffe (z. B. Öl, Benzin, Alkohol) entzünden.

Flandern heißt eine Landschaft an der Nordseeküste, die die belgischen Provinzen Ost- und Westflandern, Französisch-Flandern (Département Nord und Pas-de-Calais) sowie den Süden der niederländischen Provinz Seeland umfaßt. Ihre Bewohner sind die Flamen. Im späten Mittelalter zählte Flandern zu den reichsten Ländern Europas. Besonderer Wohlstand herrschte in den Städten Brügge, Gent und Ypern, in denen lebhafter Handel mit feinem Tuch getrieben wurde. Nicht zuletzt deshalb mußte sich die flandrische Bevölkerung gegen den Neid der französischen Könige wehren. Schließlich aber fiel das Land doch an Frankreich (1382) und die Herzöge von Burgund (1384). In der folgenden Zeit gehörte es zu den Spanischen (1555), danach zu den Vereinigten Niederlanden (1814) und kam später in Teilen unter holländische, französische und belgische Herrschaft (1830).

Flanell ist ein sehr weiches, ein- oder beidseitig gerauhtes Gewebe aus Wolle, Zell- oder Baumwolle. Aus Flanell werden Kleider, Mäntel, Hosen, Röcke und Jacketts geschneidert.

Flanke nennt man bei Wirbeltieren die knochenlosen Teile des Rumpfs zwischen Rippen, Hüfte und Lendenwirbeln. Beim Turnen versteht man unter einer Flanke einen seitlichen Stützsprung über Geräte (Pferd und Kasten). Beim Fußball gibt ein Spieler »eine Flanke nach innen«, wenn er den Ball von der Seite des Spielfelds zur Mitte schießt.

Flaschen sind zylindrische Hohlgefäße aus Glas, Ton, Steingut, Metall oder Kunststoff mit Halsansatz und enger Öffnung. In Flaschen kann man Flüssigkeiten oder Gase aufbewahren. Heute werden Flaschen meist maschinell hergestellt.

Flaschenpost wird eine in einer wasserdicht verschlossenen Flasche übermittelte Nachricht genannt. Schiffbrüchige, die auf eine einsame Insel verschlagen werden, hoffen, mit der Flaschenpost Hilfe herbeiholen zu können. Auch zur Messung der Geschwindigkeit und Richtung von Meeresströmungen wird die Flaschenpost eingesetzt. 1802 wurde sie zum erstenmal zur Erforschung des Golfstroms verwendet. Wer eine Flaschenpost findet, muß sie bei der Polizei abliefern.

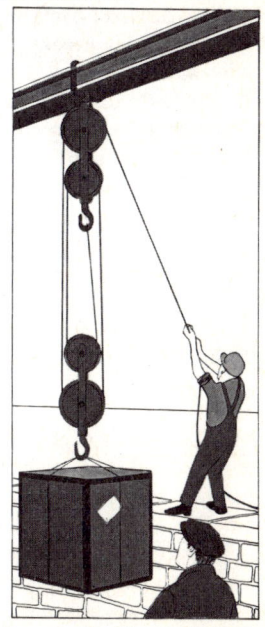

Flaschenzug heißt ein Gerät zum Heben schwerer Lasten. Der einfachste Flaschenzug besteht aus einem Seil, das zwei Flaschen (Rollen) verbindet. Die obere Rolle ist an der Decke eines Raums oder an einem Balken befestigt. Die untere Rolle hängt lose im Seil. An ihr ist ein Haken angebracht, an den man die Last anhängt. Zieht man nun am Seilende, so wird die Last um die Hälfte des vom Seilende zurückgelegten Wegs gehoben. Das bedeutet, daß man nur die Kraft der halben Last aufzuwenden braucht. Bei einem Flaschenzug mit 4, 6 oder 8 Rollen wäre die Kraft also nur 1/4, 1/6 oder 1/8 der Last.

Flattern nennt man das unregelmäßige Schwingen von Flügeln, Flächen oder Körpern, das häufig unkontrolliert abläuft. Aufgeschreckte, verletzte oder kranke Vögel flattern, wenn sie nicht mehr die Kraft haben, richtig zu fliegen. Autoreifen oder Tragflächen von Flugzeugen flattern, wenn diese nicht beabsichtigte Schwingbewegungen aufnehmen.

Flaubert, Gustave [flobähr], war ein berühmter französischer Romanschriftsteller, der von 1821 bis 1880 lebte. In seinen Werken schildert er menschliche Schicksale scheinbar ohne Leidenschaft und ohne Partei zu ergreifen. Durch seine große Wahrhaftigkeit kritisiert er aber die Gesellschaft seiner Zeit.

Weltberühmt wurde sein Roman ›Madame Bovary‹. Mit ihm überwand Flaubert die romantische Phase und wurde zum Begründer des realistischen Romans in Frankreich.

Flaute ist eine Windstille. Man spricht auch von Flaute, wenn im Wirtschaftsleben keine guten Geschäfte gemacht werden (Konjunkturflaute).

Flechten sind niedere Pflanzen, bei denen je eine Schlauchpilz- und eine Algenart als selbständige Doppelwesen zusammen leben. Die anspruchslosen Gewächse gedeihen an Bäumen und Sträuchern, auf Felsen und auf dem Erdboden. Sie haben eine meist graugrüne Farbe. Wenn Flechten stark wasserhaltig sind, werden sie deutlich grün. Das Zusammenleben der Flechtenpflanzen bringt für beide Wesen einen Vorteil: Die Alge produziert mit ihrem Blattgrün organische Nahrungsstoffe, der Pilz sorgt für laufende Wasserzufuhr. Die Fortpflanzung erfolgt durch die Sporen des Pilzes. Wenn diese auf Algenzellen treffen, die sich durch Teilung vermehren, entstehen wieder neue Flechten.

Als Flechten bezeichnet man auch ansteckende sowie nichtansteckende schuppen- oder krustenbildende Hautkrankheiten.

Fleckfieber heißt eine schwere, ansteckende Krankheit. Sie tritt bei unhygienischen Verhältnissen in überfüllten Wohnungen auf, besonders in Kriegszeiten und nach Mißernten. Das Fleckfieber, das man auch Flecktyphus nennt, breitet sich seuchenartig aus. Übertragen wird es durch den Kot der Kleiderlaus, in dem sich den Bakterien nahestehende Kleinlebewesen befinden. Kratzt sich ein von diesem Tier befallener Mensch, dringen die Krankheitserreger ins Blut und rufen ohne warnende Vorzeichen nach etwa 10 bis 14 Tagen die Krankheit hervor.

Etwa 20 Prozent der vom Fleckfieber befallenenen Menschen sterben.
Fledermäuse sind die einzigen Säugetiere, die fliegen können. Zu ihrer Familie gehören die Großflattertiere (Flughunde) sowie die Kleinflattertiere (Fledermäuse im engeren Sinne, wie Klappnasen, Blattnasen, Hufeisennasen und Glattnasen). Die stark verlängerten Finger der Fledermäuse, ihre Hintergliedmaßen und ihr Schwanz sind durch eine Flughaut verbunden. Die kurzen Daumen der grauen, graubraunen bis schwarzen Tiere stehen frei. Sie sind mit Krallen versehen und dienen zum Klettern. Fledermäuse sind Dämmerungs- und Nachttiere, die ein außerordentlich feines Hör- und Tastvermögen besitzen. Sie stoßen in kurzen Abständen hohe Töne aus, die das menschliche Ohr nicht wahrnehmen kann. An den unterschiedlichen Zeitabständen, in denen der Schall zurückkommt, können sie jedes Hindernis erkennen und diesem geschickt ausweichen. Die meisten Arten der Fledermäuse fressen Insekten, andere Kleintiere und Früchte. Nur die Blutsauger des tropischen Mittel- und Südamerika ernähren sich von Wirbeltierblut. Den Tag verbringen die Fledermäuse, an den Zehen kopfüber aufgehängt, in Höhlen, alten Gemäuern oder unter alten dunklen Hausdächern. Auch ihren Winterschlaf halten sie, jedesmal im gleichen Versteck, in dieser Stellung. Die Fledermäuse bringen jährlich ein Junges zur Welt.

Fleisch nennt man das Zellgewebe der Lebewesen. Das Fleisch von Tieren spielt für die menschliche Ernährung eine wichtige Rolle. Es setzt sich aus rund 75 Prozent Wasser, 21,5 Prozent Eiweiß sowie Fett zusammen. Außerdem sind darin Salze, in ganz geringen Mengen auch Kohlehydrate und Vitamine enthalten. Die rote Farbe rührt vom Blutfarbstoff Hämoglobin her, das bei 72°C zerfällt. Das Fleisch verliert die rote Farbe beim Kochen oder Braten. »Weißes Fleisch« vom Kalb, Schwein, Kaninchen oder von Vögeln enthält weniger Farbstoff als Fleisch vom Rind. Wenn man Fleisch kocht, verbinden sich die löslichen Bestandteile mit dem Wasser, so daß eine Fleischbrühe entsteht; das Fleisch wird jedoch schwer verdaulich. In heißem Fett gebratenes Fleisch ist saftig und nährwertreich. Das durch die Hitze geronnene Eiweiß schließt die Poren und verhindert ein weiteres Ausfließen des Fleischsafts. Man kann Fleisch durch Pökeln (Einsalzen), Räuchern oder Trocknen haltbar machen.

Fleischbeschau heißt die Untersuchung des Viehs vor und nach der Schlachtung durch einen amtlich bestellten Tierarzt oder einen ausgebildeten Fleischbeschauer. Es wird überprüft, ob die Tiere gesund sind und ihr Fleisch als Nahrung für den Menschen geeignet ist. Das Untersuchungsergebnis wird dem Fleisch mit einem Stempel aufgedruckt. Untaugliches Fleisch muß sofort vernichtet, mangelhaftes (schadhaftes, nicht gesundheitsschädliches) darf nur in Freibänken verkauft werden. Verstöße gegen diese amtliche Untersuchung werden bestraft. Schweinefleisch muß nach der Schlachtung auf Trichinen untersucht werden.

Fleischfliegen sind große grauschwarz schillernde Insekten, von denen es etwa 600 Arten gibt. Sie haben ziegelrote Augen und leben auf Exkrementen. Die Larven mancher Arten entwickeln sich in faulem Fleisch, in Dünger sowie in eitrigen Wunden von Menschen und Tieren. Andere Arten dringen in gesundes Fleisch ein und verursachen Krankheiten.

Fleischfressende Pflanzen wachsen vor allem auf stickstoffarmen Böden. Sie fangen durch Blütenfallen, klebrigen Schleim oder einfaltbare Blätter Insekten und Würmer. Die Beute wird getötet, und die Pflanze zieht aus ihr mit ihren Verdauungssekreten die für sie lebensnotwendigen Stoffe wie den Stickstoff. Außerdem holen sich die fleischfressenden Pflanzen über ihre Wurzeln Nährstoffe aus der Erde, aber auch über die Blätter aus der Luft.

Die Sonnentau ist eine fleischfressende Pflanze, die auch in unseren Mooren wächst. Sie lockt die Insekten mit ihren Tentakeln, die eine üppige Nahrungsquelle verheißen. Kaum hat sich die Biene niedergelassen, bleibt sie an der zähen Schleimabsonderung kleben. Die Tentakel fassen die Beute, das Pflanzenblatt klappt über dem Insekt zusammen und verdaut es.

Fleischvergiftung ist eine Krankheitserscheinung, die durch den Genuß verdorbenen oder verunreinigten Fleisches entsteht. Die in den ungenießbaren Lebensmitteln enthaltenen Bazillen entwickeln Giftstoffe, die Brechdurchfall, Gliederschmerzen und Muskellähmungen auslösen. Ärztliche Hilfe ist unbedingt notwendig.

Fleming, Sir Alexander, lebte von 1881 bis 1955 und war ein britischer

Bakteriologe und Professor an der Londoner Universität. Um 1928 erforschte und entdeckte er das Penicillin, ein wichtiges bakterientötendes Heilmittel. Für diese Entdeckung wurde er 1945 mit dem Nobelpreis ausgezeichnet.

Fleming, John Ambrose, lebte von 1849 bis 1945. Er war ein englischer Physiker und Elektroingenieur und betrieb Forschungen auf dem Gebiet der Radiotechnik. Als erster setzte er die Elektronenröhre zum Empfang von elektrischen Wellen ein.

Flensburg ist eine kreisfreie, landschaftlich schön gelegene Grenzstadt in Schleswig-Holstein am Südzipfel der 36 Kilometer langen Flensburger Förde. Sie hat 94 000 Einwohner. Seit 1923 ist Flensburg eine anerkannte Messestadt. Schiffbau, Eisen- und chemische Industrie, Fischerei sowie Rumherstellung spielen im wirtschaftlichen Leben Flensburgs eine große Rolle. Die Stadt entstand im 12. Jahrhundert.

Flexenpaß oder Flexensattel heißt ein 1784 Meter hoher Alpenübergang im österreichischen Bundesland Vorarlberg. Die Flexenstraße verbindet das obere Lechtal mit der Arlbergstraße.

Flexibel bedeutet biegsam, abwandelbar, anpassungsfähig, geschmeidig. Ein Mensch kann flexibel sein, das heißt, er kann sich verschiedenen Situationen anpassen.

Flibustier [flibußti-er] waren Freibeuter und Seeräuber an den Küsten der westindischen Inseln und Mittelamerikas im 17. bis 19. Jahrhundert. Unter anderem waren sie französischer, aber auch englischer und niederländischer Herkunft. Sie plünderten dort, zum Teil im Auftrag Frankreichs oder Englands, die spanischen Küstenorte.

Auch die Abenteurer, die im 19. Jahrhundert von den USA aus in die benachbarten lateinamerikanischen Staaten zogen, um dort einen Umsturz hervorzurufen, nannte man Flibustier (Filibuster).

Flickflack ist eine Bodenturnübung: Aus dem Stand heraus macht man einen Überschlag nach rückwärts, stützt sich kurz mit den Händen auf dem Boden auf und kommt wieder zum Stehen.

Flieder heißt ein strauch- oder baumförmiges Ölbaumgewächs, das aus Ost- und Vorderasien stammt. Bei uns ist seit dem Mittelalter der gemeine Flieder beheimatet, dessen duftende Röhrenblüten in den Farben weiß, lila, bläulich oder rot wachsen, da dieser Zierstrauch in verschiedenen Kreuzungen gezüchtet wird.

Fliegen sind zweiflügelige, kräftig gebaute Insekten mit Netzaugen und dreigliederigen Fühlern. Ihre Nahrung nehmen sie mit einem stempelartigen Rüssel auf. Sie entwickeln sich und leben meist in Schmutzstoffen und Abfällen. Deshalb sind Fliegen, zu denen u. a. Stuben-, Fleisch-, Stech-, Schmarotzer-, Raupen-, Dassel- und Lausfliegen gehören, gefährliche Krankheitsüberträger.

Fliegende Fische oder Flugfische leben in warmen Meeren. Werden sie von Raubfischen verfolgt, schnellen sie durch einen Schlag ihrer

Schwanzflosse aus dem Wasser. Mit ihren stark verbreiterten Brustflossen, die sie wie Segel gebrauchen, können sie bis zu 50 Meter (selten bis 100 Meter) weit über der Wasseroberfläche dahinschweben und ihren Verfolgern entkommen.

Fliegender Holländer heißt eine sagenhafte Seemannsgestalt, die ruhelos auf dem Meer umherirrt. Man erzählt, daß ein verantwortungsloser, mit dem Teufel verbündeter Kapitän es sich in den Kopf gesetzt hatte, bei starkem Gegenwind ein sturmreiches Kap zu umsegeln. Noch dazu ließ er sein Schiff an einem Karfreitag auslaufen. Als Strafe für sein frevelhaftes Vorgehen wurde er dazu verdammt, in seinem Geisterschiff bis in alle Ewigkeit gegen Stürme auf den Meeren unheildrohend zu kreuzen. Auf See treibende Teile von gesunkenen Schiffen werden wahrscheinlich Seeleute zu dieser Gespenstergeschichte angeregt haben. Heinrich Heine bearbeitete 1834 die Geschichte, Richard Wagner schrieb 1843 die Oper ›Der Fliegende Holländer‹.

Fliegende Untertassen nennt man flache, scheibenartige oder zigarrenförmige Metallkörper, die vor allem in utopischen Zukunftsromanen oder -filmen vorkommen. Als »unbekannte Flugobjekte« (UFO's) bewegen sie sich angeblich durch den Weltraum, und ihre Besatzungen sollen fremdartige Lebewesen sein, die unsere Erde oder andere Planeten erobern wollen. Es wird zwar immer wieder einmal gemeldet, daß irgendwo fliegende Untertassen gesichtet worden seien, tatsächlich nachgewiesen werden konnten sie jedoch bisher nie.

Fliegengewicht ist die niedrigste Gewichtsklasse in der Schwerathletik. Boxer dürfen am Kampftag nicht mehr als 51 Kilogramm wiegen.

Fliegenpilz heißt ein roter, weißgesprenkelter, stark giftiger Blätterpilz. Er wächst in Nadel- und Birkenwäldern.

Fliegenschnäpper gehören zur Familie der Singvögel. Von einem Versteck aus lauern sie Insekten auf, die sie mit ihrem breiten, borstenbesetzten Schnabel einfangen. Die mitteleuropäischen Fliegenschnäpper sind Zugvögel.

Fliehburgen, auch Fluchtburgen genannt, waren in der vor- und frühgeschichtlichen Zeit Festungen, in denen die Bewohner des umliegenden Gebiets bei Angriffen Zuflucht suchten.

Fliehkraftlüfter nennt man Maschinen, die gasförmige Stoffe, Dämpfe, Späne, Gräser, Spreu sowie Staub bewegen und fördern. Sie entlüften als Ventilatoren stickige Zimmer und reinigen verstaubte Werkhallen, sie säubern als Schneefräsen Wege und Straßen, und sie helfen als fahrbare Gebläse, gemähtes Gras oder

Heu auf einen Wagen zu laden bzw. in die Tenne zu befördern.

Fliehkraftregler sind in Dampf- und Wasserkraftmaschinen sowie in Verbrennungs- und Elektromotoren eingebaut. Durch sie wird der zur Bewegung erforderliche Dampf oder Brennstoff je nach Bedarf nachgeschoben oder gedrosselt.

Fliesen nennt man Platten aus gebranntem, glasiertem Ton, aus Kunst- oder Naturstein, aus Glas, Kunststoff oder auch aus Stoff. Man verkleidet damit Haus- und Zimmerwände und belegt Fußböden mit ihnen. Marmorfliesen waren schon in alter Zeit in Persien und in Rom bekannt. Tonfliesen gab es in Ägypten bereits um die Mitte des 2. Jahrhunderts v.Chr. Sie spielten in der assyrischen, babylonischen und altpersischen Baukunst eine bedeutende Rolle.

In diesem Autowerk werden die Stahlkarosserien am Fließband zusammengeschweißt. Die Hauptteile sind an der Decke beweglich befestigt und werden so von Arbeitsgang zu Arbeitsgang befördert.

Fließbandarbeit wurde um 1900 in fast allen großen amerikanischen Industriebetrieben eingeführt. Henry Ford konnte 1903 durch Fließbandarbeit die ersten preiswerten Serienwagen in seinen Kraftwagenwerken herstellen lassen. Seit 1920 sind auch europäische Betriebe zu dieser Arbeitsweise übergegangen. Mit ihr kann die Firma Personal, Platz, Arbeitszeit und -lohn einsparen. Bei der Fließbandarbeit durchlaufen die Erzeugnisse während ihrer Herstellung ohne Zwischenpause und auf kürzestem Wege die verschiedenen Bearbeitungsstellen. Maschinen, Arbeitsplätze und Hilfsmittel sind in bestimmter Reihenfolge angeordnet. Die einzelnen Arbeitsgänge sind stufenweise eingeteilt und erfordern jeweils die gleiche Arbeitszeit. Heute werden erste Versuche angestellt, die Fließbandarbeit weniger eintönig zu gestalten, das heißt, der Arbeiter soll wieder an ganzen Herstellungsabläufen beteiligt sein, statt immer nur einen Handgriff zu verrichten.

Flimmer nennt man die feinen Fädchenfortsätze auf der obersten Schicht menschlicher, tierischer und pflanzlicher Zellen. Sie bewirken durch ihr gleichmäßiges Hinundherschwingen die Flimmerbewegung, die zum Beispiel aus der Luftröhre Fremdkörper entfernt.

Flinte war ursprünglich eine Handfeuerwaffe, bei der ein Flint (Feuer-

Flöh

stein) den Zündfunken lieferte. Heute ist Flinte die Bezeichnung für ein Jagdgewehr. Sie hat einen glatten, nichtgezogenen Lauf und wird mit Schrotkugeln geladen.

Flöhe sind flügellose, harthäutige

Der Menschenfloh, ein lästiges Insekt, ist in Deutschland nur noch selten zu finden.

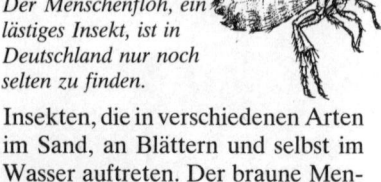

Insekten, die in verschiedenen Arten im Sand, an Blättern und selbst im Wasser auftreten. Der braune Menschenfloh ist etwa 3 Millimeter lang. Mit seinen Mundwerkzeugen, die als Stech- und Saugapparate ausgebildet sind, zieht er aus Menschen, Hunden, Ratten, Katzen und Hühnern Blut. Seine Stiche, durch die er gefährliche Krankheiten übertragen kann, verursachen einen starken Juckreiz. Seine beiden kräftigen Hinterbeine ermöglichen es dem Floh, bis zu 30 Zentimeter weit und neun Zentimeter hoch zu springen. Seine Eier legt der Menschenfloh in Kleider, Betten und Dielenritzen. Die weißliche, etwa einen Zentimeter lange, behaarte Made hat kauende Mundwerkzeuge. Sie verpuppt sich in einem Gespinst, das sie mit Schmutz verklebt. Der Hundefloh, der ausschließlich auf Hunden, Katzen und Ratten lebt, kann nicht springen. Als Krankheitsüberträger waren Flöhe jahrhundertelang sehr gefährlich. Heute ist der Menschenfloh durch Insektengifte bei uns nahezu vernichtet.

Der Flohzirkus ist eine selten gewordene Attraktion auf den Jahrmärkten. Das uns Menschen lästige Insekt bekommt um die Brust eine feine Silberdrahtschlinge, die es nie wieder los wird. Es lernt, daß das Springen nun keinen Zweck mehr hat, und bewegt sich also nur noch krabbelnd fort. Man kann mit den »dressierten« Zirkusflöhen Wettrennen veranstalten oder sie Wägelchen aus dünnem Blech ziehen lassen.

Flöte heißt eines der ältesten Holzblasinstrumente. Schwingende Luftsäulen erzeugen in der Flöte die weichen Töne. Durch das Einblasen der Atemluft und die Bedienung der Grifflöcher kann ein vielfältiges Tonsystem gespielt werden. Man unterscheidet Langflöten (Blockflöten) und Querflöten, die seitlich angeblasen werden. Bei der Pikkoloflöte ist der Grundton eine Oktave höher als beim normalen Instrument.

Flöz wird im Bergbau eine abbaufähige Erz-oder Kohleschicht genannt.

Flora war die altrömische Göttin des Getreides und der Blumen. Als Flora bezeichnet man auch alle frei in der

Natur wachsenden Pflanzen eines Gebiets. Der Gegensatz zur Flora als Bezeichnung der Pflanzenwelt ist die Fauna, der zusammenfassende Begriff für die Tierwelt.

Florenz ist die Hauptstadt der italienischen Landschaft Toskana und der Provinz Florenz. Sie dehnt sich an beiden Ufern des Arno sowie am Westhang des Apennins aus. Florenz hat 460 000 Einwohner und ist ein wichtiger Verkehrsknotenpunkt Italiens und weltberühmt durch seine Kunstschätze, Museen, Bibliotheken, Renaissancekirchen und -paläste. Das Wahrzeichen der Stadt ist der mächtige Dom Santa Maria del Fiore mit seiner achtseitigen Kuppel und dem freistehenden Campanile (Glockenturm). Ihm gegenüber liegt das Baptisterium. San Lorenzo mit den Grabmälern der mächtigen Renaissancefürsten der Mediceer von Michelangelo geschaffen, Palazzo Vecchio und Ponte Vecchio sind nur einige der bedeutenden Bauten dieser Stadt. Der Höhepunkt ihrer Macht lag in der Renaissancezeit. 1966 vernichtete eine Flutkatastrophe viele Kunstschätze in den Museen. In Florenz gibt es ein hochentwickeltes Kunsthandwerk, in den Außenbezirken Maschinen-, chemische und pharmazeutische Industrie. Bekannt und geschätzt sind Marmor, Alabaster, Porzellan, Goldschmiedearbeiten, Lederwaren und Seide aus Florenz. Zwei der berühmtesten italienischen Künstler sind in Florenz aufgewachsen: der Bildhauer und Maler Michelangelo und der Dichter Dante.

Flores heißt eine 160 Quadratkilometer große, bis 941 Meter hohe portugiesische Insel im Nordwesten der Azoren. Hauptort ist Santa Cruz. Man darf diese Insel nicht mit der zweitgrößten der Kleinen Sundainseln Indonesiens verwechseln, die ebenso heißt, aber fast hundertmal größer ist. Dort gibt es viele Vulkane, die teilweise noch tätig sind. Endeh ist hier der größte Ort.

In der Chemie nennt man Flores feinverteilte Stoffe, die durch den Übergang einer festen Materie in Dampf entstehen.

Mit Flores bezeichnet man auch getrocknete Pflanzen, die zu medizinischen Zwecken verwendet werden.

Florett nennt man beim sportlichen Fechten eine Stoßwaffe mit dünner Vierkantklinge von rechteckigem Querschnitt.

Florfliegen heißen Blattlausfliegen oder Perlaugen. Es sind zarte Insekten mit vier dünnen, feingeäderten, grünschillernden Netzflügeln und glänzenden Augen. Ihre Larven sind nützlich, weil sie Blattläuse aussaugen und damit vernichten.

Florian ist der Name eines katholischen Heiligen. Der 4. Mai ist sein Namenstag. Unter dem römischen Kaiser Diokletian soll er als Märtyrer gestorben sein. Er ist der Landesheilige Oberösterreichs und gilt allgemein als der Schutzheilige vor allem gegen Feuersgefahr, aber auch gegen Wassernöte. Er wird häufig mit einem brennenden Haus dargestellt.

Florida, der südöstliche Staat der USA, umfaßt die Halbinsel Florida

Flor

und einen Küstenstreifen am Golf von Mexiko. Er ist 151670 Quadratkilometer groß und hat 7,2 Millionen Einwohner. Etwa 20 Prozent davon sind Neger und Mischlinge. Das Landesinnere besteht aus einer verkarsteten Kalkebene mit 30 000 Seen. Hier werden Phosphate gewonnen. Im Süden ist das Land mit Sümpfen bedeckt. Die Hauptstadt heißt Tallahassee. Florida hat feuchtwarmes Klima. Im Winter gibt es Kälteeinbrüche, und im Herbst suchen die gefürchteten Hurrikane das Land heim. Das Gebiet ist hervorragend geeignet für den Anbau von Ananas, Orangen, Bananen, Zuckerrohr, Wein, Mais, Reis, Gemüse, Tabak und Baumwolle. An der Ostküste sind luxuriöse Kurorte und Seebäder, wie Miami und Palm Beach, entstanden. Der Südküste ist eine Kette von Koralleninseln vorgelagert. Cape Kennedy liegt auf Florida.

Floridastraße heißt die bis 170 Kilometer breite Meeresstraße zwischen Florida und Cuba. Sie verbindet den Atlantischen Ozean mit dem Golf von Mexiko. Durch die Floridastraße fließt der warme Golfstrom in den Nordatlantik ab.

Floskel wird eine inhaltlose, nichtssagende Redensart genannt.

Floß ist ein flaches Wasserfahrzeug aus rohen oder behauenen Baumstämmen. Es wird durch die Strömung des Flusses oder von einem Schlepper fortbewegt. Als Flöße werden große Holzmengen aus holzreichen Gebieten nach holzärmeren befördert.

So werden auf der Elbe Baumstämme, zu Flößen vereinigt, flußabwärts transportiert.

Flossen nennt man die häutigen, fächerförmigen, von Skelettstrahlen durchzogenen Steuer- und Bewegungsorgane der Fische. Brust- und Bauchflossen sind paarig, Rücken-, Schwanz- und Afterflossen unpaarig. Auch die Bewegungsorgane der Wale und Robben bezeichnet man als Flossen.

Flotte ist die Gesamtheit der Kriegsschiffe eines Staats. In der Handelsschiffahrt bezeichnen die Reedereien die ihnen gehörenden Handelsschiffe ebenfalls als Flotte.

Fluchtpunkt heißt der gedachte Punkt im Unendlichen, in dem sich die Verlängerungen paralleler Linien eines Gegenstands oder einer Landschaft perspektivisch treffen.

Flüchtig sind Stoffe, die bei normaler

Temperatur in den gasförmigen Zustand übergehen, z. B. Kampfer und Alkohol.

Wenn jemand eine Arbeit ungenau und oberflächlich erledigt hat, verwendet man das Wort auch; man sagt, er habe flüchtig gearbeitet.

Flüchtling nennt man einen Menschen, der z. B. wegen drohender Gefahren, Krieg oder wegen politischer Verfolgung sein Heimatland verlassen hat. Flüchtlinge erhalten in dem Land, in dem sie aufgenommen werden, oftmals besondere Unterstützung und Betreuung.

Flügel ermöglichen das Fliegen. Natürliche Flügel besitzen Vögel, Insekten und Fledermäuse. Künstliche Flügel sind die Tragflächen der Flugzeuge.

Unter einem Flügel versteht man außerdem ein Klavier, das die Form eines Vogelflügels aufweist, oder auch paarig und spiegelbildlich angelegte Gegenstände (Fenster-, Türflügel) sowie Organe (Lungenflügel). Flügel nennt man ferner die Treibflächen von Windrädern, Ventilatoren und Propellern, die Außenspieler einer Fußballmannschaft oder die Flanken bei einer Truppenaufstellung. Auch die Windfahne am Mast und den länglichen Seitenanbau eines Hauses bezeichnet man als Flügel.

Flüssiggas entsteht, wenn man Propan-, Butan-, Propylen- oder Butylengas großem Druck aussetzt. Es nimmt wenig Raum ein, kann in Stahlflaschen abgefüllt und leicht transportiert werden. Läßt man Flüssiggas entweichen, dehnt es sich aus und nimmt wieder den gasförmigen Zustand an. In der Industrie und im Haushalt dient es als Brennstoffquelle.

Flüssigkeit ist ein Stoff, dessen kleinste Bestandteile zwar eng miteinander verbunden sind, sich aber leicht gegeneinander verschieben lassen. Eine Flüssigkeit ist also nicht formbeständig. Sie läßt sich ihre Gestalt von äußeren Kräften aufzwingen. In einer Flasche nimmt sie beispielsweise die Gestalt des Gefäßes an.

Flug nennt man die Bewegung oder das Verharren eines Körpers in der Luft. Dabei wirken der Anziehungskraft der Erde Schub- und Hubkräfte des fliegenden Objekts entgegen, die entweder durch schnelles Vorbeiströmen von Luft an Tragflächen oder durch Auftrieb (Gasballon) entstehen. Sind die Gegenkräfte größer als die Schwerkraft, steigt der Körper in die Höhe, sind sie ebenso groß, schwebt er, und sind sie geringer, sinkt er zu Boden.

Flugbahn wird der Weg genannt, auf dem sich ein schräg nach oben geworfener oder geschossener Körper durch den Raum bewegt.

Flugbeutler sind Kletterbeuteltiere, die in Australien, Neuguinea und auf der Inselgruppe Melanesien im Westpazifik zu Hause sind. Flughäute zwischen Vorder- und Hinterbeinen ermöglichen ihnen, Gleitflüge von einem Baum zum andern zu unternehmen.

Flugblätter, auch Flugschriften genannt, sind ein- oder zweiseitig bedruckte Blätter, die aus aktuellem

Flug

Anlaß hergestellt und verteilt werden. Meist wird mit ihnen politische Propaganda betrieben, oft enthalten sie aber auch Werbung, Aufrufe zu Versammlungen, oder es wird auf Mißstände aufmerksam gemacht. Mit Hilfe von Flugblättern versucht man, einen großen Teil der Bevölkerung anzusprechen und die öffentliche Meinung zu beeinflussen.

Flugdrache heißt ein eidechsenähnliches buntes Kriechtier, das im tropischen Asien lebt. Entlang seinen beiden Körperseiten läuft ein spreizbarer Hautsaum. Dieser ist durch verlängerte Rippen verstärkt und erlaubt der Echse das Gleiten durch die Luft.

Flugfrösche leben in Südostasien und auf Madagaskar. An ihren Zehen und Fingern besitzen sie große Schwimmhäute. Sie wirken beim Springen wie Fallschirme. Dadurch können die Tiere Gleitflüge von Baum zu Baum machen.

Flughörnchen sind eichhörnchenartige Nagetiere, die auf der nördlichen Erdhälfte vorkommen (Nordosteuropa, Sibirien, Ostindien und Nordamerika). Sie sind Nachttiere und ernähren sich vorwiegend von Pflanzen, manchmal auch von Insekten. Zwischen den Vorder- und Hintergliedmaßen haben sie eine Hautfalte, die sie beim Springen als Gleitflughaut aufklappen.

Flughühner gehören zur Familie der Taubenvögel. Sie leben in den Steppen und Wüsten Asiens und Afrikas. Flughühner haben lange, spitze Flügel und kurze Beine. Sie werden taubengroß. Ihr Gefieder ist dem sand- und steppenfarbenen Boden angepaßt.

Flughunde heißen Großflattertiere, die mit den Fledermäusen verwandt sind. Sie leben in den Wäldern Afrikas, Australiens und Asiens. Ihr Kopf ist hunde- oder fuchsähnlich, ihr Gebiß ist ihrer Nahrung entsprechend gebaut: Sie besitzen ein Fruchtfressergebiß. Der größte Flughund ist der schwanzlose Kalong. Er wird 40 Zentimeter lang und hat eine Flughautspannweite bis zu 1,5 Meter. Zu Hause ist er auf den indischen Inseln, während der etwas kleinere Flugfuchs seine Heimat in Vorderindien und auf Ceylon hat. Den Palmenflughund findet man in Nordafrika. Er ernährt sich vorwiegend von den Früchten der Delebpalme. Südlich der Wüste Sahara lebt der Epaulettenflughund. Seinen Namen hat er von den Drüsenhaarbüscheln auf den Schultern der Männchen.

Flugsaurier oder Flugechsen sind ausgestorbene Kriechtiere des Erdmittelalters. Sie hatten Ähnlichkeit mit den Fledermäusen und erreichten mit ihren Flughäuten eine Spannweite bis zu sieben Meter.

Flugzeuge sind unter dem Stichwort »Luftfahrt« in Band 6 beschrieben.

Fluidum, eigentlich das Fließende, Flüssige, nennt man die Ausstrahlung, die von einem Menschen oder einem Kunstwerk ausgeht.

Fluktuation – ein Wort aus dem Lateinischen – faßt einen medizinischen Vorgang zusammen: Eine Flüssigkeitsansammlung unter der Haut weicht aus, wenn man mit dem Finger darauf drückt, und kehrt wieder an die alte Stelle zurück, wenn man den Druck wegnimmt. Den Begriff fluktuieren verwendet man auch für schwanken. Wenn z. B. Statistiken unterschiedlich ausfallen, spricht man von fluktuierenden Zahlen.

Fluor ist ein gasförmiges grünlichgelbes Element mit dem chemischen Zeichen F. Es gehört zu den Halogenen und hat einen stechenden Geruch. Frei kommt es nirgendwo vor, gebunden findet man es in Gesteinen, vor allem in Flußspat, Kryolith, Topas und in einigen Phosphaten. Fluor ist das reaktionsfreudigste chemische Element. Es verbindet sich unter Feuererscheinung mit den meisten Elementen außer Sauerstoff bereits bei normaler Temperatur. Mit Wasserstoff bildet das Gas Fluorwasserstoff, der, in Wasser gelöst, die gesundheitsschädliche Flußsäure ergibt, die man zum Ätzen von Glas braucht. Bei der Bekämpfung der Karies scheint sich Fluor positiv auszuwirken.

Fluoreszenz nennt man das Aufleuchten einiger Stoffe, wenn sie von einer Lichtquelle bestrahlt werden, z. B. Flußspat, Fluoreszein oder Petroleum. Das Licht, das auf diese Weise entsteht, hat meist eine andere Farbe und eine größere Wellenlänge als die bestrahlende Quelle. Dadurch ist es möglich, bereits außerhalb unseres Sehbereichs liegende Strahlen, wie z. B. ultraviolette oder Röntgenstrahlen, sichtbar zu machen. In der Praxis geschieht dies auf sogenannten Fluoreszenzschirmen (Röntgenschirm, Fernsehbildschirm, Radarschirm), die mit fluoreszierenden Stoffen beschichtet sind.

Flurbereinigung oder Feldbereinigung ist eine Grundstücksumverteilung, die vom Staat oder auf Grund privater Übereinkünfte durchgeführt wird. Dabei werden getrennt liegende landwirtschaftliche Grundstücksteile, die zu einem Gehöft gehören, so zusammengelegt und innerhalb der Dorfgemeinschaft ausgetauscht, daß sie für jeden Landwirt sinnvoller und gewinnbringender zu bewirtschaften sind. Ein Bauer, der fruchtbare Äcker besitzt, darf jedoch durch die Zusammenlegung seines Besitzes keine Felder von minderer Bodenqualität bekommen. Auch die Möglichkeiten der Bestellung oder Bebauung müssen berücksichtigt werden. Bei der Flurbereinigung wird außerdem meistens eine Verbesserung des Wegenetzes sowie der Wasserversorgung durchgeführt.

Flurnamen sind Bezeichnungen für Landschaftsteile, wie Wälder, Felder, Flüsse, Weiden, Quellen usw. Sie sind eine wichtige geschichtliche

Flur

Unterlage, denn sie enthalten wie die Ortsnamen altes Sprachgut, aus dem sich geographische, siedlungsgeschichtliche und volkskundliche Daten ableiten lassen.

Flurschaden sagt man zu einer Beschädigung von landwirtschaftlich genutzten Flächen durch Naturereignisse, wie Hagel oder Sturm, durch militärische Übungen oder durch Wild.

Fluß nennt man ein fließendes Gewässer, das die Zuflüsse kleinerer und größerer Wasserläufe sammelt und sie einem See oder dem Meer zuführt. Größere Flüsse heißen Ströme, kleinere Bäche. Der Fluß gräbt sich seinen Weg, das Flußbett, durch die Kraft des sich bewegenden Wassers. Manche Flüsse versiegen im Sand, weil sie zu wenig Wasser führen. Die längsten Ströme der Erde sind der Nil (6671 km), der Amazonas (6518 km), der Mississippi mit dem Missouri (6420 km), der Jang-tse-kiang (5800 km) und der Ob mit Irtisch (5410 km). Europas längste Ströme sind die Wolga mit 3700 und die Donau mit 2850 Kilometer.

Flußdelphine gehören zur Unterordnung der Zahnwale. Sie leben in den großen Flüssen Südamerikas und Südasiens. Im südamerikanischen Amazonenstrom kommen Inia, Bufeo und Bonto vor, der Schnabel- oder Gangesdelphin ist in Indiens Strömen zu Hause.

Flußkrebse sind zehnfüßige, scherentragende Süßwassertiere. Sie leben in Höhlen und Verstecken auf dem Grund klarer, kalkreicher Gewässer und ernähren sich von Aas, Insektenlarven, Würmern, Schnecken und Wasserpflanzen. Während der Häutung (in den ersten beiden Lebensjahren bekommen sie je fünfmal, danach höchstens jeweils zweimal einen neuen Panzer) sind die Tiere weich (Butterkrebse) und verkriechen sich in ihren Verstecken. Kalkvorräte, die als Kalkaugen oder Krebssteine im Magen gespeichert werden, tragen dazu bei, daß die neue Schale rasch erhärtet. Das Weibchen legt im Winter 200 bis 300 Eier, die es zuvor auf der Unterseite des Hinterleibs mit sich getragen hat. Auch die Jungen bleiben bis zur ersten Häutung unter dem Hinterleib der Mutter versteckt. Flußkrebse haben ein wohlschmeckendes, forellenähnliches Muskelfleisch, das bei Feinschmeckern sehr beliebt ist. Es befindet sich vor allem in den Scheren und im Schwanz. Der Farbstoff Astacin, der sich im Panzer befindet, bewirkt das Rotwerden der Krebse beim Kochen.

Flußmittel werden schwer schmelzbaren Stoffen beigegeben, damit sie sich leichter verflüssigen lassen. Man verwendet dazu Borax, Flußspat, Kryolith oder Silikate.

Flußpferde sind plumpe, schwerfällige, pflanzenfressende Nichtwiederkäuer aus der Ordnung der Paarhufer. Sie besitzen mächtige Hauer und starke Schneidezähne. Sie leben vorwiegend im oder am Wasser. Die afrikanischen Fluß- oder Nilpferde haben einen fleischigen, fast unbehaarten Körper und einen klobigen, viereckigen Kopf. Sie werden bis zu

Flut

4,5 Meter lang, 1,5 Meter hoch und 3000 Kilogramm schwer. Die Weibchen gebären pro Jahr ein Junges, das sie im Wasser zur Welt bringen und liebevoll umhegen. Weniger an das Wasser gebunden ist das kleinere und zierlichere Zwergflußpferd, das in den westafrikanischen Urwäldern lebt. Es ist etwa so groß wie ein Wildschwein und erreicht ein Gewicht von 250 Kilogramm.

Flußregelung nennt man das künstliche Regulieren von Flußläufen. Die Ufer werden so befestigt und ausgebaut, daß ein eventuelles Hochwasser nicht aus dem Flußbett treten kann. In großen Flüssen werden auch die Fahrrinnen für die Schiffahrt verbessert und, wenn notwendig, Talsperren oder Stauwehre zur Wasseransammlung errichtet.

Flußspat (Fluorit) kommt als wasserhelles, blaues, rotes, grünes oder farbloses Gestein vor. Der Flußspat wird zu Schmuck oder optischen Linsen verarbeitet und findet als Flußmittel sowie als fluoreszierender Stoff Verwendung.

Flußstahl heißen alle Stahlarten, die im Schmelzverfahren bei sehr hohen Temperaturen (1600–1650 Grad Celsius) aus Roheisen, Schrott und verschiedenen Zusätzen, wie Kohlenstoff, Kalk, Sauerstoff, erzeugt werden. Der Gegensatz ist Schweißstahl.

Flut bedeutet das Ansteigen des Meeresspiegels, das im regelmäßigen Wechsel mit der Ebbe, dem Fallen des Wassers, auftritt. Ebbe und Flut nennt man die Gezeiten. Hervorgerufen werden sie durch die An-

Rund und gesund blickt diese Nilpferddame in die Welt. Ihr selbstbewußtes Auftreten ist durchaus berechtigt, denn als stolze Mutter schützt sie mit ihrem mächtigen Körper ein Nilpferdkind.

Flut

ziehungskräfte von Sonne und Mond auf die Wasserhülle der Erde. Wind und Wassertiefe beeinflussen sie nicht unerheblich. (Siehe auch Stichwort »Gezeiten«.)

Flutkraftwerke oder Gezeitenkraftwerke nennt man Wasserkraftwerke, die sich zur Stromerzeugung des großen Unterschieds der Wasserhöhe zwischen Ebbe und Flut bedienen. Bei Flut fließt das Meerwasser in große Sammelbecken (Flutbekken), bei Ebbe strömt es zurück ins Meer, und zwar durch Turbinen, die die Stromerzeuger (Generatoren) antreiben.

Flutlicht wird Licht aus Scheinwerfern mit großer Breitenstreuung genannt. Mit Flutlichtanlagen werden z. B. Sportveranstaltungen und besondere Bauwerke bei Dunkelheit »ins beste Licht« gerückt.

Flutwellen entstehen beim Übergang von der Ebbe zur Flut, bei Wirbelstürmen, bei Seebeben und Vulkanausbrüchen unter dem Meer. Die starken Wogen können verheerende Wirkungen haben, zu Dammbrüchen führen und Schiffe zum Kentern bringen.

Flying Dutchman (Fliegender Holländer) [flaiing datschmän] ist die Bezeichnung für eine Bootsklasse im Segelsport. Die Boote sind sechs Meter lang.

Fock nennt man das unterste, trapezförmige Rahsegel am vordersten der drei Segelschiffsmasten.

Fock, Gorch, ist das Pseudonym, also der Deckname, des niederdeutschen Heimatdichters, Dramatikers und Erzählers Hans Kinau, der von 1880 bis 1916 lebte. Die Werke des Fischersohns von der Elbinsel Finkenwerder bei Hamburg sind zum Teil in Plattdeutsch geschrieben.

Fockfall heißt auf einem Segelschiff das Seil, mit dem die Fock aufgezogen wird.

Föderalismus stammt von dem lateinischen Wort foedus, das Bund oder Bündnis bedeutet. Man versteht darunter die Gestaltung eines Bundesstaats, in dem den einzelnen Gliedern, den Bundesländern, möglichst große staatliche Freiheit und Selbständigkeit gewährt wird. Die Verfechter dieser Staats- und Gesellschaftsform heißen Föderalisten.

Föhn nennt man einen warmen, trockenen Fallwind. Er weht vor allem auf der Alpennordseite mit oft beachtlicher Stärke in die Täler und in das Alpenvorland hinein. Die Föhnmauer, eine Wolkenwand am

Gebirgskamm, kennzeichnet die Föhnlage. Der Föhn entsteht durch einen Sog vom Norden her, wenn der Luftdruck nördlich der Alpen erheblich niedriger ist als südlich der Alpen. Der warme Wind ruft bei vielen Menschen die sogenannte Föhnkrankheit hervor. Sie äußert sich in Kopfschmerzen, Mattigkeit, Gereiztheit und seelischer Verstimmung. Bei Föhn kommt es auch häufiger als sonst zu Verkehrsunfällen, Gewalttaten und Selbstmorden.

Fön ist ein elektrischer Haartrockner, dessen Gebläse über eine Düse erhitzte Luft ausstößt.

Förde wird an der holsteinischen Ostseeküste eine tief ins Land greifende, schmale Meeresbucht genannt. Am bekanntesten ist die Kieler Förde.

Förderanlagen leiten Massengüter weiter oder transportieren Personen. Am gebräuchlichsten sind Förderbänder, Förderschnecken, Kettenbahnen, Lasten- und Personenaufzüge, Rolltreppen und die Rohrpost.

Fördermaschinen braucht man in Bergwerken, um abgebaute Kohle, Gesteine oder Erze aus den Stollen an die Erdoberfläche zu befördern.

Förster ist die volkstümliche Bezeichnung für den Beruf des Forstbeamten. Er ist für die Pflege des Waldes verantwortlich, er überwacht das Wachstum der Bäume, den Holzschlag und den Holzverkauf. Er achtet auf den Wildbestand, sorgt dafür, daß die Tiere im Winter genügend Futterstellen vorfinden, und hält den Wildbestand durch den Abschuß älterer und kranker Tiere seuchenfrei.

Fötus oder Fetus nennt man das im mütterlichen Körper wachsende Lebewesen vom dritten Monat ab. Vor dieser Zeit spricht man vom Embryo (Keimling).

Foggia [fodscha] heißt die Hauptstadt der gleichnamigen Provinz in der südostitalienischen Region Apulien. Sie hat 142 000 Einwohner. Es gibt dort eine normannische Kathedrale aus dem 12. Jahrhundert. Die Stadt war im 13. Jahrhundert Residenz der Staufer.

Fohlen oder Füllen heißen neugeborene Pferde bis zu ihrem zweiten Lebensjahr. Ihr kurzhaariges, glänzendes Fell wird im Pelzhandwerk gern zu Mänteln verarbeitet.

Fokus – lateinisch Feuerstätte – ist der Brennpunkt bei optischen Gerä-

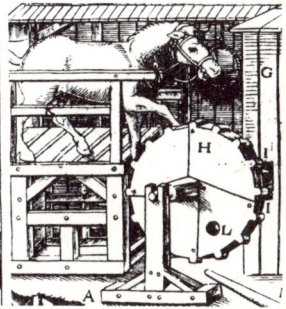

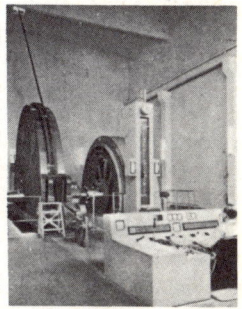

In den Bergwerken mußten lange Zeit hindurch die einfachsten Maschinen und Geräte durch Menschenkraft bedient werden. Die Förderung in den Bergwerken war Schwerstarbeit. Später trat an die Stelle des Menschen, da wo es möglich war, die Kraft des Tieres. Heute sind die Förderanlagen in den Bergwerken meist vollautomatisch. Der Mensch sitzt am Schaltpult.

Foli

ten. In der Medizin bezeichnet man einen chronischen Entzündungs- oder Eiterherd mit Fokus.

Folianten sind große Bücher im Papierformat 21×33 cm (Folioformat). Allgemein bezeichnet man alle großformatigen Bücher so.

Folien nennt man hauchdünn ausgewalzte Metalle bzw. gegossene Kunststoffe. In Stanniol-, Aluminium- und Klarsichtfolien werden Lebensmittel luftdicht und daher haltbar verpackt. Andere Gegenstände, z. B. Bücher, werden durch Folienverpackung vor Beschädigungen geschützt. Dünn geschlagenes Gold (Blattgold) und Silber (Blattsilber) dienen zum Vergolden bzw. Versilbern.

Folklore ist die Bezeichnung für die gesamte volkstümliche Überlieferung. Dazu gehören Lieder, Märchen, Sagen, Rätsel, Sprichwörter, Spiele und Bräuche eines Volkes. Folklore kommt aus dem Englischen und heißt Lehre des Volkes.

Follikel werden kleine, kugelige Gebilde der Haut oder Schleimhaut genannt, aus denen die Haare, die Bläschen der Schilddrüse oder die Lymphknötchen der Darmwand herausragen. Die Graafschen Bläschen im Eierstock heißen ebenso.

Folterung (Folter) war im römischen Recht ein Mittel, mit dem Geständnisse von Sklaven und vom Pöbel erzwungen wurden. In Deutschland wurde die Folter erst im Spätmittelalter eingeführt. Bei Inquisitions-, Hexen- und Strafprozessen sollte der Richter bei schweren Vergehen durch die »peinliche Befragung« die Wahrheit herausfinden, während der Angeklagte mit verschiedenen Werkzeugen grausam gepeinigt wurde. Bein- und Daumenschrauben zum Beispiel preßten Waden und Finger des Angeklagten stark zusammen. Auf der Folterleiter wurden seine Glieder gezerrt. Im Schwitzkasten und auf dem spanischen Bock mußte er schlimme Qualen durchstehen. Änderungen im Strafrecht bewirkten bei uns im 18. Jahrhundert die Abschaffung der Folterung. Unser heutiges Gesetz schreibt vor, daß die freie Willensbetätigung und -entschließung eines Angeklagten nicht durch Mißhandlungen oder Verhörmethoden beeinträchtigt werden dürfen, die den Beschuldigten ermüden und seine geistigen Fähigkeiten vermindern.

Fonds [fõ] ist die französische Bezeichnung für Rücklagen eines Staats oder einer privaten Organisation in Geld oder Gütern, die für bestimmte Zwecke bereitgehalten werden. Aus einem solchen Fonds können zum Beispiel Förderungspreise ausgezahlt, Unterstützungen an minderbemittelte Bürger oder Zuschüsse für Studienkosten gewährt werden.

Fontäne, ein Fremdwort aus dem Französischen, bedeutet Springbrunnen.

Fontainebleau [fõtänbloh] heißt eine französische Stadt südöstlich von Paris. Sie liegt am linken Ufer der Seine im Wald von Fontainebleau. Hier dankte Napoleon I. in seinem berühmten Lustschloß im Jahre 1814 ab. Heute zählt die Stadt rund

18 000 Einwohner. Sie verfügt über Heeresschulen, eine pflanzenbiologische Versuchsanstalt und Porzellanfabriken.

Fontane, Theodor, lebte von 1819 bis 1898. Er war schon lange als Balladendichter berühmt, bevor er auch Romane zu schreiben begann. Fontane gilt als einer der bedeutendsten realistischen Erzähler. Seine Schilderungen der zeitgenössischen Gesellschaft des späten 19. Jahrhunderts vereinigen Sozialkritik mit klarem Verständnis für menschliches Schicksal. Bekannte Romane sind: ›Irrungen, Wirrungen‹, ›Effi Briest‹ ›Der Stechlin‹.

Fontanellen nennt man die zwischen den Schädelknochen eines neugeborenen Kindes vorhandenen, von Haut überzogenen Lücken. Sie lassen sich leicht als weiche Stellen fühlen. Man kann dort auch die Pulsschläge spüren. Diese Lücken füllen sich erst im zweiten Lebensjahr mit Knochenmasse.

Football [futbohl] ist ein in den USA und in Ostasien beliebtes Ballspiel. Je 11 auswechselbare Spieler versuchen, einen eiförmigen, hohlen Lederball mit den Händen vorwärts zu tragen oder mit den Füßen über die Grundlinie zu stoßen und schließlich ins Tor zu schießen. Der Gegner bemüht sich, das zu verhindern. Er darf die Spieler der anderen Mannschaft festhalten und zu Boden reißen, um dadurch in den Besitz des Balls zu kommen. Ein Spiel dauert 60 Minuten und ist in vier Viertelzeiten eingeteilt. Das Spielfeld mißt 109,75×48,80 Meter und ist zwischen den beiden Torräumen in 20 gleiche, durch Linien markierte Abschnitte aufgeteilt. Ein Tor ist 5,50 Meter breit und 3,05 Meter hoch; die Höhe der Eckstangen beträgt 6,10 Meter. Die Spieler tragen zu ihrem persönlichen Schutz Ledersturzhelme sowie Achselpolster, Knie-, Schienbein-, Leib- und Brustschutz.

Foraminiferen oder Kammerlinge sind einzellige Wurzelfüßer, die vorwiegend im Meer leben. Sie haben ein Kalkgehäuse oder eine Hülle aus organischen Substanzen, woran fadenförmige Scheinfüßchen sitzen. Die Schalen von abgestorbenen Foraminiferen bedecken häufig in meterhohen Schichten den Meeresboden.

Forchheim, eine Kreisstadt an der Regnitz im nordbayerischen Oberfranken, hat rund 23 000 Einwohner. Viele von ihnen arbeiten in den zahlreichen dort ansässigen Fabriken, die Papierwaren, optische Geräte, Maschinen, Kunststoffe, Bekleidung und Schokolade herstellen.

Forderung nennt man den Anspruch auf eine Leistung, den eine Person (Gläubiger) einer anderen gegenüber (Schuldner) auf Grund eines Schuldverhältnisses hat.

Ford, Gerald R., geboren 1913, ist der 38. Präsident der Vereinigten Staaten von Nordamerika. Er trat sein Amt am 8. 8. 1974 als Nachfolger Richard M. Nixons an.

Ford, Henry, war ein berühmter amerikanischer Industrieller, der von 1863 bis 1947 gelebt hat. Er konstruierte 1892 sein erstes Auto und gründete 1903 die Ford Motor

Company. Eines seiner Ziele war es, möglichst gute Autos möglichst billig herzustellen.

Forelle heißt ein lachsartiger Raubfisch, der als wohlschmeckender Speisefisch sehr geschätzt ist. Er kommt in verschiedenen Arten vor. Die lebhaft grünlichbraune, gelb, rot und schwarz getupfte Bachforelle wird im Durchschnitt etwa ein halbes Kilogramm schwer. Sie lebt in den oberen Teilen der mitteleuropäischen Gebirgsflüsse und ist bis in einer Höhe von 2500 Metern zu finden. Die grau- bis silberfarbene, schwarzgesprenkelte Seeforelle bevorzugt Alpenseen. Sie erreicht ein Gewicht von durchschnittlich 5 Kilogramm. Der Seeforelle sieht die Meerforelle ähnlich. Diese steigt vom Meer in die Flüsse auf. In manchen Seen treffen wir Grundforellen an, auch die kleineren silberglänzenden Schwebforellen. Am häufigsten gezüchtet wird in Europa die Ende des 19. Jahrhunderts aus Nordamerika eingeführte Regenbogenforelle. Alle Forellenarten laichen im Herbst oder Winter und graben ihre Eier im Kies ein.

Formaldehyd ist ein farbloses, stechend riechendes Gas mit der chemischen Formel HCHO. Es entsteht, wenn die Dämpfe erhitzten Methylalkohols über glühendes Kupfer geleitet werden. Eine etwa 40prozentige wäßrige Lösung von Formaldehyd wird Formalin oder Formol genannt und als Desinfektions- oder Ätzmittel benutzt. Stark verdünnt findet Formalin auch zu Spülungen und Waschungen gegen starke Schweißbildung Verwendung. Durch Kondensation mit Phenolen entsteht Bakelit, durch Verbindung mit Phenol- und Naphthalinsulfosäure künstlicher Gerbstoff.

Format bedeutet Normgröße. Mit diesem Begriff bezeichnet man die Größe eines Buchs oder eines Papierbogens.

Man sagt aber auch, ein Mensch habe Format, wenn er eine besonders ausgeprägte Persönlichkeit ist.

Formation nennt man in der Geologie die Gesteinsschichten, die sich in den verschiedenen Zeitabschnitten der Erdgeschichte abgelagert haben. In der Botanik versteht man darunter die Zusammenfassung der in einem Lebensbereich wachsenden Pflanzen, und zwar ohne Rücksicht auf ihre verschiedenen Arten. Man spricht beispielsweise von der Pflanzenformation einer Sumpfwiese.

Formel wird eine Redewendung genannt, die für bestimmte Anlässe vorgeschrieben oder gebräuchlich geworden ist. Darunter verstehen wir z. B. die Eidesformel vor Gericht, die Gebetsformel oder die Höflichkeitsformeln »danke!« und »bitte!«

In der Mathematik und in der Chemie bezeichnen Formeln Zusammenhänge in symbolischer Art. Beispiele: $(a + b)^2 = a^2 + 2ab + b^2$; H_2O = Wasser.

Former sind Handwerker, die in der Eisen- und Metallindustrie arbeiten. sie fertigen Formen aus Sand oder Lehm nach einer Schablone oder einem Modell an. In solchen Formen werden dann Werkstücke aus Gußeisen hergestellt. Man kann diesen Beruf während einer dreijährigen Ausbildungszeit erlernen. Danach muß die Facharbeiterprüfung abgelegt werden. Former können zum Vorarbeiter oder zum Gießereimeister aufsteigen und bei Weiterbildung auf Fachschulen Gießerei-Ingenieur werden.

Formosa (Taiwan) heißt die 35 962 Quadratkilometer große nationalchinesische Insel zwischen dem Süd- und Ostchinesischen Meer. Sie hat 15 Millionen Bewohner und ist durch die Formosastraße von der Südostküste der Chinesischen Volksrepublik getrennt. Die Hauptstadt heißt Taipeh, der größte Hafen ist Kilung. Der östliche Teil der Insel besteht aus hohen, bewaldeten Gebirgszügen. Dort werden Kohle, Gold, Silber und Kupfer abgebaut. Der Westen der Insel besteht aus fruchtbarem Tiefland. Das tropische Monsunklima ermöglicht den Anbau von Reis, Zuckerrohr, Tee, Süßkartoffeln, Bananen, Ananas und Zitrusfrüchten. Die Industrie der Insel stellt Textilien, Baustoffe, Motoren, landwirtschaftliche Maschinen, Fahrräder, Ölpressen, Obst- und Fischkonserven her.

Forschung nennt man eine wissenschaftliche Tätigkeit, die mit Untersuchungen und Experimenten versucht, neue und immer genauere Erkenntnisse, z. B. in der Medizin, Chemie, Physik und Technik, zu gewinnen.

Forschungsreisen oder Expeditionen werden von Wissenschaftlern unternommen, um noch unbekannte Gebiete der Erde oder das Verhalten von Lebewesen in ihrem Lebensraum zu erforschen. Die Entdeckungsfahrten der alten Seefahrer, Abenteurer, Händler und Missionare waren die Vorläufer der Forschungsreisen, die heute wissenschaftlich geplant und meist im Auftrage sowie mit Unterstützung eines Instituts durchgeführt werden.

Forßmann, Werner, der 1904 in Berlin geboren wurde, entwickelte 1929 den Herzkatheterismus. Mit diesem Verfahren, bei dem von der Ellenbeuge aus durch die Venen ein dünner, biegsamer Kunststoffschlauch, der Katheter, bis zur rechten Herzhälfte geschoben wird, können Herzmißbildungen und -krankheiten festgestellt werden. 1956 erhielt Forßmann zusammen mit zwei anderen Ärzten den Nobelpreis für Medizin.

Forst nennt man ein Waldgebiet, das planmäßig bewirtschaftet wird, indem geeignete Bäume gefällt und durch Jungpflanzen ersetzt werden. Auch das Jagd- und das Fischereirecht gehören zum Forstbetrieb.

Forstfrevel nennt man die Übertretung von Polizeivorschriften, die dem Schutz der Waldungen dienen. Wer im Frühjahr, Sommer oder Herbst im Walde raucht und damit die Gefahr eines Waldbrands heraufbeschwört, macht sich strafbar. Auch Diebstahl aller Art im Forst wird geahndet (Bäume schlagen, Wilderei u. ä.).

Forstschädlinge sind laub- und holzfressende Insekten. Sie können in den Wäldern großen Schaden anrichten. Von den Forstbeamten sind die Borkenkäfer besonders gefürchtet. Man vernichtet sie durch chemische Lösungen oder Dämpfe, die vom Boden aus oder aus einem Flugzeug bzw. Hubschrauber auf den befallenen Wald gesprüht werden.

Forstverwaltung heißt die ökonomische Leitung von Staats-, Gemeinde-, Körperschafts- oder größeren Privatforsten. Die Waldgebiete sind in Forstamtsbezirke zu je 3000–9000 Hektar Größe aufgeteilt. Der Leiter eines Forstamts ist der Forstmeister. Wer diesen Beruf ergreifen will, braucht das Abitur, eine Vorlehre, ein achtsemestriges Studium sowie einen zwei- bis dreijährigen Vorbereitungsdienst. Zu einem Forstamt gehören fünf bis zehn Förstereien, in denen die Revierförster nach den Anweisungen des Forstmeisters die im Forst anfallenden Arbeiten erledigen. Ein Revierförster benötigt folgende Ausbildung: Volksschule oder mittlere Reife, zwei bis drei Jahre Lehre, ein Jahr Försterschule, danach weitere praktische Ausbildung mit Abschlußprüfung. Staatliche Forstämter unterstehen der Landesforstverwaltung. Diese ist dem Landwirtschaftsministerium unterstellt.

Forstwissenschaft werden die theoretischen und praktischen Regeln genannt, nach denen ein Wald sinnvoll zu bewirtschaften ist. Forstwissenschaft kann man an verschiedenen Universitäten studieren. Dieses Studium umfaßt Waldbau und andere Wissensgebiete, wie Forstgeographie, Forstgeschichte, Botanik, Zoologie, Chemie, Physik, Mineralogie, Petrographie, Geologie, Bodenkunde, Ökonomie und Wetterkunde.

Forsythie [forsühzi-e] heißt ein beliebter Zierstrauch aus der Familie der Ölbaumgewächse. Die Blüten der aus Ostasien stammenden Forsythie sprießen im Vorfrühling noch vor den Blättern.

Fort [fohr] nennt man eine kleine Verteidigungsanlage innerhalb eines Festungsgeländes.

Forth [fohrß], ein 150 Kilometer langer Fluß in Schottland, entspringt am Ben Lomond und mündet in die 80 Kilometer lange, 3 bis 4 Kilometer breite Bucht Firth of Forth an der schottischen Nordseeküste.

Fort Knox [fohrt nokß] liegt süd-

Fort Knox ist ein unscheinbares Gebäude. Es ist aber mit sämtlichen Sicherheitsvorrichtungen der modernen Technik ausgestattet und wird von Scharfschützen bewacht. Hier liegt das Gold der USA, gesichert durch Hochspannung, hinter Wasserschleusen, Betonmauern sowie einem Labyrinth von Gängen, Treppen, Zellen und Sackgassen.

westlich von Louisville im Staate Kentucky. Hier lagern, streng bewacht, die Goldbestände der USA.

Fort-Lamy [fohr lahmih] heißt die Hauptstadt der zentralafrikanischen Republik Tschad. Die 1900 gegründete Stadt hat 133 000 Einwohner und ist ein wichtiger Verkehrsknotenpunkt.

Fortpflanzung bedeutet die Erzeugung von Nachkommen zur Erhaltung der Art im Pflanzen- und Tierreich. Niedere Lebewesen vermehren sich ungeschlechtlich durch Zellteilung, das heißt, aus einer Zelle entstehen durch Teilung neue Zellen (z. B. die Amöben). Außerdem können niedere Tiere auch Knospen bilden und Sprossen treiben, die sie dann als »Ableger« absondern. Bei manchen niederen Lebewesen überleben in Hüllen eingeschlossene Teilstücke, die später keimen.

Bei der zweigeschlechtlichen Fortpflanzung, durch die sich Menschen und höhere Tiere vermehren, vereinigen sich Ei- und Samenzelle eines Elternpaars (Befruchtung), wodurch ein neues Lebewesen entsteht. Die Eizelle kann auch auf künstlichem Wege befruchtet werden. Bei der eingeschlechtlichen Fortpflanzung wird bereits aus einer unbefruchteten Eizelle ein neues Lebewesen. Geschlechtliche und ungeschlechtliche Fortpflanzung können sich bei derselben Tier- oder Pflanzenart abwechseln. Das nennt man Generationswechsel.

Pflanzen vermehren sich ungeschlechtlich durch Zellteilung oder geschlechtlich durch Befruchtung. Pflanzen können sich durch Triebe oder durch Aussendung von Samen, der in der Erde keimt, vermehren.

Fortpflanzungsgeschwindigkeit nennt man diejenige Wegstrecke pro Zeiteinheit, die physikalische Erscheinungen, wie Licht oder Schall, zurücklegen. Nach der Relativitätstheorie kann sich nichts schneller fortbewegen als das Licht, dessen Geschwindigkeit 300 000 Kilometer in der Sekunde beträgt.

Fortpflanzungsorgane (Geschlechtsorgane oder Genitalien) dienen der Fortpflanzung der Lebewesen. Beim Menschen unterscheidet man sichtbare äußere und im Körper liegende innere Fortpflanzungsorgane. Beim Mann zählt man zu den äußeren Genitalien das Glied (den Penis), das in erregtem Zustand anschwellen und steif werden kann. Außerdem gehören der Hodensack mit zwei Hoden und den Nebenhoden sowie Teile des Samenleiters dazu. Die inneren männlichen Geschlechtsorgane sind der Samenleiter, die Samenbläschen und die Vorsteherdrüse (Prostata). In den Hoden entstehen die Samenfäden, die über die Nebenhoden in die Samenleiter gelangen. Die Sekrete der Vorsteherdrüse und der Samenbläschen vermischen sich mit den Samenfäden. Bei der Frau nennt man die gesamten äußeren Geschlechtsteile die Vulva. Sie besteht aus den großen und kleinen Schamlippen, aus dem Kitzler (der Klitoris), der Schamspalte mit der Scheidenöffnung und der Harnöffnung. Auch die Brüste rechnet man zu den äußeren weiblichen Geschlechtsorganen. Zu den inneren weiblichen Fortpflanzungsorganen gehören die Scheide,

Fort

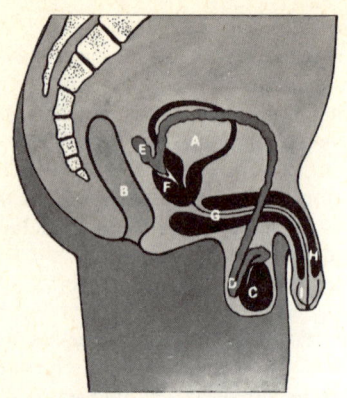

A Harnblase
B After
C Hoden
D Samenleiter
E Bläschendrüse
F Vorsteherdrüse
G Harn- und Samenröhre
H Glied mit Schwellkörper
I Eichel und Vorhaut

a Harnblase
b After
c Eierstock
d Tubentrichter
e Eileiter
f Gebärmutter
g Muttermund
h Scheide
i Kitzler
j Innere Schamlippen
k Äußere Schamlippen

die Gebärmutter, die Eileiter sowie die Eierstöcke. In den Eierstöcken werden die Eizellen gebildet, die durch die Ausführgänge, die Eileiter, in die Gebärmutter gelangen. Diese ist durch die Scheide mit den äußeren Geschlechtsteilen verbunden. Bei Mann und Frau befindet sich oberhalb der äußeren Geschlechtsorgane ein Fettpolster, auf dem sich bei der Geschlechtsreife die Schamhaare bilden.

Fort Smith [fohrt ßmiß] liegt im USA-Staat Arkansas an dem gleichnamigen Fluß. Die 50 000 Einwohner zählende Stadt ist Verkehrsknotenpunkt in einer fruchtbaren Agrarlandschaft. Es gibt dort Glashütten sowie Holz-, Möbel- und Nahrungsmittelindustrie.

Fort Wayne [fohrt uehn] heißt eine Industriestadt im Nordosten des USA-Staats Indiana, die sich aus einer im 18. Jahrhundert stark umkämpften französischen Befestigung entwickelt hat. Sie liegt am Maumee River und hat rund 178 000 Einwohner. Schlachthäuser, Lebensmittelindustrie, Eisengießereien, Maschinen, Elektrogeräte- und Motorenbau bestimmen das Wirtschaftsleben der Stadt.

Fort Worth [fohrt uörß] ist eine Universitätsstadt am Trinityfluß im Norden des USA-Staats Texas. In Schlachthäusern, in der Nahrungsmittelindustrie und in der Stahlverarbeitung arbeiten viele der 395 000 Einwohner.

Forum hieß in der Antike der Marktplatz der römischen Städte, auf dem auch Gerichtsverhandlungen und Volksversammlungen stattfanden. Im 19. Jahrhundert wurde das bekannteste Forum freigelegt, das Forum Romanum der Stadt Rom. Ursprünglich eine Begräbnisstätte, wurde es in der Kaiserzeit prunkvoll ausgebaut. Auf dem Forum Romanum befanden sich Tempel, öffentliche Gebäude, Denkmäler, Triumphbogen und eine Rednertribüne.

Fossilien sind versteinerte Überreste von Pflanzen oder Tieren, die in erdgeschichtlicher Vergangenheit existiert haben.

Foul [faul] nennt man beim Sport ein regelwidriges Verhalten einem Mitspieler gegenüber. Am häufigsten wird dieser Ausdruck wohl beim Fußball gebraucht.

Foxterrier [-tärjer] heißt ein mittelgroßer, stämmiger Hund, der aus England kommt und dort wegen seiner Lebhaftigkeit und Gewandtheit bei der Fuchs- und Kaninchenjagd verwendet wird. Bei uns kennt man den Foxterrier als guten und treuen Wächter.

Foxtrott ist ein amerikanischer Gesellschaftstanz im schnellen Vierviertaltakt. Er kam 1917 nach Europa und wurde hier einer der beliebtesten Tänze.

Frachtschiff wird ein Schiff genannt, das für den Transport von Gütern gebaut und nicht für die Beförderung von Passagieren eingerichtet ist.

Frack nennt man einen Anzug mit schräg geschnittenen Schößen und breiten Aufschlägen. Er war im 18. Jahrhundert ein bequemer Gebrauchsrock. Heute wird er nur noch bei festlichen Gelegenheiten getragen. Der Frack ist auch die Berufskleidung der Oberkellner in einigen Restaurants.

Fränkische Alb oder Fränkischer Jura wird ein Gebirgszug in Franken genannt. Er besteht aus öden Hochflächen, die sich mit tief eingeschnittenen Flußtälern abwechseln. Am bekanntesten sind das Altmühltal sowie die Fränkische Schweiz mit ihren bizarren Felslandschaften und Tropfsteinhöhlen.

Fränkisches Reich hieß die bedeutendste der germanischen Reichsgründungen zur Völkerwanderungszeit. Es bildete die Grundlage für die spätere staatliche Entwicklung in Europa, vor allem für Deutschland und Frankreich. Ende des 5. Jahrhunderts gründete Chlodwig I., der aus dem fränkischen Königsgeschlecht der Merowinger stammte, das fränkische Einheitsreich. Als die Macht der Könige zu verfallen begann, übten die Hausmeier (Majordomus) aus dem Geschlecht der späteren Karolinger die eigentliche Herrschaft aus. Im 8. Jahrhundert beseitigten sie die Merowinger, und Pippin der Jüngere machte sich zum König. Von weltgeschichtlicher Bedeutung wurde der Bund des neuen Königtums mit dem Papsttum. Unter Karl dem Großen, der sich im Jahre 800 vom Papst zum Kaiser krönen ließ, hatte das Fränkische Reich seine größte Macht und Ausdehnung. Es umfaßte das heutige nördliche Spanien, Frankreich, Belgien, Holland, die Schweiz, Deutschland bis zur Elbe, Österreich und das nördliche Italien. Seine Nachfolger, die Söhne Ludwigs des Frommen,

Fräs

teilten im Vertrag von Verdun das Reich unter sich auf. Damit zerfiel das Fränkische Reich in das Ostfränkische und das Westfränkische Reich.

Fräsen nennt man ein Bearbeitungsverfahren für Holz, Metall und Kunststoff. Beim Fräsen werden von einem Werkstück feine Späne abgehoben. Man kann mit einer Fräsmaschine runde und ebene Formen herstellen.

Fragment ist ein Bruchstück, ein übriggebliebener Teil. In der Literatur bezeichnet man ein nicht vollendetes Werk als Fragment.

Fraktion heißt die Gesamtheit der Abgeordneten einer Partei im Parlament. Die politischen Ansichten der einzelnen Fraktionsmitglieder müssen annähernd übereinstimmen. In der Bundesrepublik Deutschland spricht man von einer Fraktion, wenn sich mindestens 15 Abgeordnete zusammenschließen und diese vom Bundestag als Fraktion anerkannt werden. Gibt es im Parlament mehrere kleine Parteien, kann sich auch eine Fraktionsgemeinschaft aus Mitgliedern verschiedener Parteien bilden.

Fraktur wird in der Medizin ein Knochenbruch genannt.

Mit Fraktur bezeichnet man auch jede »gebrochene Schrift« im gotischen Stil. In Deutschland entstand im 15. Jahrhundert die spätgotische »deutsche Schrift«, die noch heute von vielen älteren Leuten geschrieben wird. In der Schule lernt man jetzt die lateinische Schrift.

Franc [frã] ist die französische Währungseinheit seit 1795. Die Bezeichnung stammt von einer im 13. Jahrhundert geprägten Goldmünze mit dem Bild König Philipps IV. und der Aufschrift »rex francorum« (König der Franken).

France, Anatole [frãß], lebte von 1844 bis 1924. Sein eigentlicher Name war Anatole Thibaut. Als französischer Romanschriftsteller kritisierte er die französische Gesellschaft. In seinem Buch ›Die Götter dürsten‹ wendete er sich gegen die fanatischen politischen Ideen der Französischen Revolution. 1921 erhielt er den Nobelpreis.

Franche-Comté [fräsch kõteh] heißt eine französische Landschaft an der schweizerischen Grenze, die früher Freigrafschaft Burgund genannt wurde und im Besitz der Habsburger war. Ludwig XIV. eroberte sie 1678 endgültig für Frankreich. Heute ist Besançon Hauptstadt des Gebiets.

Franco y Bahamonde, Francisco, wurde 1892 geboren. Er ist heute Spaniens Staatschef. 1939 beendete er als »Generalissimo« mit faschistischer und nationalistischer Hilfe den spanischen Bürgerkrieg. 1947 wurde Franco durch eine Volksabstimmung zum Staatschef ernannt, nachdem es ihm gelungen war, Spanien im zweiten Weltkrieg neutral zu halten. Das von Franco aufgebaute faschistische Einparteisystem und die undemokratische Regierungsweise sind heute die Ursachen starker Spannungen in Spanien.

Franken nennt man einen um 258 n. Chr. zum erstenmal erwähnten westgermanischen Volksstamm.

Heute leben Franken in Gebieten am Main und Mittelrhein sowie in Nordbayern.

Frankfurt am Main ist mit 664 000 Einwohnern die größte Stadt in Hessen. Sie liegt am Untermain und bildet einen der wichtigsten Verkehrsknotenpunkte der Bundesrepublik Deutschland. Der Rhein-Main-Flughafen in Frankfurt ist einer der größten Europas. Die Stadt ist infolge ihrer zentralen Lage auch der Platz für große internationale Messen und Ausstellungen. Sie ist eine der bedeutendsten Handelsstädte und ein wichtiger Börsenplatz.

Der Siedlungskern der Stadt geht auf eine um 794 von den Karolingern errichtete Pfalz zurück. Seit 1356 war Frankfurt Wahlstadt der deutschen Könige, seit 1382 Reichsstadt und seit 1562 Krönungsstadt der deutschen Kaiser, von 1815 bis 1866 Freie Stadt und Sitz des Deutschen Bundestags.

Frankfurt (Oder) hat 67 500 Einwohner. Die Stadt liegt in der DDR und ist die Hauptstadt des Bezirks Frankfurt. Sie ist eine Industrie-, Handels- und Messestadt, nahe der polnischen Grenze gelegen.

Frankfurter Nationalversammlung hieß das erste deutsche Parlament. Es trat 1848 in der Frankfurter Paulskirche zusammen, um eine Verfassung zu entwerfen. Die Delegierten waren in zwei Lager gespalten. Die einen wollten einen kleindeutschen Bundesstaat unter der Führung Preußens, die anderen ein großdeutsches Reich zusammen mit Österreich gegen Preußen. Erst nach einem Jahr Beratung einigte man sich und wählte Friedrich Wilhelm IV. von Preußen zum Erbkaiser. Dieser lehnte jedoch die Kaiserkrone ab. Daraufhin löste sich die Frankfurter Nationalversammlung auf.

Franklin, Benjamin [fränklin], war ein nordamerikanischer Staatsmann, Schriftsteller und Erfinder. Er lebte von 1706 bis 1790. Bekannt wurde er durch seine physikalischen Arbeiten und die Erfindung des Blitzableiters. Als Politiker kämpfte er für die Unabhängigkeit Nordamerikas. An der amerikanischen Verfassung arbeitete er entscheidend mit. Im Jahre 1776 ging er als Botschafter nach Paris und erwirkte einen amerikanisch-französischen Friedensvertrag.

Franko bedeutet, daß der Absender, also der Lieferant einer Ware, die Kosten für Porto oder Transport übernimmt.

Frankokanadier heißen die französischsprachigen Einwohner Kanadas, die aus Frankreich eingewandert sind oder von diesen Einwanderern abstammen.

Frankreich ist eine Republik in Westeuropa. Es leben dort 52 Millionen Menschen auf einer Fläche von 551 000 Quadratkilometern. Die Hauptstadt Paris bildet den Mittelpunkt eines gutausgebauten Eisenbahn- und Straßennetzes. Das Land verfügt auch über ein ausgedehntes Wasserstraßensystem. Die wichtigsten Häfen sind Marseille, Le Havre und Cherbourg. Frankreich ist ein bedeutender Weizenproduzent Europas und das wichtigste Weinland der Erde. Weinbaugebiete sind u. a. in Burgund, im Elsaß, in der Champagne und im Loiretal. Mit den landwirtschaftlichen Erzeugnissen und mit den Industrieprodukten wird ein lebhafter Außenhandel betrieben. Die Bundesrepublik Deutschland ist einer der wichtigsten Handelspartner.

Ludwig der Fromme teilte das Fränkische Reich unter seine Söhne. Daraus entstand das Westfränkische Reich (Frankreich) und das Ostfränkische Reich (Deutschland, Burgund und Italien).

Anfänglich war die Macht der westfränkischen Könige gering. Aber bereits im 12. und 13. Jahrhundert hatte Frankreich eine politische und kulturelle Vormachtstellung in Europa erlangt. Im 14. Jahrhundert erhob England Anspruch auf den französischen Thron, und 1338 begann der 100jährige Krieg, dessen Ende erst von Johanna von Orléans eingeleitet wurde. In der Renaissance wurde Frankreich durch blutige Religionskriege, die Hugenottenkriege, erschüttert (Bartholomäusnacht). Im Edikt von Nantes (1598) gewährte Heinrich IV. dann den Hugenotten freie Religionsausübung. Eine politische und kulturelle Glanzzeit erlebte Frankreich unter Ludwig dem XIV. im 17. Jahrhundert. Frankreich war zu dieser Zeit auf kulturellem, künstlerischem und militärischem Gebiet die führende Nation Europas. Zahlreiche Kriege schwächten es jedoch in so starkem Maß, daß es an den Rand eines Staatsbankrotts geriet. Die Nachfolger Ludwig des XIV. waren unfähig, die sozialen Ungerechtigkeiten auszugleichen. Das ausgebeutete Volk rebellierte, und die Französische Revolution begann (siehe Stichwort »Französische Revolution«).

Napoleon Bonaparte führte Frankreich zu neuer Macht, zu neuen Kriegen und in eine totale Niederlage. Zwischen 1820 und 1870 war Frankreich abwechselnd Königreich, Republik und Kaiserreich. Im Deutsch-Französischen Krieg wurde 1870 in Paris die Republik ausgerufen. Seit 1875 hat Frankreich eine demokratische Verfassung. Im Ersten Weltkrieg (1914–1918) stand Frankreich aufgrund seiner Bündnispolitik auf der Seite Großbritanniens und Rußlands. Durch die Versailler Verträge gewann es seine Stellung als stärkste Macht Europas zurück. Hitlers Angriff auf Polen (1939) zog die Kriegserklärung Frankreichs und Großbritanniens nach sich. – Während des Zweiten Weltkrieges wurde 1940 ein großer Teil Frankreichs von der deutschen Wehrmacht besetzt.

1944 landeten die Briten und die Amerikaner in der Normandie und an der Mittelmeerküste. Sie befreiten Frankreich mit Hilfe der Widerstandsbewegung (Resistance) von der deutschen Besetzung.

1945 war Frankreich eine der vier Besatzungsmächte in Deutschland und Österreich.

In den Jahren nach dem Zweiten Weltkrieg wurde Frankreich Mitglied der Montanunion, der EWG und von EURATOM. Der bedeutendste Politiker war Charles de Gaulle (siehe Stichwort »Gaulle, Charles de«).

Franz war ein beliebter Name deutscher und österreichischer Kaiser. Der bekannteste unter ihnen war Kaiser Franz Joseph I. von Österreich. Er war gleichzeitig König von Ungarn und lebte von 1830 bis 1916. Im Jahre 1848 übernahm er die Regierung und sicherte sich seine Machtstellung in Ungarn, die durch einen Aufstand gefährdet war. Im Krieg gegen Napoleon III. verlor er die Vorherrschaft in Italien. Auch in dem Kriege gegen Preußen erlitt er eine Niederlage, was zur Folge hatte, daß Österreich aus Deutschland ausgeschlossen wurde. Im Jahre 1867 versöhnte sich Franz Joseph mit Ungarn und gründete 1868 die österreichisch-ungarische Doppelmonarchie. Das 1879 abgeschlossene Bündnis mit dem Deutschen Reich und die Pflege guter Beziehungen zu anderen Ländern machten Franz Joseph populär. Dennoch konnte er den Ausbruch des ersten Weltkriegs nicht verhindern.

Franzensbad heißt ein Kurort im Nordwesten der Tschechoslowakei. Es gibt dort kohlensäure- und eisenhaltige Quellen.

Franzensfeste nennt man eine in den Jahren 1833 bis 1838 angelegte Festung in Südtirol. Heute ist hier ein wichtiger Eisenbahnknotenpunkt.

Franziskaner heißen die drei von Franz von Assisi gegründeten Orden. Der erste Orden, die Minderen Brüder, ist ein Bettelorden. Die Ordensbrüder erstreben durch Armut die Verwirklichung des Evangeliums. Man nannte sie im Mittelalter »Barfüßer«, da sie nur Sandalen trugen. Ihre braunen Wollkutten mit Kapuze sind auch heute noch das Zeichen der Franziskaner. Der zweite Orden, der auch Klarissinnenorden genannt wird, wurde im Jahre 1212 von Franz von Assisi und seiner Jüngerin Klara gegründet. Er ist ein Frauenorden. Im dritten Orden vereinigen sich viele Laien, die dem Armutsideal des heiligen Franz nacheifern.

Franz-Joseph-Land hieß früher eine Gruppe von etwa 60 eisbedeckten Inseln östlich von Spitzbergen. Sie wurde im Jahre 1874 von einer Nordpolarexpedition entdeckt. 1928 wurde sie von der Sowjetunion annektiert und heißt heute Lomonossow-Land.

Französische Gemeinschaft ist die Bezeichnung für eine Völkergemeinschaft, die sich aus Frankreich mit seinen überseeischen Departements sowie den früheren französischen Kolonien, jedoch jetzt selbständigen Staaten Gabun, Kongo (Brazzaville), Madagaskar, Senegal, Tschad und Zentralafrikanische Republik zusammensetzt. Sie entstand im Jahre 1958.

Französische Revolution
Freiheit, Gleichheit, Brüderlichkeit

Frankreichs König Ludwig XIV. (»Sonnenkönig«), der von 1638 bis 1715 lebte, hatte in seinem Land eine neue Herrschaftsform der Monarchie eingeführt: Der König bestimmte die Politik, er allein entschied über Krieg und Frieden, er war das Gesetz und konnte jeden Franzosen ohne Gerichtsverhandlung ins Gefängnis werfen lassen. Er allein war souverän, und diese Souveränität kam »von Gott«. Um ein sichtbares Zeichen der königlichen Allmacht zu setzen, ließ Ludwig XIV. vor den Toren von Paris das größte und prunkvollste Schloß Frankreichs erbauen: Versailles. Um das Schloß herum entstand auf unfruchtbarem und sumpfigem Gelände eine Stadt, deren 30 000 Einwohner nur für den König und seine riesige Hofhaltung arbeiteten. Künstliche Seen und Gärten wurden angelegt, die Bäume und Büsche erhielten durch die Gartenschere künstliche Formen, denn sogar die Natur hatte sich dem Gebot des Königs zu beugen. Es gab in Frankreich keinen Willen außer dem des Monarchen. Versailles wurde zum Zentrum Frankreichs, und der absolute Mittelpunkt von Versailles war der König. Diese Form der Herrschaft nennt man Absolutismus.

Ludwigs aufwendiger Hofstaat war keineswegs nur purer Luxus, sondern er hatte einen politischen Hintergrund. Der König zwang damit die hohen Adligen seines Landes, von ihren Besitzungen zu ihm nach Versailles zu ziehen, denn wer etwas bedeuten wollte, mußte den verschwenderischen Lebensstil in der Nähe des Königs mitmachen. Dadurch schaltete Ludwig XIV. den politischen Einfluß des Adels aus und machte ihn wirtschaftlich von sich abhängig, da er selbst das glänzende Schmarotzerleben an seinem Hof finanzierte.

Daneben führte der König zahlreiche Kriege, die ebenfalls Unsummen verschlangen. Alle diese Gelder mußten vom Volk aufgebracht werden. Handwerker, Arbeiter und vor allem die Bauern trugen die hohe Steuerlast.

Wer zur Regierungszeit Ludwigs XIV. eine Reise durch Frankreich machte, der fand fast nur verwahrloste Höfe. Die Bauern wußten, daß selbst der Anschein auch nur geringen Wohlstands sofort Steuern und Abgaben erhöhen würde. Besonders verhaßt war die Salzsteuer. Der König zwang die Bauern, pro Jahr sieben Pfund Salz für jedes Haushaltsmitglied zu kaufen, und zwar zu einem achtmal höheren Preis als beispielsweise in der Schweiz. Am entwürdigendsten aber empfanden die Bauern die Frondienste für ihre Grundherren. Ohne Bezahlung mußten sie die Ernten der Grundherren einbringen, die Straßen bauen, den Wein keltern oder die Steine aus dem Steinbruch karren, wenn ein neues Schloß gebaut wurde. Außerdem mußten sie für alles nur Erdenkliche hohe Gebühren zahlen: Wenn sie Brot backten, Korn mahlen ließen, wenn ein Kind zur Welt kam oder eine Hochzeit gefeiert wurde.

Ludwig XIV. hatte sein Land in eine Wirtschaftskrise gestoßen. Auch seine Nachfolger konnten das Staatsschiff nicht wieder flottmachen. Die hohen Ausgaben für die Hofhaltung und das Heer sorgten auch weiterhin dafür, daß die Kassen der französischen Könige leer blieben. Ludwig XVI. berief schließlich Turgot, einen real und vernünftig denkenden Mann, zum Finanzminister. Dieser plante eine große Steuerreform. Auch der Adel sollte nun besteuert werden. Aber Turgot wurde durch die Ränke des Adels gestürzt, und alles blieb beim alten. Schließlich war die finanzielle Lage Frankreichs so katastrophal, daß Ludwig XVI. die Ständeversammlung einberufen mußte, was seit über 150 Jahren in Frankreich nicht mehr geschehen war. Die Abgeordneten der drei Stände (Adel, Geistlichkeit, Bürger) sollten nach dem Willen des Königs so schnell wie möglich eine Neuordnung der Steuern vornehmen. Dies war im Mai 1789.

Die Ständeversammlung war in zwei Interessengruppen gespalten, nur in der Haltung gegen den König war man sich einig. Adel und Geistlichkeit verlangten, wieder wie in alten Zeiten mitregieren zu dürfen, und der dritte Stand, die Bürger, wollte die Vorrechte des Adels und der Geistlichkeit abschaffen. Schließlich blieben als Mehrheit die Abgeordneten des dritten Standes beisammen und erklärten sich als die alleinigen Vertreter der Nation. Sie nannten sich Nationalversammlung und wollten eine Verfassung schaffen. Die Vertreter der oberen Stände schlossen sich ihnen schließlich an. Ludwig XVI. ließ um Versailles Truppen zusammenziehen. 35 000 Schweizer, Ungarn und Deutsche warteten auf den Befehl des Königs, die Abgeordneten auseinanderzutreiben. Die französischen Soldaten waren jedoch dem König schon nicht mehr zuverlässig genug. Sie hatten sich bereits einige Male geweigert, gegen ihre eigenen Landsleute vorzugehen. Deshalb zögerte Ludwig XVI. auch, das Militär einzusetzen. Als die Truppenkonzentration in Paris bekannt wurde, rottete sich das Volk zusammen und stürmte die Bastille, das alte verhaßte Staatsgefängnis. 6000 Frauen aus Paris marschierten nach Versailles und holten den König zurück in die Hauptstadt. Um zu zeigen, daß er mit dem Willen des Volks einverstanden sei, steckte er sich die Kokarde, eine am Hut getragene Schleife oder Stoffblume, an. Bis zu diesem Tag hatte noch der König regiert, jetzt aber war die Souveränität auf das Volk und damit auf die Abgeordneten der Nationalversammlung übergegangen.

In einer langen Nachtsitzung am 4. August 1789 verzichteten die adligen und geistlichen Grundherren auf ihre alten Rechte. Die Frondienste wurden abgeschafft und die Bauern der grundherrlichen Gerichtsbarkeit entzogen. Ebenso verloren die Großgrundbesitzer auch ihre bisherige Steuerfreiheit. In einer feierlichen Erklärung gab die Nationalversammlung eine Liste von Menschen- und Bürgerrechten bekannt, die für jeden Franzosen gelten sollten: Jeder Mensch ist frei geboren und niemandem untertan. Jeder Mensch hat ein Recht auf Sicherheit, niemand kann ohne Verhandlung vor einem vom Volk gewählten Richter eingekerkert werden. Jedermann hat das Recht auf Rede- und Schreibfreiheit. Die Nationalversammlung setzt als gewählte Vertretung des Volks die Steuern fest. Alle Steuern müssen entsprechend dem Einkommen entrichtet werden. Die Verwendung der Steuermittel wird vom Volk durch seine Vertreter kontrolliert. Diese Verfassung nahm der König, da ihm gar nichts anderes übrigblieb, am 14. September 1791 an. In einem Punkt allerdings brachte die Verfassung wieder Ungleichhcit: Nur diejenigen Bürger durften wählen, die an den Staat eine gewisse Mindeststeuer zahlten, und nur der konnte Abgeordneter werden, der Grundbesitz hatte und mindestens eine Silbermark an Steuern bezahlte. Aus dem Vorrecht der Geburt war das Vorrecht des Vermögens geworden.

In Paris und den anderen größeren Städten herrschten zu dieser Zeit Hunger und Elend. Der König wurde dabei ertappt, als er heimlich ins Ausland fliehen wollte. Mit Preußen und Österreich befand sich Frankreich bereits im Krieg, da diese Staaten Angst hatten, die Revolution könnte auch auf ihre Völker übergreifen. Die Jakobiner, eine radikale Gruppe, unter ihnen Robespierre, Danton und Marat, forderten die Abschaffung des Königtums. Das Volk stürmte das alte Königsschloß in Paris, die Tuillerien, und die Na-

Sturm auf die Bastille. Das aufgebrachte Volk enthauptet die ersten Revolutionsopfer.

tionalversammlung mußte den König fallenlassen. Eine neue Versammlung, der Nationalkonvent, der nunmehr von den Radikalen beherrscht wurde, trat zusammen und verurteilte den König im September 1792 zum Tode. Am 21. Januar 1793 wurde er öffentlich hingerichtet. Der Konvent regierte nun eine Republik, aber seine Abgeordneten konnten unter dem Druck der Massen nicht mehr frei entscheiden. Nun erließ der Nationalkonvent ein Gesetz, daß bis zum Friedensschluß keine Wahlen mehr abgehalten werden sollten. Um schneller arbeiten zu können, richtete man Ausschüsse ein, von denen der Wohlfahrtsausschuß der bedeutendste war. Er war Kriegs-, Finanz-, Arbeits- und Wirtschaftsministerium zugleich. Schließlich beherrschte er alles, sogar das Revolutionsgericht. Frankreich war eine Diktatur geworden. Danton und Robespierre waren die uneingeschränkten Herrscher.

Auf dem flachen Lande kam es jetzt zu Aufständen von Adligen und Bauern, die das Königtum wiederherstellen wollten. Sie wurden blutig niedergeschlagen. Um gegen die äußeren Feinde der Republik bestehen zu können, führte man die allgemeine Wehrpflicht ein. Die Soldaten der Revolution siegten bald an vielen Fronten und trieben die Feinde aus dem Lande. Da in diesen Notzeiten sich immer wieder der Adel und auch andere Gegner der Revolution regten, griff Robespierre zu hartem Terror: Vom 10. März 1793 bis 27. Juli 1794 wurden 2627 Franzosen zum Tode durch die Guillotine verurteilt und öffentlich hingerichtet. Es gab nur noch Freispruch oder Todesurteil. Niemand war mehr vor Denunzianten sicher. Es gab nur wenig Nahrungsmittel; Brot und Fleisch wurden immer teurer, und Robespierre mußte schließlich sogar einen Lohnstop einführen. Das jedoch verscherzte ihm die Gunst der Massen, und er wurde selbst ein Opfer seines Terrors: Abgeordnete, die um ihr Leben fürchteten, bemächtigten sich seiner, und auch er fand nun sein Ende unter dem Fallbeil.

Alle Franzosen waren des Schreckens müde. Die Jakobiner hatten sich verhaßt gemacht. Die Entwertung des Papiergelds der Revolution führte zum Staatsbankrott. Die Menschen wollten Ordnung und riefen nach einem starken Mann, der sie ihnen bringen sollte. Viele wollten wieder einen König haben, da sie sich davon eine Besserung versprachen. Der Nationalkonvent hatte nur die Armee, auf die er zählen konnte. Nun wurde die Staatsgewalt wieder geteilt. Zwei Abgeordnetenkammern erließen die Gesetze, ein Direktorium von fünf Männern führte sie aus und regierte so das Land. Aber diese Regierungsform erwies sich als zu schwerfällig, um schnell eine Wende zu bringen. Nach vier Jahren setzte ein junger erfolgreicher General der Armee, Napoleon Bonaparte, durch einen Staatsstreich die Verfassung außer Kraft und wurde »Erster Konsul der Französischen Republik«. Die Verfassung von 1795 wurde aufgehoben. Napoleon wurde schließlich, gestützt auf eine Volksabstimmung, Konsul auf Lebenszeit. Danach ließ er sich zum Kaiser der Franzosen ausrufen. Am Ende der Revolution gegen einen absoluten König stand also die Militärmonarchie eines Mannes. Die wichtigsten Grundsätze, die in der Französischen Revolution erkämpft wurden, blieben allerdings unter Napoleon erhalten: die Freiheit der Person, die Gleichheit aller vor dem Gesetz und der Schutz des Eigentums.

• • •

Franzose wird ein beliebig verstellbarer Schraubenschlüssel genannt.

Franzosen sind Angehörige eines romanischen Volks, das hauptsächlich in Frankreich lebt. Ursprünglich waren es keltische Gallier, die im 6. Jahrhundert v. Chr. in das Gebiet des heutigen Frankreich eindrangen. Im 1. Jahrhundert v. Chr. lösten die Römer die keltische Herrschaft ab. 300 Jahre später siedelten sich die salischen Franken, ein germanisches Volk, im Norden Frankreichs an und trennten das romanische Volk in Nord- und Südfranzosen. Obwohl die französische Bevölkerung heute einheitlich ist, sind doch erhebliche Unterschiede in ihrer Sprache und Wesensart vorhanden.

Franz von Assisi wurde im Jahre 1181 als Sohn eines reichen Kaufmanns geboren. Im Alter von 24 Jahren beschloß er, sein Leben ganz in den Dienst Jesu Christi zu stellen. Er zog als Wanderprediger umher und scharte zahlreiche Gefährten um sich. Er lebte in völliger Armut, predigte und heilte Kranke. Von ihm ist das berühmte ›Sonnenlied‹, in dem er die Schöpfung preist. Es entstanden in ganz Italien franziskanische Bruderschaften, die sich nach den von ihm aufgestellten Regeln richteten. Im Jahre 1228, zwei Jahre nach seinem Tode, wurde er von Papst Gregor IX. heiliggesprochen. (Siehe auch Stichwort »Franziskaner«)

Franz von Sales lebte von 1567 bis 1622. Er war Bischof von Genf und gründete zusammen mit Franziska von Chantal den Orden der Salesianerinnen. Man nennt ihn heute den Schutzheiligen der Schriftsteller.

Frauenhaar werden verschiedene Pflanzen genannt, so das Goldene Frauenhaar, ein Moos, das Venushaar, ein Farn, sowie das Zitter- und das Federgras.

Frauenschuh heißt die größte in unseren Wäldern vorkommende Orchideenart. Die Pflanze hat ihren Namen von der schuhähnlichen Blütenlippe. Sie steht unter Naturschutz.

Fraunhofer, Joseph von, lebte von 1787 bis 1826. Er war ein deutscher Physiker und Astronom und entdeckte die nach ihm benannten »Fraunhoferschen Linien« im Sonnenspektrum. Diese Linien entstehen, weil Gasschichten, die kälter sind als die Lichtquellen, Teile des durch sie hindurchgehenden Lichts absorbieren (verschlucken).

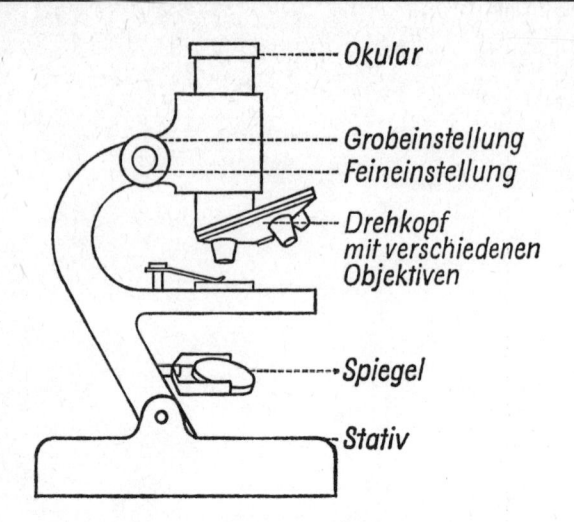

- Okular
- Grobeinstellung
- Feineinstellung
- Drehkopf mit verschiedenen Objektiven
- Spiegel
- Stativ

Sachbücher bei dtv junior

Franz Moisl:
Biologie I
Die Entwicklung des Lebens
Mit vielen farbigen Abbildungen von I. Szász
7122 / DM 4,80

Biologie II
Die Vererbung und die Entwicklung der Lebewesen
Mit Lernprogramm und vielen farbigen Abbildungen
7123 / DM 5,80

Römpp / Raaf:
Chemische Experimente mit einfachen Mitteln
Mit vielen informativen Zeichnungen
7008 / DM 4,80

Hugo Linse:
Elektrotechnik für alle
Mit zahlreichen Abbildungen und Fotos
7143 / DM 6,80

Heinz Richter:
Bastelbuch der Elektronik
Praktische Anleitungen für Amateurbastler
Mit 135 Abbildungen
7094 / DM 4,80

Leonard de Vries:
Vom Basteln zum Experiment
Einfache Versuche aus Physik und Chemie
7107 / DM 4,80

Erzählte Geschichte bei dtv junior

Hans Baumann:
Die Barke der Brüder
Aus der Zeit Heinrichs
des Seefahrers
7135 / DM 4,80
Ich zog mit Hannibal
7048 / DM 3,80
Steppensöhne
7072 / DM 3,80

Willem Enzinck:
Der große Berg
7042 / DM 3,80

Frederik Hetmann:
**Das Rätsel der
grünen Hügel**
Ausgrabungen in Irland
7083 / DM 3,80

Kurt Lütgen:
**Im Bannkreis
der Arktis**
7121 / DM 4,80

Robert Silverberg:
**Paläste unterm
Wüstensand**
H. A. Layard findet Ninive
Mit vielen Illustrationen
und Fotos
7119 / DM 4,80

Rosemary Sutcliff:
**Der Adler der Neunten
Legion**
7012 / DM 3,80
Der silberne Zweig
7069 / DM 3,80

Erzählte Sachbücher bei dtv junior

Willem Enzinck:
Der große Berg
Eine Expedition zum
Mount Everest
7042 / DM 3,80

Wilfried Erdmann:
Mein Schicksal heißt
»Kathena« – Als Einhand-
segler um die Welt
Mit vielen Fotos
und einer Karte
7091 / DM 4,80

Frederik Hetmann:
Das Rätsel
der grünen Hügel
Ausgrabungen in Irland
Mit Fotos und
Zeichnungen
7083 / DM 3,80

Robert F. Leslie:
Meine Bären und ich
Ein Goldwäscher in der
kanadischen Wildnis
wird für drei kleine
Bären zur »Ersatzmutter«
7059 / DM 3,80

Kurt Lütgen:
Im Bannkreis der Arktis
4 fesselnde Geschichten
Von R. Stoye illustriert
7121 / DM 3,80

Robert Silverberg:
Paläste unterm Wüstensand
Die Entdeckung
und Ausgrabung von
Ninive und Nimrud
Mit Bildmaterial
7119 / DM 4,80